Das Buch zum iPad Air 2 & iPad mini 3

Susanne Möllendorf

O'REILLY®

Beijing · Cambridge · Farnham · Köln · Sebastopol · Tokyo

Kommentare und Fragen können Sie gerne an uns richten:
O'Reilly Verlag
Balthasarstr. 81
50670 Köln
E-Mail: kommentar@oreilly.de

Bibliografische Information der Deutschen Nationalbibliothek
Die Deutsche Nationalbibliothek verzeichnet diese Publikation in der Deutschen Nationalbibliografie; detaillierte bibliografische Daten sind im Internet über *http://dnb.de* abrufbar.

Lektorat: Imke Hirschmann, Köln
Korrektorat: Sibylle Feldmann, Düsseldorf
Satz: Ulrich Borstelmann, Dortmund
Umschlaggestaltung: Michael Oreal, Köln
Produktion: Andrea Miß, Köln
Belichtung, Druck und buchbinderische Verarbeitung: Media-Print, Paderborn

ISBN 978-3-95561-914-5

Dieses Buch ist auf 100% chlorfrei gebleichtem Papier gedruckt.

Inhaltsverzeichnis

Egal ob groß oder klein ... 9

Das iPad: ein Gerät in vier Stärkegraden 11

1. Lieferumfang und Einrichtung 13
Die kleinen Unterschiede 15
Mit Internet unterwegs: Die SIM-Karte einlegen 17
Strom und Daten: das mitgelieferte Kabel nutzen 19
Nach dem ersten Start: die Einrichtung 21
Die Einrichtung (Fortsetzung) 23
Dreh- und Angelpunkt: den Home-Bildschirm verstehen und bedienen 25
Den Home-Bildschirm organisieren 27
Zur Sicherheit: der Sperrbildschirm 29

2. Ihr iPad richtig bedienen 31
Fingerübungen: mit den richtigen Bewegungen das iPad im Griff haben 33
Das iPad per Multitasking-Gesten mit fünf Fingern bedienen 35
Den Hintergrund von Home-Bildschirm und Sperrbildschirm ändern 37
Bei Problemen: Apps schließen 39

Fingerabdruck statt Code: Mit der Home-Taste entsperren und bezahlen 41
Für den Schnellzugriff: das Kontrollzentrum 43
Die digitale Tastatur erklärt 45
Die digitale Tastatur erklärt (Fortsetzung) 47
Die grundlegenden Textbearbeitungs-optionen 49
Rechtschreibprüfung, Auto-Korrektur und Vorschläge verwenden 51
In die Tasten hauen: die Tastatur-einstellungen 53
SwiftKey und weitere Tastaturen 55
Das iPad durchsuchen 57
Bluetooth-Zubehör nutzen 59

3. Mit dem iPad online gehen 61
Ein WLAN einstellen, um online zu gehen 63
Kein UMTS? Kein Problem! 65
Mit Safari geht es ins Internet 67
Mit Safari geht es ins Internet (Fortsetzung) 69
Privat surfen und Favoriten anlegen 71
Mit Safari geht es ins Internet – die Einstellungen 73

Mit Safari geht es ins Internet –
die Einstellungen (Fortsetzung) 75
Mit alternativen Browsern surfen 77

**4. Mit den richtigen Einstellungen
das iPad optimal nutzen** 79
App-Mitteilungen verwalten und abstellen 81
App-Mitteilungen verwalten und abstellen
(Fortsetzung) 83
Die Mitteilungszentrale im Griff haben 85
Hier piept's! Benachrichtigungstöne
einstellen 87
Die allgemeinen Einstellungen sind auch
wichtig 89
Die allgemeinen Einstellungen
(Fortsetzung) 91
Bedienungshilfen für noch mehr
Optionen 93
Bedienungshilfen (Fortsetzung) 95
Die optimale Kindersicherung:
die Einschränkungen nutzen 97
Die kurzzeitige Kindersicherung:
Der geführte Zugriff 99
Mit dem AssistiveTouch die
Hardwaretasten schonen 101
Datenschutz und Ortungsdienste 103
Bereits bestehende E-Mail-Konten,
Kontakte und Kalender einrichten 105

E-Mail-Konten richtig organisieren –
allgemein 107
E-Mail-Konten richtig organisieren
(Fortsetzung) 109
E-Mail-Konten richtig organisieren –
pro Account 111
Der Unterschied zwischen Push,
Laden und Manuell 113
Die iPad-Software updaten 115
Noch mehr Einstellungen für Apps 117

**5. Mit dem iPad in Kontakt
bleiben** 119
E-Mails schreiben und empfangen 121
E-Mails schreiben und empfangen
(Fortsetzung) 123
Mit E-Mail-Anhängen richtig umgehen 125
Die Kontakte optimal verwalten und
nutzen 127
Kontakte importieren 129
Den Kalender gekonnt verwenden 131
Die Kalendereinstellungen verstehen 133
Nie mehr einen Termin verpassen 135
Mit iMessage Kurznachrichten schreiben 137
Videotelefonie mit FaceTime 139
Mit Skype chatten und telefonieren 141
Per Facebook Bilder, Webseiten und
mehr teilen 143

Per Twitter Statusmeldungen posten 145

Postkarten und E-Cards schreiben 147

Andere teilhaben lassen: So teilen
Sie Inhalte 149

Von iOS zu iOS: mit AirDrop Inhalte
tauschen 151

Freigegebene Streams zum Teilen
von Fotos nutzen 153

Dropbox nutzen, um Dateien zu teilen 155

Dropbox nutzen (Fortsetzung) 157

6. Den App Store nutzen 159

Sich im App Store zurechtfinden 161

App-Details und Bewertungen verstehen 163

App-Details und Bewertungen verstehen
(Fortsetzung) 165

Apps herunterladen 167

Apps updaten 169

Apps verwalten und ausblenden 171

Apps und mehr zurückgeben 173

Die Familienfreigabe: Mehr Sicherheit
und besserer Kostenüberblick 175

**7. Das iPad mit iTunes am
Rechner verbinden 177**

Die Grundeinstellungen 179

So verwalten Sie Ihre Einkäufe
und mehr 181

Bequem durch den iTunes Store
bummeln 183

Genius nutzen 185

**8. Das iPad als mobiler
Entertainer 187**

Mit iTunes Filme und Musik kaufen 189

Mit iTunes Filme und Musik auf das iPad
kopieren 191

Das iPad als iPod verwenden 193

Mit dem Amazon Cloud Player
die Musik-Bibliothek verwalten 195

Besser leihen als kaufen: Spotify nutzen 197

Bei Amazon Instant Videos leihen
und streamen 199

Pures Video-on-Demand: Watchever 201

Netflix: Next-Generation-Video-
Streaming 203

Fernsehen auf dem iPad 205

YouTube individualisieren und nutzen 207

Apple-Podcasts und iTunes U:
mit und ohne Video 209

Mit Apple TV das iPad auf dem
Fernseher nutzen 211

Apps gegen die Langeweile 213

Mit dem iPad spielen – Empfehlungen 215

Das iPad als digitalen Bilderrahmen
und für Diashows verwenden 217

9. Bild- und Videobearbeitung mit dem iPad 219

Die Kamera nutzen 221
Die Kamera-Einstellungen 223
Die besten Kamera-Apps 225
Bilder auf das iPad kopieren 227
Mit PhotoSync Dateien übertragen 229
Mit Photo Booth lustige Bilder machen 231
Mit der Foto-App Bilder bearbeiten 233
Weitere Bildbearbeitungs-Apps 235
iMovie verwenden, um Videos zu schneiden 237
Für Hobbyfotografen: Videos und Fotos teilen 239
Fotostream: Alle meine Fotos! 241

10. Mit dem iPad lesen 243

iBooks bedienen und zum Kaufen von E-Books nutzen 245
iBooks: die Einstellungen 247
Bücher in iBooks lesen 249
Bücher in iBooks lesen (Fortsetzung) 251
Gekaufte iBooks auf Nicht-iOS-Geräten lesen 253
Interaktive Bücher: ein Blick in die Zukunft 255
Eine gute Alternative: der Amazon Kindle Store 257
Der Amazon Kindle Store (Fortsetzung) 259
Noch mehr E-Book-Alternativen 261
Skoobe: Bücher leihen 263
Der Zeitungskiosk 265
Das iPad als Reader: Tipps und Tricks 267

11. Dokumente erstellen und bearbeiten 269

Einfach schreiben mit Pages 271
Atemberaubende Präsentationen mit Keynote 273
Schicke Tabellen mit Numbers 275
Dokumente mit iCloud sichern und bearbeiten 277
Dokumente abspeichern und teilen 279
Word, Excel und Powerpoint auf dem iPad 281

12. Unterwegs mit dem iPad 283

Strom sparen: die wichtigsten Einstellungstipps 285
Das iPad als Minibüro 287
Mit Siri bleiben die Hände am Lenkrad 289
Die richtigen Worte für Siri finden 291
Siri beibringen, wer zur Familie gehört 293
Siri – die Einstellungen 295
Die besten Karten-Apps: das iPad als Navi 297

Die integrierte Uhr als Wecker und
mehr nutzen 299

Mit der App DB Navigator den
Anschluss kriegen 301

Einkaufen bei Amazon 303

Einkaufen und verkaufen mit eBay 305

13. Sicherheit und Synchronisierung – Apple-ID und iCloud 307

So haben Sie iCloud auf dem iPad
im Griff 309

Noch mehr iCloud-Optionen gibt es
am Rechner 311

Mit iCloud Erinnerungen und Notizen
verwalten 313

Mit der iCloud-Fotomediathek die
Fotos bequem verwalten 315

Das iPad über iCloud suchen 317

Daten mit dem iCloud-Schlüsselbund
schützen 319

iCloud Drive: Ein Wolke mit begrenztem
Nutzen 321

14. Mit dem richtigen Zubehör alles aus dem iPad herausholen 323

Das beste Zubehör für unterwegs 325

Die Lightning-Adapter von Apple 327

So schützen Sie Ihr iPad 329

Musik über externe Lautsprecher
oder Kopfhörer abspielen 331

Ein Gamepad anschließen 333

Drucken via AirPrint 335

Das moderne Zuhause per iPad steuern 337

Index 339

Bildquelle: apple.com

Egal ob groß oder klein ...

… mit einem iPad der neuesten Generation haben Sie eins der zurzeit hochwertigsten verfügbaren Tablets zur Hand. Und egal für welches Modell (mehr dazu auf der nächsten Seite) Sie sich entschieden haben: Die mitgelieferte Software, die in diesem Buch beschrieben wird – **iOS 8** –, ist identisch. Da sie auch für die iPad-Modelle von 2011 bis 2013 (allgemein iPad 2 bis 4 genannt) zur Verfügung steht, können Besitzer dieser Tablets ebenfalls jede Menge mit diesem Buch lernen. Aber Achtung: Bei älteren iPads kann es sein, dass einige Funktionen nicht verfügbar sind.

Jeder setzt sein iPad auf unterschiedliche Weise ein. Daher gehe ich in diesem Buch am Anfang darauf ein, wie Sie Ihr iPad richtig bedienen und einstellen. Im Anschluss folgen Kapitel, die sich damit beschäftigen, wie man mit dem Tablet in Kontakt bleibt, sich mit Musik, Filmen und Spielen unterhalten lassen kann, Bilder und Videos erstellt sowie bearbeitet, und natürlich auch, wie Sie es unterwegs optimal nutzen – zum Beispiel als E-Book-Reader oder Minibüro.

QR-Codes für noch mehr Informationen

Über das Buch verteilt, finden Sie immer wieder QR-Codes, hinter denen ich Webseiten mit weiterführenden Informationen versteckt habe. Diese Codes können Sie zum Beispiel mit der App **barcoo** auslesen, und die entsprechenden Webseiten öffnen sich direkt auf Ihrem iPad.

iPad Air 2

iPad Air

iPad mini 3
iPad mini 2
iPad mini

Das iPad: ein Gerät in vier Stärkegraden

Derzeit gibt es bei Apple fünf unterschiedliche iPad-Modelle zu kaufen. Das mag auf den ersten Blick verwirrend sein, aber Apple beabsichtigt, auf diese Weise eine breite Nutzergruppe anzusprechen, denn hier ist für jeden garantiert das Richtige dabei:

- **iPad Air und iPad Air 2:** Beim iPad Air 2 handelt es sich um das neue, mit 6,1 Millimetern ultradünne Flaggschiff von Apple. Die Preise beginnen bei 489 Euro (abhängig von Speicherplatz und Steckplatz für die SIM-Karte). Das Besondere an diesem Modell ist das Gewicht von 437 Gramm (ohne SIM-Karten-Platz). Des Weiteren bietet es ein hochauflösendes Retina-Display (2.048 x 1.536 Pixel und 9,7 Zoll) mit Anti-Reflexionsbeschichtung, das Fotos gestochen scharf und brillant darstellt, sowie den aktuellen A8X-Chip, der das Gerät schnell macht und Spiele etc. besonders flüssig wiedergibt. Obwohl das Gerät sehr schmal ist, verfügt es auf der Vorder- und auf der Rückseite über gute Kameras für Fotos und Videos. Außerdem bietet es einen Fingerabdrucksensor, der die Passworteingabe ersetzen kann. Dieser fehlt beim Vorgänger iPad Air, bei dem es sich aber trotzdem noch um ein hervorragendes – nur 30 Gramm schwereres – Tablet mit minimal älterer Technik handelt.

- **iPad mini, iPad mini 2 und iPad mini 3:** Das preiswertere kleine iPad kostet mit der günstigsten Ausstattung 239 Euro und ist mit 308 Gramm am leichtesten und daher bestens für Einsteiger geeignet. Es bietet mit 1.024 x 758 Pixeln bei 163 ppi die geringste Auflösung und auch den langsamsten Chip, verfügt aber über eine Kamera, die, bis auf einige fehlende Optionen, vergleichbar ist mit der des großen iPads. Mit dem iPad mini 2 und iPad mini 3 bekommen Sie hochwertige Retina-Displays und dementsprechend auch eine bessere Auflösung. Allerdings wiegen diese auch 331 Gramm. Dafür steckt in ihnen aber ein schneller A7- bzw. M7-Chip statt eines A5-Chips wie im günstigeren iPad mini der ersten Generation.

Kapitel 1 | Lieferumfang und Einrichtung

Ein technisches Wunderwerk wie das iPad kann man nicht einfach auspacken und sofort loslegen. Mit ein wenig Hilfe können Sie allerdings ganz schnell durchstarten. Darum erkläre ich in diesem Kapitel die Hardwaretasten des Tablets sowie die einzelnen Schritte der ersten Einrichtung inklusive Organisation des Home-Bildschirms und der Apps.

Ein weiteres Jahr Garantie kaufen

Nach europäischem Recht muss Ihnen ein Händler zwei Jahre **Gewähr-leistung** auf jedes technische Gerät geben, das Sie kaufen. Zum Lieferumfang Ihres iPads gehört außerdem eine einjährige Garantie von Apple, mit der Sie unter anderem in den ersten drei Monaten Telefonsupport in Anspruch nehmen können. Diese Garantie können Sie mit **Apple-Care+** auf zwei Jahre erweitern. Zwar kostet das zusätzlich 99 Euro, da ein iPad aber auch nach zwei Jahren noch einen gewissen Wert besitzt, empfehle ich, trotzdem darüber nachzudenken. Was die Garantie alles umfasst (günstige Reparatur bei Beschädigung etc.), erfahren Sie hinter dem QR-Code, der zur entsprechenden Apple-Webseite führt.

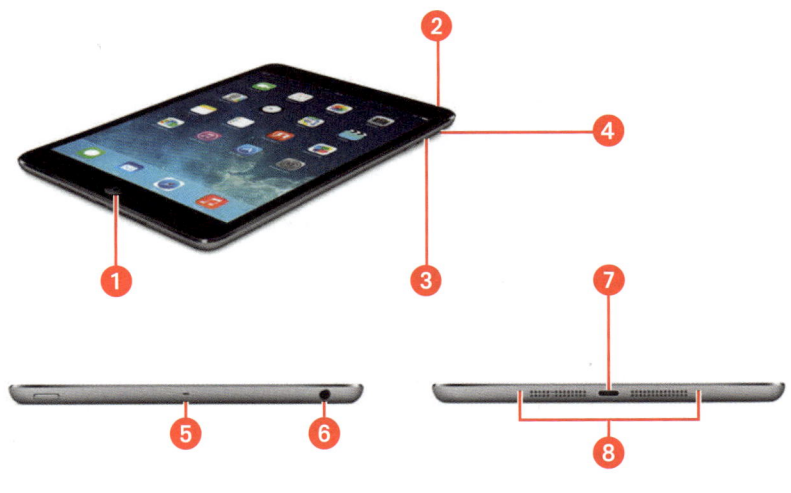

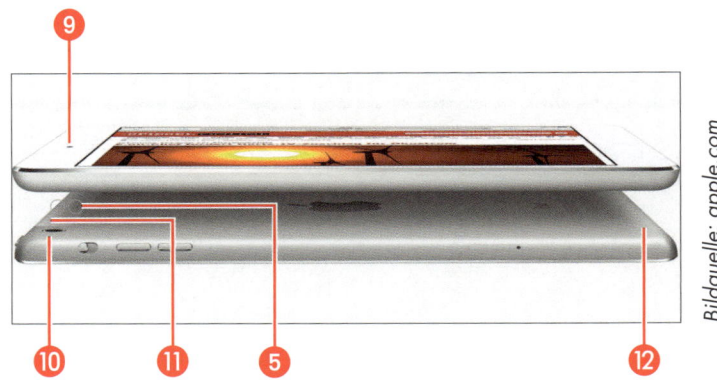

Bildquelle: apple.com

Die kleinen Unterschiede

Bei allen fünf derzeit verfügbaren iPads befinden sich **Tasten** und **Anschlüsse** mehr oder weniger an der gleichen Stelle. Hier ein Überblick am Beispiel des iPad mini 3, damit Sie sich auf Ihrem Tablet besser zurechtfinden:

❶ Die Home-Taste und, sofern vorhanden, der Fingerabdrucksensor (Seite 41)

❷ Die Ein/Aus- bzw. Stand-by-Taste (Seite 29)

❸ Die Lautstärketasten (Seite 87)

❹ Der Seitenschalter (wahlweise als Lautlostaste oder Ausrichtungssperre) (Seite 91)

❺ Zwei Mikrofone (Seite 289)

❻ Stereo-Minianschluss für Kopfhörer und Lautsprecher (Seite 331)

❼ Der Lightning-Anschluss (Seite 19)

❽ Die Lautsprecher (Seite 193)

❾ Die FaceTime-Kamera (Seite 139)

❿ Die iSight-Kamera (Seite 221)

⓫ UMTS-Technik (Seite 17)

⓬ WLAN-Technik (Seite 21)

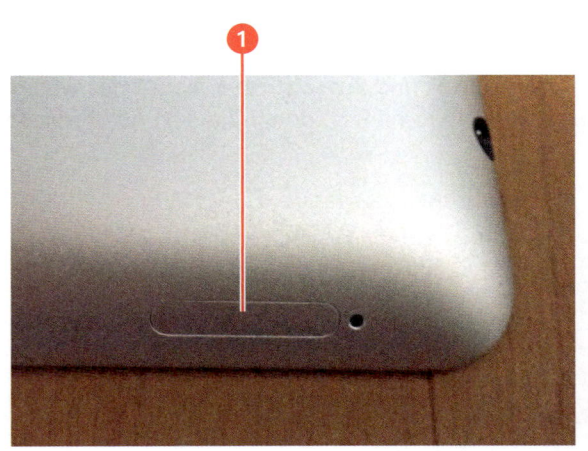

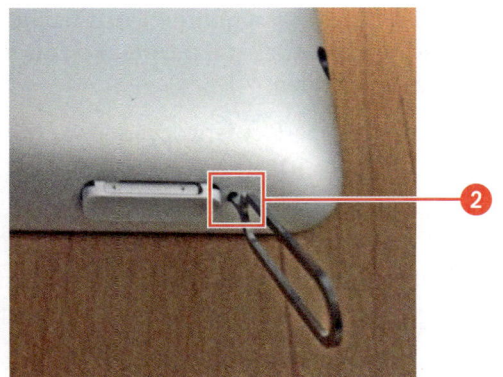

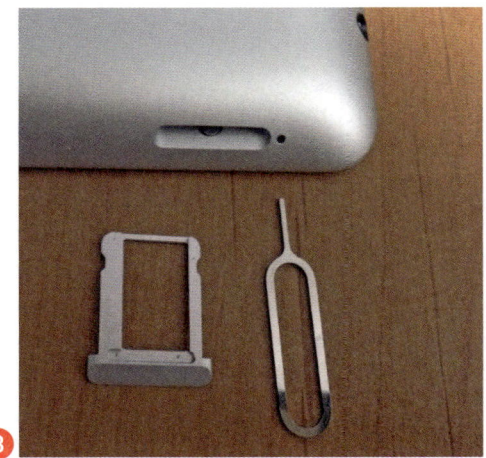

Mit Internet unterwegs: Die SIM-Karte einlegen

Besitzer eines iPads mit UMTS-Technik werden an der Seite des Tablets eine kleine Klappe sehen ❶. Nehmen Sie die mitgelieferte Nadel und stecken Sie sie in das kleine Loch ❷. Drücken Sie, bis sich die Klappe öffnet, und entnehmen Sie sie ❸. Legen Sie Ihre Nano-SIM-Karte (Micro-SIM, wenn es sich um ein iPad 2 oder ein großes iPad mit Retina Display handelt) ein und schieben Sie die Klappe wieder in die Öffnung, bis sie einrastet und nahtlos im Gehäuse des iPads sitzt. Für Einzelheiten zum Thema Nano-SIM und Mobilfunkverträge wenden Sie sich am besten direkt an Ihren Mobilfunkanbieter. Wenn Sie alles aus Ihrem iPad herausholen wollen, achten Sie auf die Zusatzoptionen Ihres Vertrags (siehe Hinweiskasten).

Das iPad als Hotspot nutzen

Sollten Sie ein iPad mit UMTS-Technik besitzen, unterstützt Ihr Mobilfunkanbieter eventuell auch die Hotspot-Funktion. Wenn ja, haben Sie die Möglichkeit, mit Ihrem iPad andere Geräte per WLAN, Bluetooth oder USB online zu bringen. Wie das genau funktioniert, können Sie unter **Einstellungen → Persönlicher Hotspot** nachlesen.

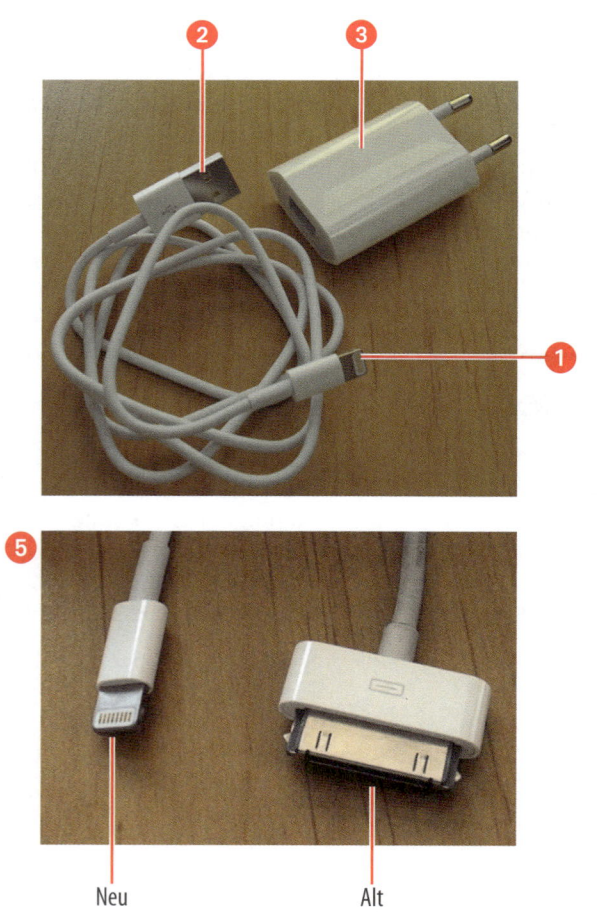

Neu   Alt

Strom und Daten: das mitgelieferte Kabel nutzen

Mit dem **Lightning-auf-USB-Kabel**, das sich im Lieferumfang befindet, können Sie Ihr iPad aufladen und Daten übertragen (mehr dazu auf Seite 227). Hierfür stecken Sie das kleine Ende ❶ unten mittig an das iPad – egal wie herum – und den größeren Stecker ❷ in den USB-Power-Adapter ❸, der dann wiederum in deutsche Steckdosen passt. Alternativ können Sie das iPad aber auch per USB aufladen – zum Beispiel an einem Rechner oder an dem USB-Power-Adapter eines Drittanbieters (siehe Seite 325). Ob das Tablet aufgeladen wird, erkennen Sie am grünen Batteriebalken auf dem Sperrbildschirm oder am Energiesymbol oben rechts ❹. Die Prozentzahl, die Sie auf dem Screenshot sehen, können Sie unter **Einstellungen** → **Allgemein** → **Benutzung** aktivieren.

Kompatibilitätsprobleme mit externem Zubehör?

Ebenso wie die neuen iPhones werden die aktuellen iPads mit dem neuen Lightning-Anschluss (der kleinen Öffnung am unteren Rand in der Mitte) ausgeliefert ❺. Daher ist das externe Zubehör, das für alle vorherigen iPhones, iPads und iPods entwickelt wurde, nicht mehr kompatibel. Achten Sie beim Zubehörkauf darauf, für welche Geräte die Peripherie optimiert wurde, und setzen Sie im Zweifelsfall einen Adapter ein, um Kompatibilität zu erzeugen. Auf Seite 327 erkläre ich die momentan verfügbaren Apple-Adapter ganz genau. Ab und zu kann es aber vorkommen, dass ein Accessoire auch mit Adapter nicht in Betrieb genommen werden kann. Wenn Sie unsicher sind, bleibt Ihnen nur die Möglichkeit, vor dem Kauf beim Hersteller nachzufragen.

1

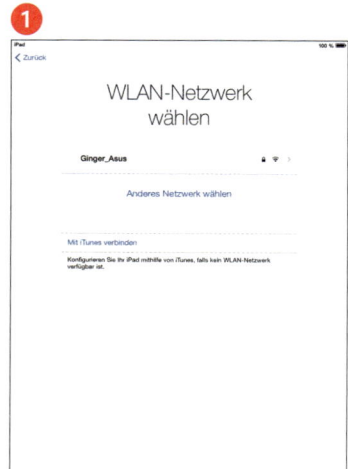

2

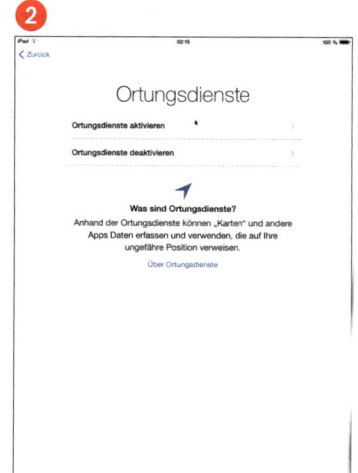

3

4

5

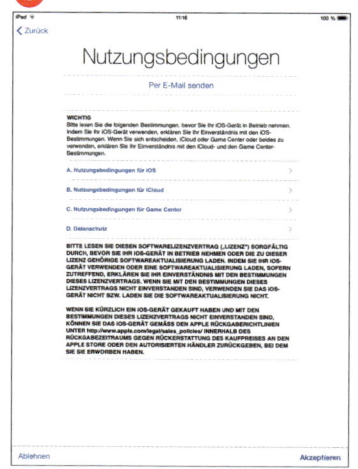

6

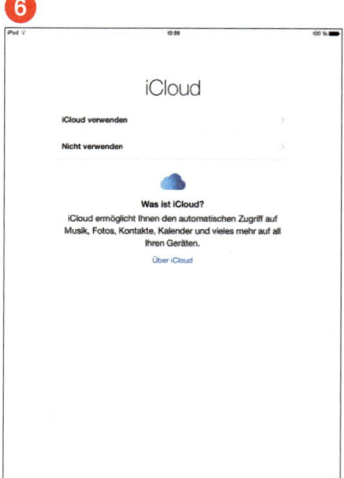

Nach dem ersten Start: die Einrichtung

Stellen Sie das iPad über die Stand-by-Taste an, um mit dem Einrichtungsvorgang zu beginnen. Sofern Ihr Gerät über die entsprechende Technik verfügt, bittet Sie das iPad zunächst, die eingelegte **SIM-Karte** per PIN, die bei der Karte beiliegen sollte, zu bestätigen. Das iPad begrüßt Sie mit einem Hallo in allen verfügbaren Sprachen. Wischen Sie nun einfach mit dem Finger auf dem Bildschirm nach rechts und wählen Sie die **Systemsprache** und im Anschluss Ihr **Land** aus.

❶ Für den Einrichtungsvorgang ist eine Internetverbindung notwendig. Sie werden also als Nächstes dazu aufgefordert, ein **WLAN** einzurichten. Tippen Sie dafür auf den Namen Ihres Netzwerks und geben Sie das dazugehörige Passwort ein. Wenn Sie kein WLAN auswählen, wird für den Einrichtungsvorgang Ihre mobile Datenverbindung genutzt, wodurch Mobilfunkkosten anfallen können. Alternativ können Sie auch iTunes nutzen. Dafür müssen Sie das iPad mit dem mitgelieferten Kabel an einen Rechner anschließen, auf dem die neueste iTunes-Version installiert ist. Haben Sie damit bereits ein Backup eines vorherigen iPads erstellt, können Sie versuchen, dieses auf diesem Weg auf das neue Tablet aufzuspielen. Mehr zu iTunes erfahren Sie ab Seite 177.

❷ Nun möchte Ihr iPad wissen, ob Sie den **Ortungsdienst** aktivieren wollen. Dadurch weiß es immer, wo Sie sich gerade aufhalten, und Sie können umgekehrt Ihr Tablet orten lassen (sofern ❼, siehe nächste Seite, aktiviert ist). Mehr über den Ortungsdienst erfahren Sie auf Seite 103.

❸ Als Nächstes fragt Sie das Tablet, ob Sie es als neues Gerät konfigurieren wollen oder – sofern Sie schon einmal ein iPad besessen haben – auf ein iCloud-Backup beziehungsweise ein iTunes-Backup zurückgreifen möchten.

❹ Sie können nun eine **Apple-ID** anlegen oder eine bereits bestehende nutzen. Wenn Sie keine Apple-ID besitzen, können Sie das auch vor dem Einrichten am Rechner erledigen. Die Apple-ID ist sehr wichtig, denn damit kaufen Sie Bücher, Filme, Apps, synchronisieren Ihr Gerät und finden es wieder, wenn es mal abhandenkommt.

❺ Anschließend müssen Sie mehrmals den **Datenschutzbestimmungen** von Apple zustimmen. Daran führt kein Weg vorbei, wenn Sie Ihr iPad nutzen wollen.

❻ Entscheiden Sie jetzt, ob Sie **iCloud** verwenden möchten, dies ist wichtig für die nächsten Schritte. Was es mit iCloud auf sich hat, erfahren Sie ab Seite 307.

7

Mein iPad suchen

„Mein iPad suchen" ist automatisch aktiviert, wenn Sie iCloud benutzen.

Mit dieser Funktion können Sie Ihr iPad orten, sperren und löschen, falls Sie es verlieren sollten. Ihr Apple-ID-Passwort ist ebenfalls erforderlich, bevor das Gerät gelöscht oder erneut aktiviert werden kann.

„Mein iPad suchen" kann in den iCloud-Einstellungen verwaltet und deaktiviert werden.

Über „Mein iPad suchen"

8

iMessage und FaceTime

KONTAKTINFORMATIONEN:

mobile.autorin@icloud.com ✓

susanne.moellendorf@gmail.com ✓

⸺⸺⸺⸺⸺⸺⸺⸺ ✓

Neue ausgehende Nachrichten, FaceTime- und FaceTime-Audioanrufe erfolgen über „susanne.moellendorf@gmail.com". Dies kann in den Einstellungen geändert werden.

Was ist iMessage und FaceTime?
Über Ihre Telefonnummer oder E-Mail-Adresse sind Sie mit iMessage und FaceTime auf all Ihren Geräten erreichbar.

9

iCloud Drive

Speichern Sie Ihre Dateien in iCloud und greifen Sie von all Ihren Geräten jederzeit darauf zu.

Hinweis: Sie können mit folgenden Geräten erst dann auf die in iCloud gespeicherten Dokumente zugreifen, wenn sie auf iOS 8 bzw. OS X Yosemite aktualisiert wurden:

iPhone von Susanne

Auf iCloud Drive aktualisieren

Später

Über iCloud Drive
Bearbeiten Sie Ihr Dokument auf einem beliebigen Gerät und mit beliebigen Apps – die aktuellste Version ist immer und überall verfügbar.

10

Code erstellen

Ein Code schützt Ihre Daten und wird verwendet, um das iPad zu entsperren.

– – – –

Code nicht hinzufügen

11

Siri

Siri verwenden

Siri nicht verwenden

Was ist Siri?
Siri hilft Ihnen beim Erledigen von Aufgaben. Sie können Nachrichten senden, Notizen diktieren oder die Wettervorhersage aufrufen.

Siri sendet Informationen wie Spracheingabe, Kontakte und Orte an Apple, um Ihre Anfragen zu verarbeiten.

Über Siri

12

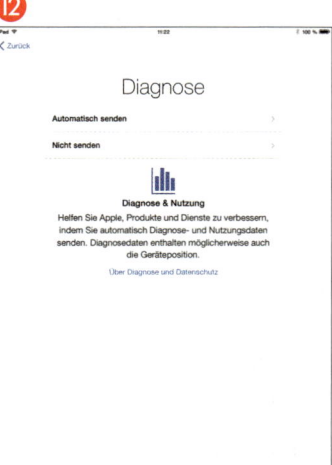

Diagnose

Automatisch senden

Nicht senden

Diagnose & Nutzung
Helfen Sie Apple, Produkte und Dienste zu verbessern, indem Sie automatisch Diagnose- und Nutzungsdaten senden. Diagnosedaten enthalten möglicherweise auch die Geräteposition.

Über Diagnose und Datenschutz

Die Einrichtung (Fortsetzung)

❼ Haben Sie der Nutzung von iCloud zugestimmt, können Sie nun den Dienst **Mein iPad suchen** aktivieren. Wie Sie ein verlorenes iPad wiederfinden, erkläre ich auf Seite 317.

❽ Im nächsten Schritt können Sie entscheiden, ob Sie die Apple-Dienste **iMessage** (Seite 137) und **FaceTime** (Seite 139) nutzen möchten. Beide sind durchaus praktisch, da Sie damit zum Beispiel mit anderen iOS-Nutzern kostenlose SMS austauschen oder Videotelefonate führen können.

❾ Es ist sinnvoll **iCloud Drive** zu aktivieren, damit Sie damit von überall aus (PC, iPhone und Mac) Zugriff auf Ihre Dateien haben. Apple stellt Ihnen 5 GB Speicherplatz kostenlos zur Verfügung. Wenn Sie mehr Speicher benötigen, bietet Apple Ihnen verschiedene kostenpflichtige Abomodelle an.

❿ Anschließend werden Sie dazu aufgefordert, einen **Sperrcode** zur Sicherheit des iPads einzugeben, den Sie dann noch einmal bestätigen müssen. Mehr dazu auf Seite 117.

⓫ Entscheiden Sie dann, ob Sie die sprachgesteuerte persönliche Assistentin **Siri** nutzen wollen. Damit können Sie Ihrem iPad Befehle geben und Fragen stellen. Mehr dazu lesen Sie ab Seite 289.

⓬ Abschließend können Sie bestimmen, ob Sie Apple täglich mitteilen wollen, dass Ihr iPad einwandfrei funktioniert. Was dies genau bedeutet, können Sie nachlesen, indem Sie auf **Über Diagnose und Datenschutz** tippen. Aktivieren Sie diesen Dienst, kann es passieren, dass während der Übertragung ab und zu Mobilfunkkosten anfallen – sofern Ihr iPad über UMTS verfügt. Sie können die Option aber jederzeit über **Einstellungen** → **Info** → **Diagnose & Nutzung** wieder deaktivieren.

Gratulation – Ihr iPad ist eingerichtet, und Sie können loslegen!

Apple-ID und Sicherheitsfragen

Jeder Apple-ID-Besitzer muss irgendwann Sicherheitsfragen und -antworten einrichten. Die Aufforderung dazu erscheint ganz unerwartet. Wenn Sie mit Ihrer Apple-ID ab und zu etwas kaufen wollen, kommen Sie nicht umhin, diesen Vorgang hinter sich zu bringen.

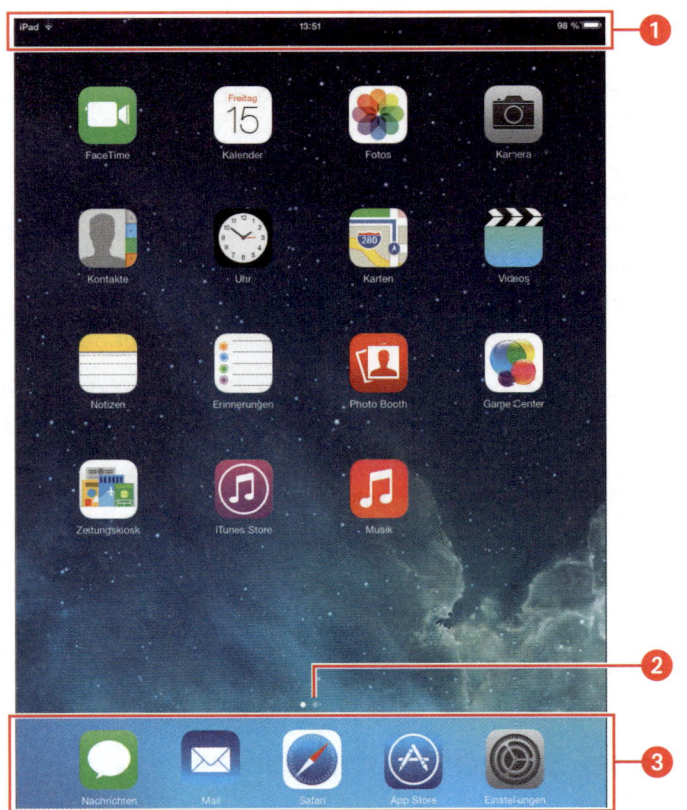

Dreh- und Angelpunkt: den Home-Bildschirm verstehen und bedienen

Ihr iPad begrüßt Sie nun mit bereits installierten Anwendungen, den sogenannten Apps. Sie können diese beliebig anordnen oder sogar in Ordner ablegen (siehe nächste Seite).

❶ Wenn die SIM-Karte richtig installiert ist, zeigt die Leiste ganz oben immer von links nach rechts:

- Die Verbindungsstärke zu Ihrem Netzwerk. Wenn Sie UMTS nutzen, steht dort auch der Name des Netzanbieters.
- Die **Uhrzeit**
- Die verbleibende **Akkuladung** beziehungsweise ob das iPad gerade aufgeladen wird.
- Wenn Sie die Leiste anfassen und mit dem Finger nach unten ziehen, öffnet sich die **Mittei- lungszentrale** (siehe auch Seite 85), die Ihnen unter anderem anstehende Kalendertermine und neue E-Mails anzeigt. Sie schließen das Feld, indem Sie von unten nach oben wischen oder die Home-Taste drücken.
- Sie werden häufig auch weitere Zeichen in der Leiste sehen, je nachdem, welche Optionen gerade aktiviert sind.

❷ Hier sehen Sie, dass Sie sich gerade im linken Home-Bildschirm befinden, rechts geht es zu einem weiteren. Jeder Punkt symbolisiert einen Home-Bildschirm.

❸ Die oberen fünf Reihen zeigen die Apps, die Sie auf Ihrem Gerät installiert haben. Daher sehen sie auf den verschiedenen Home-Bildschirmen unterschiedlich aus. Das Dock hingegen, die Reihe ganz unten, bleibt in jedem Home-Bildschirm gleich und fasst bis zu sechs App-Symbole.

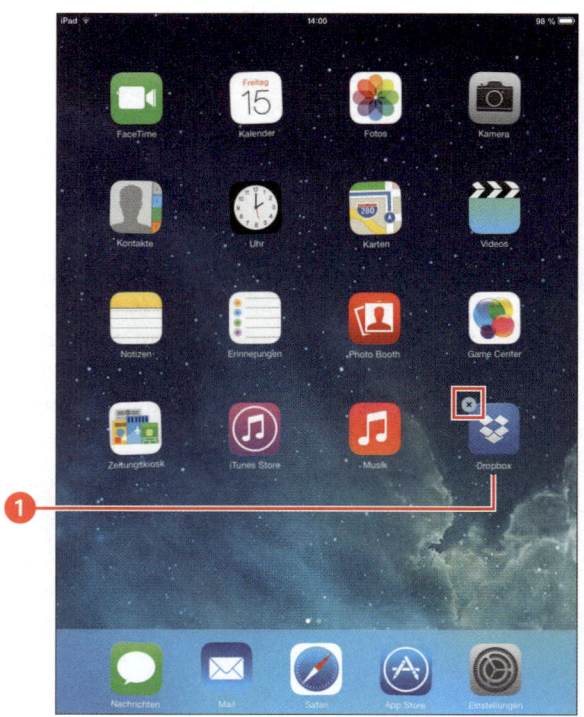

Den Home-Bildschirm organisieren

Der Home-Bildschirm stellt das Herzstück Ihres iPads dar, ähnlich wie der Desktop Ihres Rechners. Hier finden Sie alle installierten Apps – einzeln oder in Ordnern versteckt.

❶ Um die Anwendungen zu organisieren, **halten** Sie eine beliebige App **gedrückt**. Im Bearbeitungsmodus fangen alle Apps an zu wackeln, und Sie können nun Folgendes tun:

- Bewegen Sie die App durch **Schieben** an einen anderen Ort. Ist ein Platz bereits belegt, schubsen Sie mit der App unter Ihrem Finger einfach die andere App zur Seite. Sie können die App, die Sie gerade festhalten, auch auf einen anderen Home-Bildschirm schieben. Ziehen Sie sie dafür so lange in Richtung des gewünschten Home-Bildschirms, bis sie dort ist, und lassen Sie sie dann los.

- Tippen Sie auf das **Kreuz**, um die entsprechende App zu **deinstallieren**. Das funktioniert allerdings nicht bei System-Apps. Diese können Sie lediglich in einen Ordner legen. Bei einigen vorinstallierten Anwendungen besteht die Möglichkeit, diese über die Einschränkungen (siehe Seite 85) auszublenden.

❷ Wenn Sie eine App auf eine andere App **schieben**, erstellen Sie automatisch einen **Ordner**. Das kann beim ersten Versuch ein bisschen schwierig werden, weil die Apps bei Berührung manchmal zur Seite springen. Im Bearbeitungsmodus können Sie die Ordner dann auch beliebig benennen. Ihr iPad weiß aber oft schon automatisch, wie der richtige Name für den Ordner lauten könnte.

- **Drücken** Sie die Home-Taste einmal, um den Bearbeitungsmodus zu beenden.

Woher bekomme ich so ein schickes Hintergrundbild?

Das geht zum Glück ganz einfach: Wie Sie den Hintergrund Ihres Sperrbildschirms und/oder den des Home-Bildschirms ändern, erkläre ich auf Seite 37.

Zur Sicherheit: der Sperrbildschirm

Wenn Sie Ihr iPad aus dem Ruhezustand geholt oder neu gestartet haben, müssen Sie immer erst am Sperrbildschirm vorbei, ehe Sie das Tablet nutzen können. Dadurch wird sichergestellt, dass nicht aus Versehen Apps geöffnet werden, wenn zum Beispiel das iPad in einer Tasche liegt. Um jetzt auf Ihr iPad zugreifen zu können, schnappen Sie sich den kleinen **Pfeil** ❶ und schieben ihn ganz nach rechts. Sobald Sie loslassen, sind Sie auf dem zentralen Home-Bildschirm, oder Sie werden erst aufgefordert, einen Code einzugeben, um das iPad zu entsperren (sofern eine Code-Sperre eingestellt ist – siehe Seite 117). Über das kleine **Kamerasymbol** rechts neben dem Schieber ❷ kommen Sie direkt zur gleichnamigen Anwendung. Durch Gedrückthalten der Home-Taste können Sie vom Sperrbildschirm aus Siri aufrufen, und durch Wischen von der unteren Kante aus kommen Sie zur **Schnellzugriffsleiste** ❸ – mehr dazu auf Seite 43. Ein Wischen von der oberen Kante aus ruft die **Mitteilungszentrale** auf.

Ein gebrauchtes iPad neu einrichten

Wenn Sie ein gebrauchtes iPad zurücksetzen, um es zu verkaufen oder zu verschenken, ist es wichtig, dieses auch in Ihrem iCloud-Account zu löschen – wie das geht, erfahren Sie hinter dem QR-Code. Ansonsten bleibt das Gerät mit Ihrer Apple-ID verbunden und kann nicht mehr so einfach mit einem neuen Konto benutzt werden.

Kapitel 2 | Ihr iPad richtig bedienen

Ihr iPad lässt sich zu 95 % per **Berührung bedienen**. Auf den folgenden Seiten erkläre ich, wie Sie es mit einem, zwei oder mehr Fingern unter Kontrolle haben. Danach beschreibe ich, was die **iPad-Suche** (Seite 57) alles leisten kann und wie Sie das **Kippen des Displays ins Querformat verhindern** (Seite 43) sowie welche Tücken die digitale Tastatur (ab Seite 45) für Sie bereithält.

Ein Stift für das iPad

Damit das Tablet Ihre Fingerbewegungen gut erkennt, ist es wichtig, dass Ihre Hände weder zu trocken noch zu feucht sind. Sollte das bei Ihnen schwierig sein, hilft eventuell ein extra für diese Art Display entwickelter Stift. Suchen Sie dafür einfach mal zum Beispiel bei Amazon nach **Stylus**. Achten Sie bei der Auswahl darauf, dass es sich um einen kapazitiven Eingabestift handelt. Stifte haben außerdem den Vorteil, dass Sie mit Ihrer Hand das Display nicht überdecken. Allerdings lassen sich nicht alle Bewegungen, die auf der nächsten Seite erklärt werden, mit einem Stift ausführen.

Fingerübungen: mit den richtigen Bewegungen das iPad im Griff haben

Die hier beschriebenen Bewegungen werden Sie ganz schnell automatisch beherrschen, denn das iPad lässt sich sehr intuitiv bedienen:

- **Antippen:** Durch Tippen öffnen Sie Anwendungen, bestätigen Eingaben oder öffnen zum Beispiel Bilder in der Galerie sowie Links in einem Browser.
  Doppeltes Antippen: Wenn Sie zweimal schnell hintereinander tippen, können Sie unter anderem manche Bilder und Texte bildschirmfüllend anzeigen oder zoomen.

- **Wischen ❶:** Wischen Sie einmal kurz nach links über den zentralen Home-Bildschirm, als hätten Sie einen Fussel auf Ihrem iPad entdeckt. Und schon sind Sie auf dem nächsten Home-Bildschirm gelandet – sofern Sie schon einen angelegt haben. Das geht auch von oben nach unten – zum Beispiel, wenn Sie durch einen Text scrollen möchten. Diese Bewegungen werden in den meisten Apps eingesetzt.

- **Schieben ❷:** Das Verschieben von Objekten begegnet Ihnen bei der Organisation des Home-Bildschirms (siehe Seite 27), aber auch in vielen Spielen. Tippen Sie dafür das Objekt an und halten Sie den Finger auf dem Display. Schieben Sie das Objekt jetzt an den gewünschten Ort.

- **Gedrückt halten:** Auch diese Bewegung wird Ihnen bei der Organisation des Home-Bildschirms helfen. Manchmal eröffnen sich Ihnen weitere Optionen, wenn Sie nach dem Antippen Ihren Finger einige Sekunden auf dem Objekt lassen.

- **Spreizen/Kneifen:** Um ein Bild oder einen Text zu vergrößern oder zu verkleinern, setzen Sie zwei Finger (am besten Daumen und Zeigefinger oder Mittelfinger) auf das Display. Bewegen Sie beide Finger voneinander weg, um die Ansicht zu vergrößern. Führen Sie die Finger zusammen, um sie zu verkleinern.

- **Schütteln:** Einige Anwendungen – meistens Spiele – lassen sich streckenweise durch Schütteln des iPads bedienen. Keine Sorge, dabei geht nichts kaputt. Des Weiteren machen Sie auf diese Weise Eingaben rückgängig.

iPad 🔋	16:44	🔋 84 % 🔋

Einstellungen

Allgemein

Datenschutz

---

iCloud

Mail, Kontakte, Kalender

Notizen

Erinnerungen

Nachrichten

FaceTime

Karten

Safari

---

iTunes & App Store

Musik

Videos

Fotos & Kamera

iBooks

Game Center

Twitter

Facebook

Flickr

Vimeo

Info ›

Softwareaktualisierung ›

Siri ›

Spotlight-Suche ›

Textgröße ›

Bedienungshilfen ›

Multitasking-Bedienung 🟢

Vier oder fünf Finger:
· zusammenziehen: Home-Bildschirm
· nach oben streichen: Multitasking
· horizontal streichen: von App zu App

SEITENSCHALTER:

Ausrichtungssperre ✓

Ton aus

„Ton aus" ist über das Kontrollzentrum verfügbar.

Benutzung ›

Hintergrundaktualisierung ›

Automatische Sperre Nie ›

Code-Sperre Aus ›

Einschränkungen Aus ›

Sperren / Entsperren 🟢

Das iPad per Multitasking-Gesten mit fünf Fingern bedienen

Jetzt kennen Sie die grundlegenden Bedienelemente. Für fortgeschrittene Nutzer bietet das iPad aber noch weitere Gesten. Um diese zu aktivieren, öffnen Sie **Einstellungen → Allgemein** und schieben dort bei **Multitasking-Bedienung** den Regler auf ❶. Wenn Sie jetzt alle fünf Finger auf dem Display platzieren und zusammenschieben, öffnet sich der Home-Bildschirm. Ziehen Sie alle Finger nach oben, erscheint unten die App-Übersicht (mehr dazu auf Seite 39), und wenn Sie sich in einer App befinden, gelangen Sie durch das Bewegen von allen fünf Fingern nach rechts oder links zur nächsten geöffneten App.

Katzen spielen auch gern mit dem iPad

Die meisten Menschen wundern sich, wenn ich erzähle, dass meine Katzen mit dem iPad spielen. Dabei gibt es extra Apps für aktive Samtpfoten (Cat Toys zum Beispiel). Hinter dem QR-Code finden Sie ein YouTube-Video als Beweis. Die Ballen an den Katzenpfoten sind ähnlich beschaffen wie Finger, und so wird die digitale Mäusejagd möglich. Da das Displayglas sehr hart ist, müssen Sie auch nicht befürchten, dass Kratzer entstehen. Die hier  beschriebene Multitasking-Bedienung sollten Sie dafür allerdings abstellen, denn wenn die Katze mit einer Pfote auf dem Tablet steht und mit der anderen Pfote spielt, landet sie schon mal in einer anderen App. Neben Maus- und Lichtjagd gibt es auch Mal-Apps für Katzen. Diese funktionieren ähnlich, aber hinterher haben Sie ein »Kunstwerk« zum Vorzeigen.

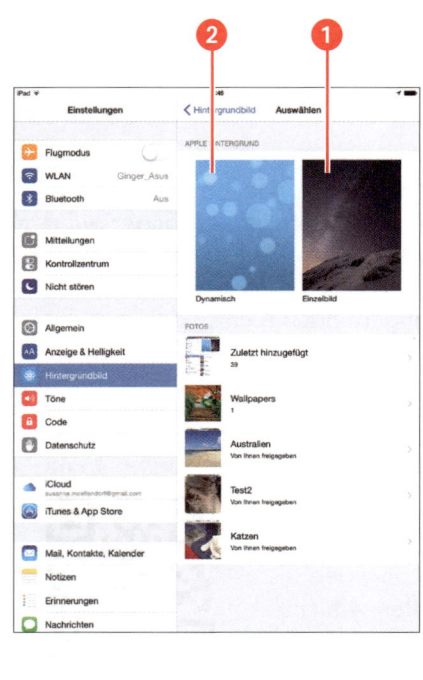

Den Hintergrund von Home-Bildschirm und Sperrbildschirm ändern

Um das Erscheinungsbild Ihres Home-Bildschirms und/oder Sperrbildschirms anzupassen, gehen Sie zu **Einstellungen** → **Hintergrundbild**.

❶ Entscheiden Sie zunächst, ob es sich bei dem Hintergrundbild um ein vorinstalliertes oder eines aus Ihren Fotoalben handeln soll. Wenn Sie keine eigenen Fotos nehmen möchten, können Sie im App Store fündig werden. Suchen Sie dort nach **Wallpaper**, werden Sie viele Apps entdecken, die kostenlos hochauflösende Hintergrundbilder anbieten.

❷ Bei den dynamischen (animierten) Hintergründen sind derzeit nur die hier bereitgestellten verfügbar. Diese Hintergründe verbrauchen allerdings mehr Strom als normale Bilder.

❸ Ist das Bild größer als das Display, können Sie es durch **Schieben** und **Kneifen/Spreizen** anpassen. Bestimmen Sie abschließend, ob das Bild nur den Home-Bildschirm oder auch den Sperrbildschirm füllen soll.

Hilfe, ich habe keinen Platz mehr!

Der Platz auf dem ersten Home-Bildschirm ist schnell belegt. Neu installierte Apps erstellen automatisch einen neuen. Sie können aber auch selbst Apps verschieben, um neue Home-Bildschirme anzulegen. Sollte das nicht ausreichen, hilft nur, wie beschrieben Ordner anzulegen, denn diese fassen unendlich viele Apps. Sie können aber auch ohne Bedenken Apps, die Sie kaum nutzen, deinstallieren. Im App Store stehen in einer Übersicht alle Apps, die Sie jemals installiert haben, für eine Neuinstallation bereit.

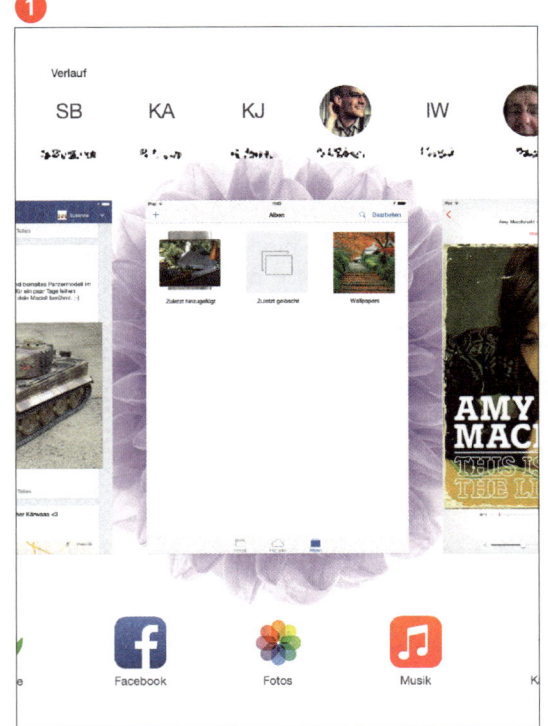

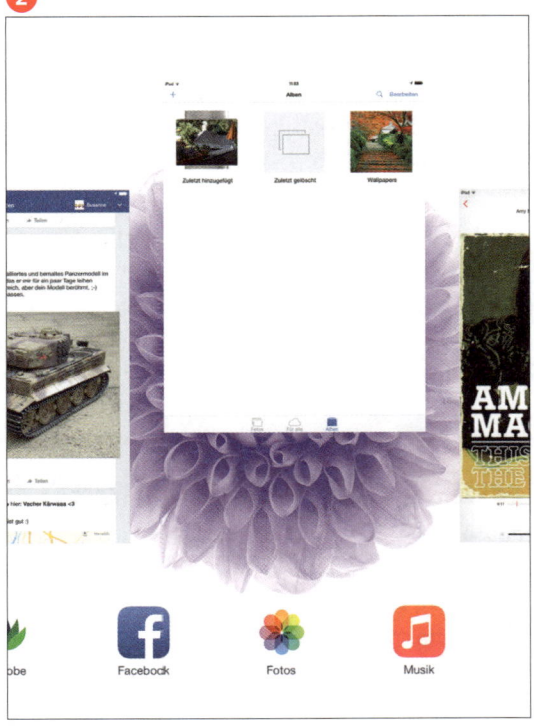

Bei Problemen: Apps schließen

Eine gestartete App bleibt im Hintergrund geöffnet, auch wenn Sie wieder auf den Home-Bildschirm zurücknavigieren. Manchmal kann es passieren, dass eine Anwendung abstürzt und nicht mehr reagiert. Tippen Sie dann die Home-Taste zweimal schnell hintereinander an, um zur **Übersicht der geöffneten Apps** zu gelangen.

Hier können Sie durch Wischen nach links einsehen, welche Apps in welcher Reihenfolge geöffnet wurden, die zuletzt geöffnete finden Sie ganz links ❶. Tippen Sie eine App an, können Sie sie benutzen. Um eine App zu **schließen**, halten Sie sie gedrückt und schieben sie mit dem Finger nach oben heraus ❷. Das kann zum Beispiel hilfreich sein, wenn eine App nicht mehr richtig funktioniert. Wenn das iPad spürbar langsamer wird beziehungsweise mehr Strom als normal verbraucht, versuchen Sie es mit dem Schließen aller Apps. Ein Neustart des iPads führt übrigens nicht zur Schließung der laufenden Apps.

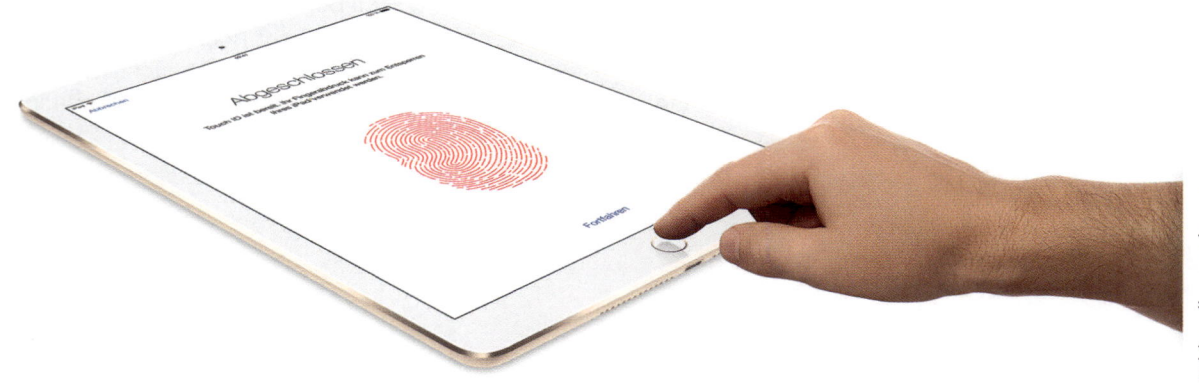

Fingerabdruck statt Code: Mit der Home-Taste entsperren und bezahlen

Wenn Sie ein iPad Air 2 oder iPad mini 3 besitzen, finden sich in den Einstellungen Optionen für die Nutzung des **Fingerabdrucksensors**. Mit dieser Technik müssen Sie zum Entsperren des iPads keinen Sicherheitscode mehr eingeben. Stattdessen erkennt der Sensor hinter der Home-Taste, wenn Sie diese anklicken, Ihren Fingerabdruck (aus jedem Winkel), und Sie können sofort loslegen.

Damit das iPad Ihren Finger erkennt, müssen Sie in den entsprechenden Einstellungen zuerst Ihren Finger einlesen lassen. Durch diesen Prozess werden Sie mit eindeutigen Hinweisen geleitet. Danach können weitere Personen einen Fingerabdruck hinterlegen, wenn das Gerät nicht nur von Ihnen genutzt wird. Des Weiteren können Sie auf diese Weise nicht nur das ganze Tablet sperren, sondern auch zusätzlich (oder auch nur) iTunes und den App Store. Dort müssen Sie dann nämlich auch kein Passwort mehr eingeben.

Aber ist das auch sicher?

Laut Apple wird kein Bild des Fingerabdrucks erstellt, sondern nur eine mathematische Darstellung. Diese wird auf dem im Gerät integrierten Chip in einer Sicherheitsarchitektur mit dem Namen Secure Enclave gespeichert – also nur auf Ihrem iPad. Darauf kann wiederum nur Touch ID zugreifen.

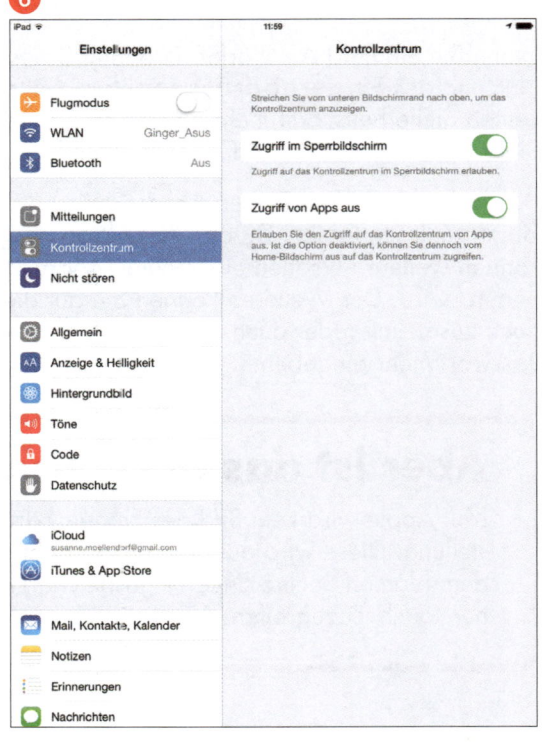

Für den Schnellzugriff: das Kontrollzentrum

Wenn Sie von der unteren Kante aus nach oben wischen, öffnet sich das Kontrollzentrum. Hier haben Sie Zugriff auf einige grundlegende Optionen:

❶ Eine Bedienungsleiste für Filme und Musikstücke. Sie können ein Stück hier pausieren lassen, vor- und zurückspulen sowie unten die Lautstärke verstellen. Leider ist diese Funktion bei einigen Drittanbieterapps nicht verfügbar.

❷ (De-)Aktivierungsmöglichkeiten von links nach rechts: für den **Flugmodus**, bei dem alle Funkverbindungen abgestellt werden, für **WLAN** (Seite 63), **Bluetooth** (Seite 59), **Nicht stören** und für die Kippfunktion vom Hochformat ins Querformat und umgekehrt oder **Ton aus**, je nachdem, mit welcher Funktion Sie den Seitenschalter belegt haben.

❸ Mit dem linken Symbol öffnen Sie die **Uhr**-Anwendung (Seite 299) und mit dem rechten Symbol die **Kamera** (Seite 221).

❹ Über **AirDrop** können Sie Dateien mit anderen iOS-Geräten austauschen. Mehr dazu lesen Sie auf Seite 151. Mit AirPlay übertragen Sie Medieninhalte (siehe auch Seite 211).

❺ Hier verändern Sie die Helligkeit des Bildschirms.

❻ Unter **Einstellungen** → **Kontrollzentrum** können Sie festlegen, ob dieser Schnellzugriff auch im Sperrbildschirm, und während Sie sich in einer App befinden, aufrufbar sein soll. Letzteres empfehle ich zu deaktivieren, da es gerade beim Surfen im Internet und in Anwendungen, in denen man von unten nach oben wischen muss, nervig sein kann.

Sie schließen das Kontrollzentrum mit einem Wischen nach unten oder durch die Betätigung der Home-Taste.

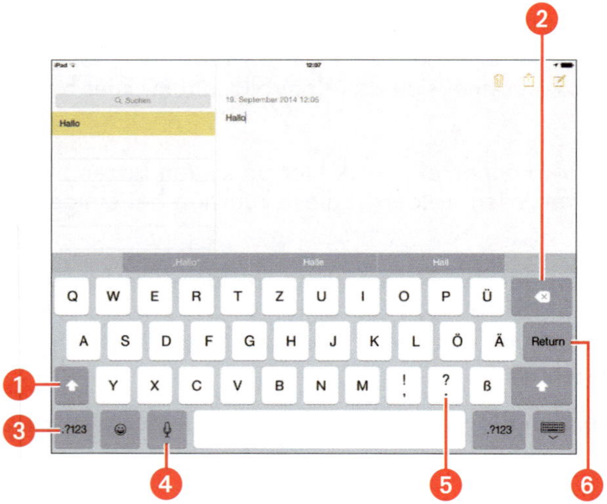

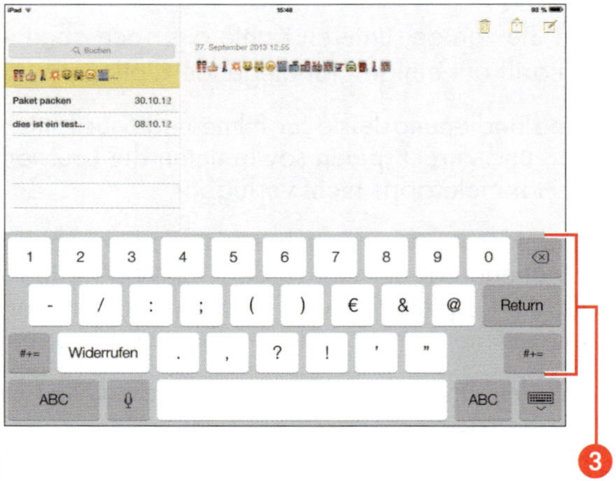

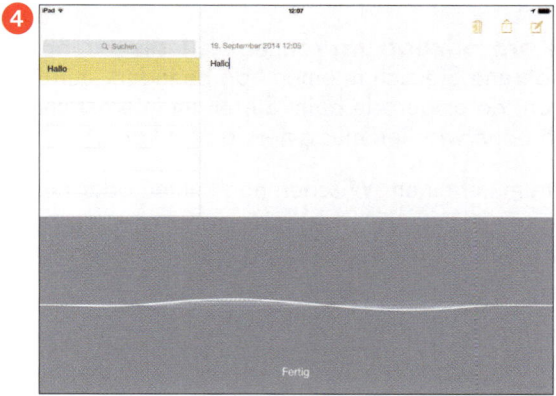

Die digitale Tastatur erklärt

Das Tippen auf einer digitalen Tastatur ist sehr gewöhnungsbedürftig. Und wenn Sie zum ersten Mal auf der Tastatur Ihres iPads schreiben, wird Ihnen das vermutlich nicht auf Anhieb leichtfallen. Besonders beim iPad mini ist das verständlich, da hier die Tasten sehr klein sind. Es gibt allerdings einen Trick: Halten Sie das iPad einfach im Querformat, sobald sich die Tastatur ausgeklappt hat. Egal wie Sie Ihr iPad ausrichten, die Bedienung der Tastatur ist immer gleich:

❶ Über ⇧ lösen Sie die **Großschreibung** aus, allerdings immer nur für das nächste Zeichen. Wenn Sie die Taste doppelt antippen, werden alle neuen Buchstaben großgeschrieben, bis Sie ein weiteres Mal darauf tippen.

❷ Mit ⌫ **löschen** Sie Ihre Eingaben, erst Zeichen für Zeichen und nach längerem Gedrückthalten Wort für Wort.

❸ Drücken Sie .?123 , um auf **Zahlen** und den ersten **Sonderzeichensatz** umzuschalten.

❹ Durch 🎤 starten Sie die **Eingabe per Mikrofon**. Dies ist sehr praktisch, wenn Sie zum Beispiel gerade unterwegs sind und nicht tippen wollen oder Ihnen die Eingabe per Tastatur zu umständlich ist. Sprechen Sie einfach den Text, sobald das Mikrofon erscheint, und sagen Sie dabei auch die Kommata und Punkte. Sie werden erstaunt sein, wie gut das klappt.

❺ Hinter ? verstecken sich bei längerem Gedrückthalten **Webendungen** wie **.de**, **.com** und so weiter – allerdings nicht immer, sondern abhängig davon, innerhalb welcher Anwendung Sie sich befinden.

❻ Mit Return erzeugen Sie einen **Absatz**, ähnlich wie mit der Enter-Taste am Rechner.

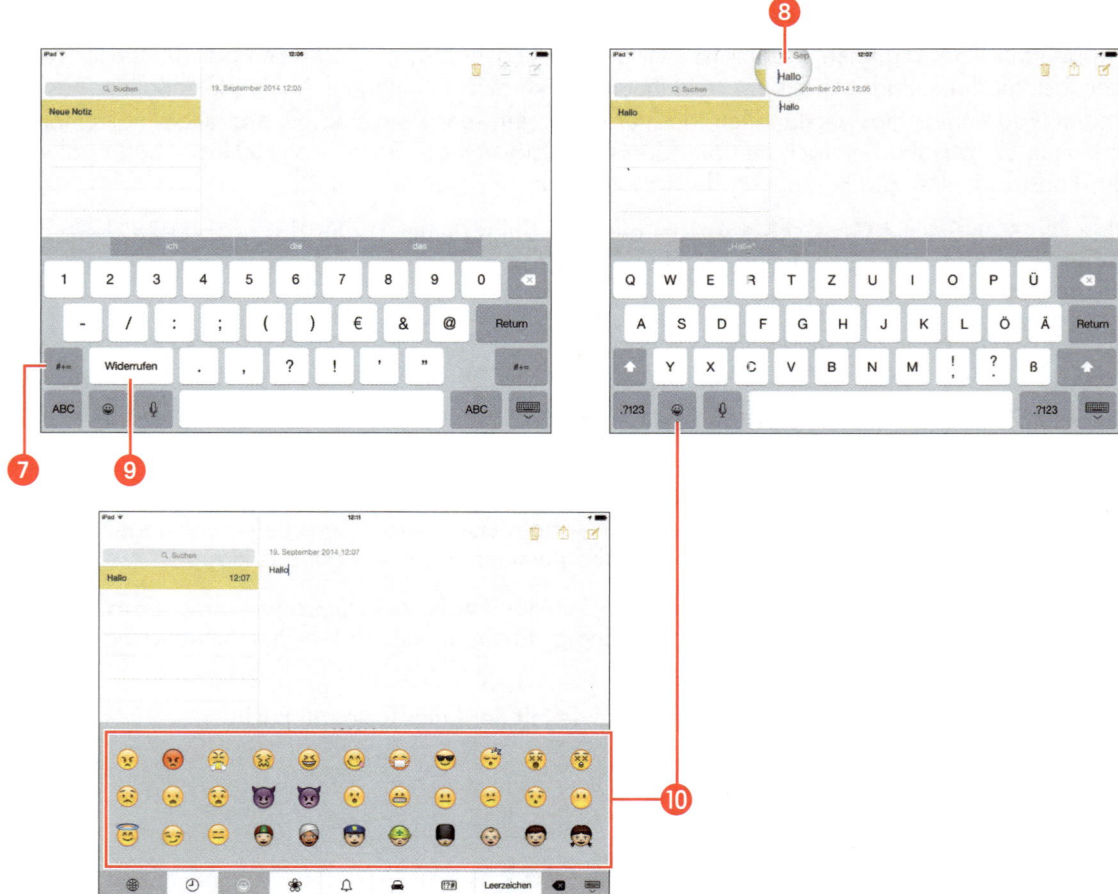

Die digitale Tastatur erklärt (Fortsetzung)

❼ Wenn Sie sich im Zahlenmenü befinden, können Sie mit einem Tipp auf `#+=` noch weitere **Sonderzeichen** aufrufen. Hinter einigen Sonderzeichen verbergen sich weitere Zeichen, die durch Gedrückthalten angezeigt werden können. So finden Sie hinter dem Euro-Zeichen zum Beispiel weitere Währungssymbole. Wenn Sie eine Tastatur ohne Umlaute eingestellt haben, finden Sie diese hinter A, O und U.

❽ Möchten Sie Ihren **Text verändern**, tippen Sie ihn an und halten ihn gedrückt, bis das runde Lupenfenster erscheint. Sie können die Einfügemarke jetzt mit dem Finger an die gewünschte Stelle verschieben und sehen in der Lupe genau, wo sie sich gerade befindet.

❾ Über die Widerrufen-Taste können Sie Eingaben rückgängig machen. Alternativ funktioniert auch ein kräftiges Schütteln des iPads.

❿ Hinter dem Smiley befindet sich eine große Auswahl an Emoticons für alle Lebenslagen. Hier können Sie von rechts nach links wischen beziehungsweise die Symbole am unteren Rand antippen, um mehr Bildchen zu entdecken.

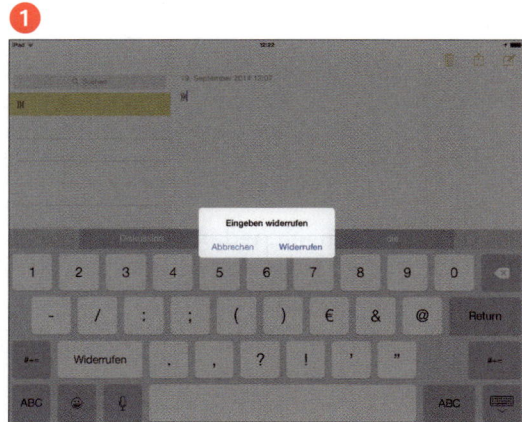

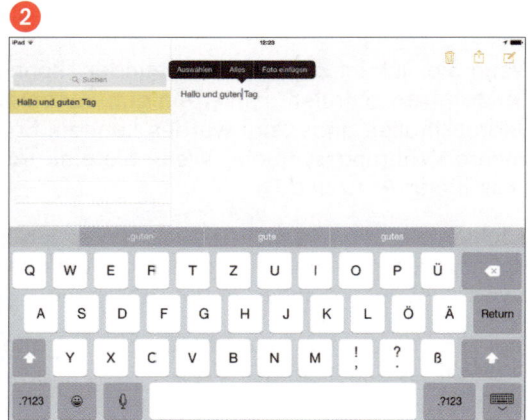

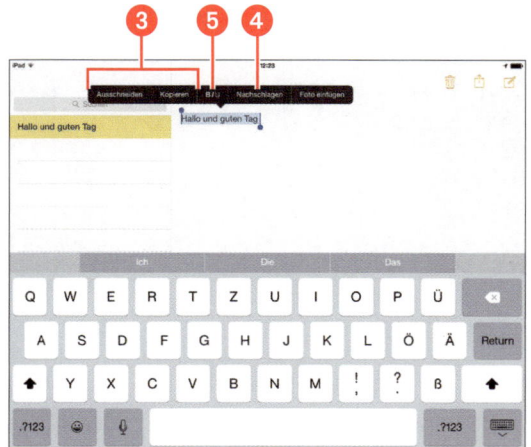

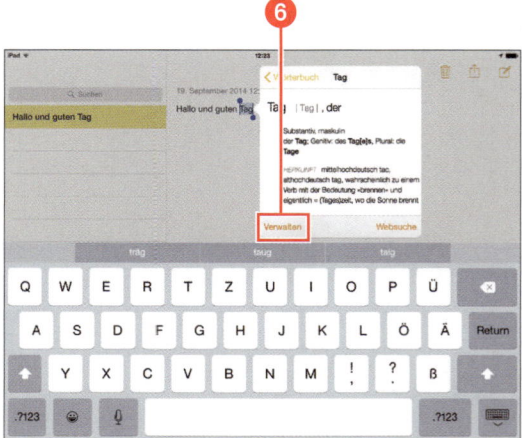

Die grundlegenden Textbearbeitungsoptionen

Die Eingabe des Texts haben Sie nun gemeistert, doch was ist, wenn Sie den Text bearbeiten möchten? Hier stehen Ihnen einige rudimentäre, aber hilfreiche Möglichkeiten zur Verfügung:

❶ Eine Aktion rückgängig machen: Wenn Sie zum Beispiel aus Versehen etwas gelöscht haben, schütteln Sie Ihr iPad, bis ein Pop-up-Fenster erscheint, auf dem Sie **Widerrufen** auswählen können. Alternativ tippen Sie bei den Sonderzeichen auf die gleichnamige Taste.

❷ Wörter markieren: Tippen Sie ein **einzelnes Wort** zweimal an, um es zu markieren. Wollen Sie den ganzen Text markieren, tippen Sie in den Text und halten den Finger so lange gedrückt, bis ein kleines Pop-up erscheint. Wählen Sie **Alles** für den ganzen Text und **Auswählen** für das Wort, auf (oder neben) das Sie gedrückt haben. Ziehen Sie an den kleinen blauen Punkten, um mehrere **Wörter zusammenhängend** zu markieren.

❸ Ausschneiden/Kopieren/Einsetzen: Haben Sie ein oder mehrere Wörter markiert, erscheint automatisch ein Pop-up, das Ihnen weitere Bearbeitungsoptionen anzeigt.

❹ Wörter nachschlagen: Die Definition eines deutschen Worts, das Sie in Ihrem Text markiert haben, können Sie in einem Wörterbuch **nachschlagen**, das Sie beim ersten Mal nur noch schnell herunterladen müssen.

❺ Außerdem haben Sie hier die Möglichkeit, markierte Wörter fett, kursiv oder unterstrichen darzustellen sowie Fotos aus den eigenen Aufnahmen einzufügen.

❻ Dabei steht an dieser Stelle nicht nur das deutsche Wörterbuch zur Verfügung. Über **Verwalten** können Sie auch auf Wörterbücher in anderen Sprachen zugreifen. Mehr dazu auf Seite 53.

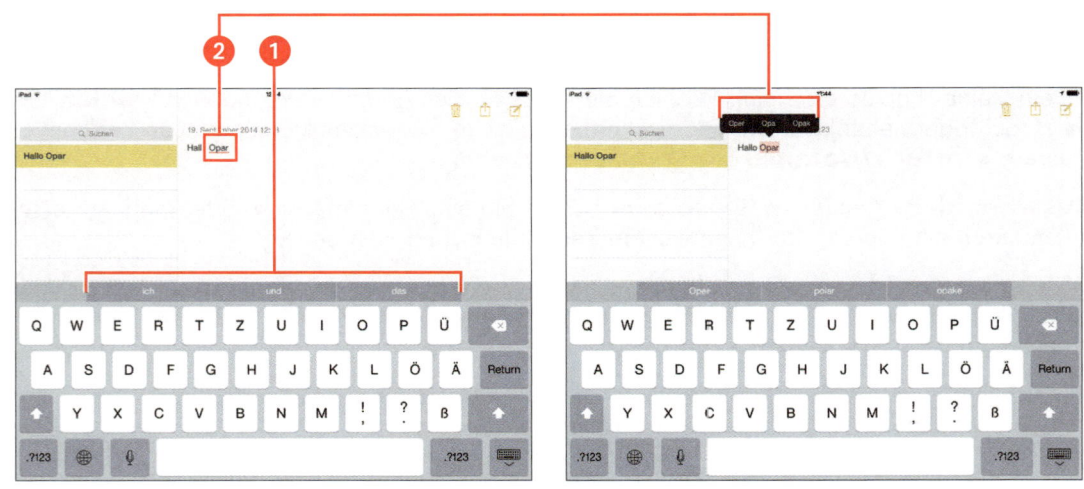

Rechtschreibprüfung, Auto-Korrektur und Vorschläge verwenden

Sollten Sie sich auf Ihrer iPad-Tastatur einmal vertippt haben, bietet Ihnen diese eine **Auto-Korrektur ❶** an. Haben Sie zum Beispiel einen falschen Buchstaben erwischt, werden Ihnen automatisch oberhalb der Tastatur Korrekturvorschläge und mögliche nächste Wörter angezeigt. Wollen Sie diese übernehmen, tippen Sie das entsprechende Wort an. Möchten Sie die Vorschläge ignorieren, tippen Sie einfach auf das von Ihnen eingetippte Wort. Wenn in dem von Ihnen getippten Text ein Wort vorkommt, das die **Rechtschreibprüfung** nicht kennt, wird es rot unterstrichen dargestellt. Um Verbesserungsvorschläge anzuzeigen, tippen Sie das Wort an ❷. Sie ersetzen das Wort durch einen Vorschlag, indem Sie diesen antippen. Wie Sie all diese Funktionen abstellen, erfahren Sie auf der nächsten Seite.

Eine externe Tastatur anschließen

Am einfachsten gestaltet sich die Texteingabe natürlich mit einer echten Tastatur. Dafür eignen sich beim iPad kabellose Tastaturen, die per Bluetooth verbunden werden. Wie Sie diese mit Ihrem Tablet verbinden, erfahren Sie auf Seite 59. Es gibt natürlich viele Bluetooth-Tastaturen auf dem Markt, die sich im Endeffekt alle dafür eignen, die höchste Kompatibilität erreichen Sie jedoch mit dem Apple Wireless Keyboard (siehe QR-Code).

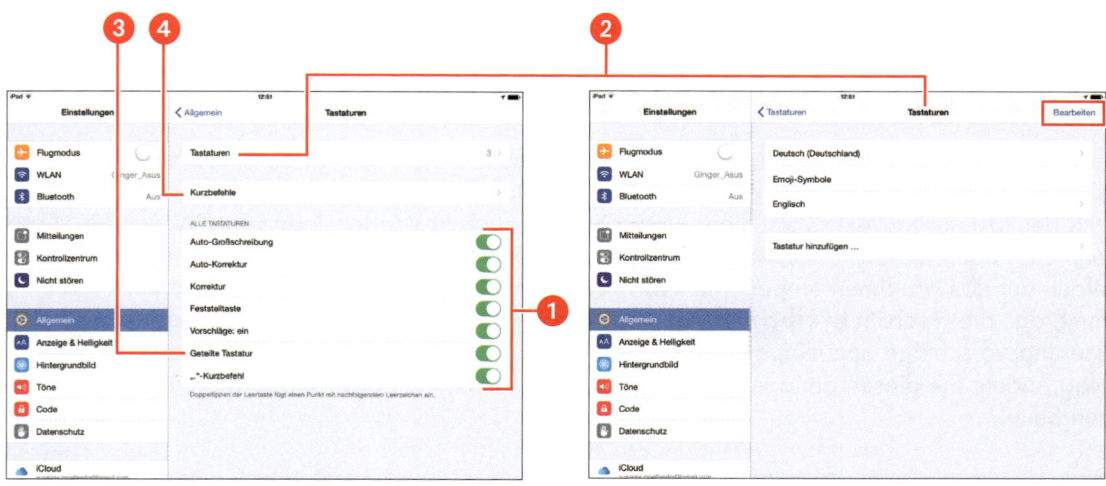

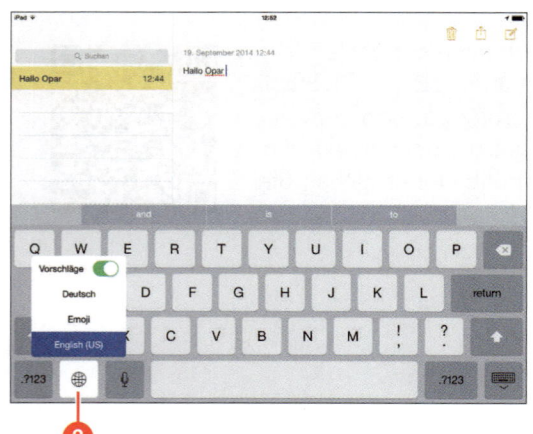

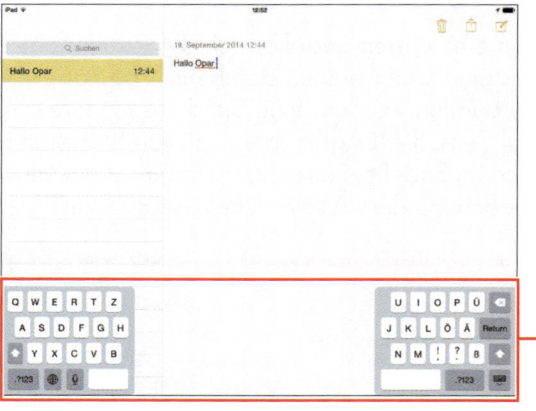

In die Tasten hauen: die Tastatureinstellungen

Um andere Tastaturlayouts einzustellen oder in einer anderen Sprache zu tippen, öffnen Sie **Einstellungen** → **Allgemein** → **Tastaturen**:

❶ Hier stellen Sie ein, dass der erste Buchstabe eines Satzes automatisch großgeschrieben wird (**Auto-Großschreibung**), Ihnen während des Tippens Korrekturvorschläge gemacht werden (**Auto-Korrektur**), falsch geschriebene Wörter rot unterstrichen werden (**Korrektur**), Sie durch doppeltes Antippen der Großschreibtaste die Großschreibung aller folgenden Buchstaben aktivieren (**Feststelltaste**), Wortvorschläge oberhalb der Tastatur angezeigt werden und beim doppelten Antippen der Leertaste ein Punkt gesetzt wird (**„."-Kurzbefehl**).

❷ Neben Tastaturen für **andere Sprachen** können Sie auch verschiedene deutsche Tastaturen (zum Beispiel mit und ohne Umlaute) aktivieren. Zwischen den verschiedenen eingestellten Tastaturen wechseln Sie, indem Sie den Finger auf die Globustaste neben dem Mikrofon (siehe Pfeil) legen und die gewünschte Tastatur auswählen. Um eine Tastatur zu entfernen, tippen Sie oben auf **Bearbeiten** und wählen die Tastatur aus. Der Globus erscheint erst, wenn Sie neben Deutsch und Emojis noch eine dritte Tastatur aktivieren, mehr dazu erfahren Sie auf der nächsten Seite.

❸ Die **Geteilte Tastatur** ist eine tolle Sache, wenn Sie gern nur mit den Daumen tippen. Haben Sie die Funktion aktiviert, können Sie die Tastatur auseinanderziehen: einfach rechts und links mit jeweils einem Finger ansetzen und ziehen. Die Tasten sind dann zwar etwas kleiner, aber im Querformat ist diese Funktion durchaus praktisch.

❹ Mit **Kurzbefehlen** können Sie Wörter oder Sätze, die Sie oft benutzen, auf wenige Buchstaben reduzieren und so schneller in Ihre Texte einfügen. Das Ersetzen erfolgt nicht automatisch, sondern über die Auto-Korrektur. Sie entfernen Kurzbefehle über die **Bearbeiten-Taste** oben rechts.

Tipp: Sollte die Tastatur vor dem einzugebenden Text erscheinen, halten Sie das Tastatursymbol unten rechts gedrückt und wählen Sie **Andocken** aus.

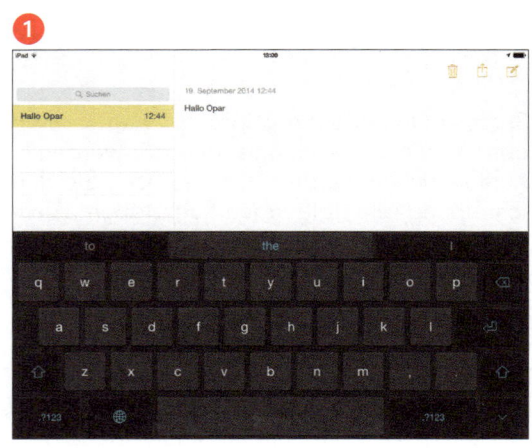

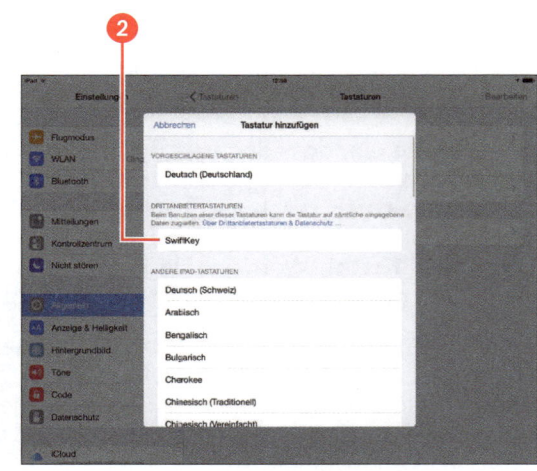

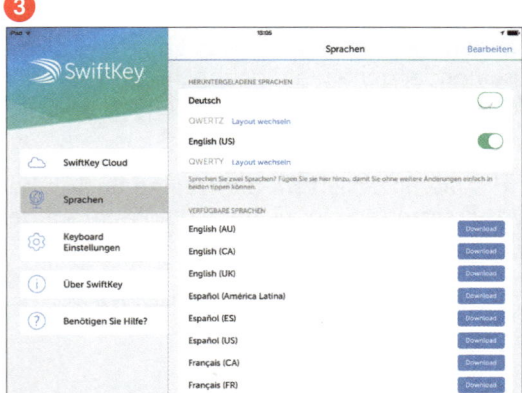

SwiftKey und weitere Tastaturen

Wie auf der vorherigen Seite beschrieben, können Sie unter **Allgemein** → **Tastatur** andere Sprachen einstellen. Zwischen diesen wechseln Sie dann innerhalb der Tastatur über das Globussymbol, das erscheint, sobald eine weitere Tastatur aktiviert ist.

Wenn Ihnen die von Apple zu Verfügung gestellten Tastaturen und deren Funktionen nicht ausreichen, ist **SwiftKey** ❶ (derzeit gratis im App Store erhältlich) eventuell eine Alternative für Sie. Diese Tastatur aktivieren Sie nach der Installation ebenfalls in den Einstellungen ❷, müssen aber Ihre Zustimmung geben, bevor Sie die Tastatur benutzen können, denn Ihre Eingaben mithilfe dieser App können von den Entwicklern der Software aufgezeichnet werden. Wenn Sie sich dafür entscheiden, besitzen Sie eine Tastatur, die sich Ihrem Schreibverhalten anpasst und sich dieses auch über mehrere Geräte hinweg merken kann, sofern Sie sich in der dazugehörigen App ❸ einen Account anlegen. Dadurch ist die integrierte **Auto-Korrektur** und **Wortvorschlagfunktion** schlauer als bei der Standard-Tastatur von Apple. Außerdem stehen zwei verschiedene Masken (und vielleicht auch bald noch mehr) zur Verfügung ❹. Auf dem iPhone bietet SwiftKey auch bereits die **Flow-Funktion**, mit der Sie über die Tasten wischen statt tippen, um Wörter zu bilden. Wahrscheinlich wird es diese Funktion auch bald für das iPad geben.

Wischen mit Swype

Die auf Android verbreitete Tastatur-App Swype bietet die Wischenfunktion inzwischen auch für iOS 8 an. Allerdings verlangt diese Anwendung ebenfalls, dass Sie dem Aufzeichnen Ihrer Eingaben über diese Tastatur zustimmen. Hier müssen Sie entscheiden, ob für Sie die Privatsphäre oder die bequeme Bedienung vorgeht.

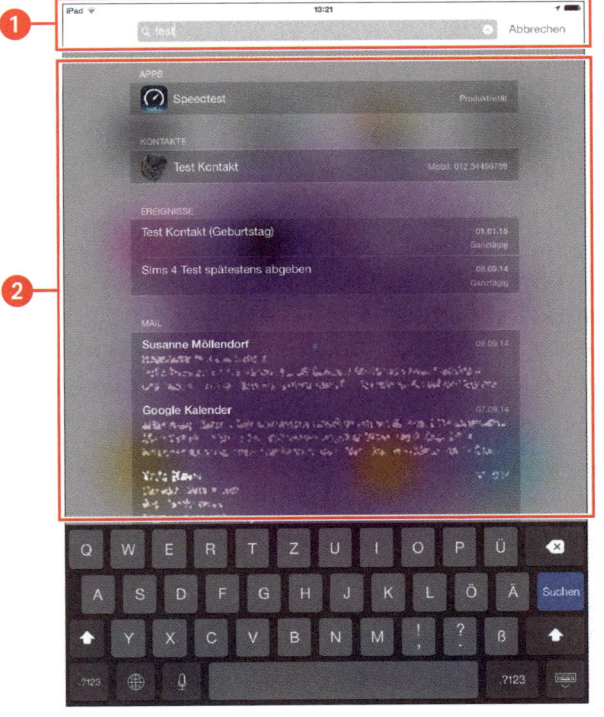

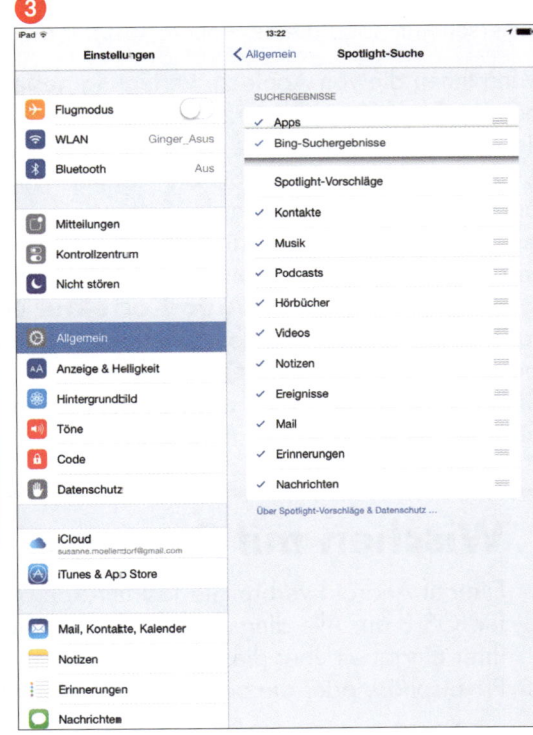

Das iPad durchsuchen

Die Suchfunktion Ihres iPads heißt **Spotlight**. Mit ihr können Sie Ihr Gerät nach Inhalten, Einträgen und Titeln durchsuchen und Apps, Musik, Videos und mehr aufrufen. Außerdem sind Volltextsuchen von Kontakten, Notizen, Kalendereinträgen, Nachrichten und E-Mails möglich. Um die Suche optimal zu nutzen, gehen Sie folgendermaßen vor:

❶ Wischen Sie auf einem Home-Bildschirm von oben nach unten, und die Suche samt Tastatur erscheint. Geben Sie jetzt Ihr Suchwort ein.

❷ Die oberen Suchergebnisse zeigen Treffer auf Ihrem iPad, die Sie durch Antippen öffnen. Weiter unten finden Sie standardmäßig Suchergebnisse der Suchmaschine Bing.

❸ Über **Einstellungen** → **Allgemein** → **Spotlight-Suche** können Sie durch Setzen oder Entfernen des Häkchens Bereiche Ihres iPads oder aus Bing hinzufügen oder ausschließen und bestimmen, in welcher Reihenfolge die Suchergebnisse dargestellt werden. Halten Sie dafür die drei grauen Balken in dem entsprechenden Bereich gedrückt und schieben Sie sie an die gewünschte Stelle.

Einzelne Einträge aus einer Liste löschen

Egal ob Sie sich im E-Mail-Posteingang, in Ihren Nachrichten oder in einer App befinden: Wenn Sie eine Liste vor sich sehen, können Sie fast immer einzelne Einträge daraus löschen: Wischen Sie vom rechten Rand aus nach links und tippen Sie auf das rote Löschen-Feld, um die Aktion abzuschließen.

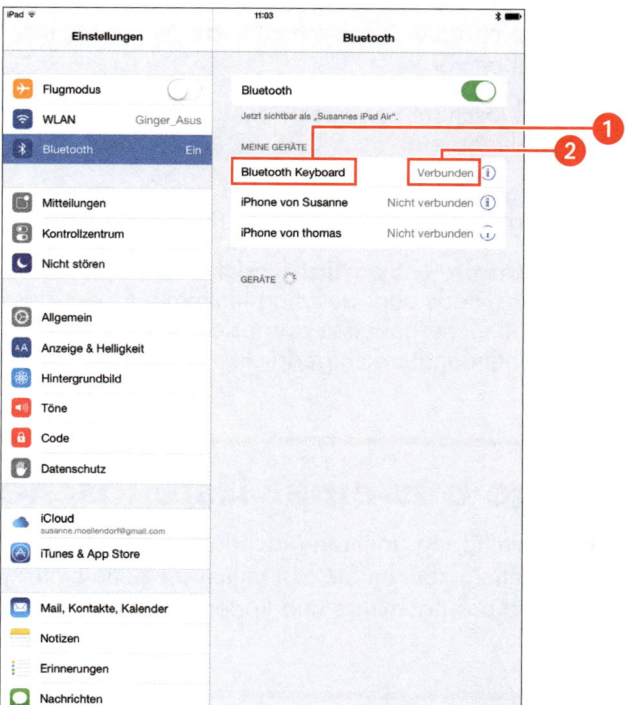

Bluetooth-Zubehör nutzen

Per Bluetooth können Sie Ihr iPad kabellos mit Peripheriegeräten verbinden, zum Beispiel um ein Soundgerät zur Musikwiedergabe oder eine externe Tastatur anzuschließen. Wie das geht, erkläre ich anhand eines Keyboards von Speedlink.

- Stellen Sie zuerst sicher, dass sich in der Tastatur eine aufgeladene Batterie befindet, und stellen Sie die Tastatur auf der Rückseite auf ON.
- Öffnen Sie **Einstellungen → Bluetooth** und aktivieren Sie Bluetooth über die Taste ganz oben rechts.
- Drücken Sie auf der Rückseite der Tastatur den **Connect-Button**.
- Das iPad erkennt die Tastatur unter dem Namen **Bluetooth Keyboard** ❶. Tippen Sie den Eintrag an.
- Ihr iPad ist jetzt über Bluetooth mit der Tastatur verbunden ❷.
- Wenn Sie nun in ein Textfeld tippen, öffnet sich nicht mehr automatisch die digitale Tastatur. Stattdessen können Sie sofort mit der Bluetooth-Tastatur lostippen.
- Sollten **Z** und **Y** vertauscht sein, öffnen Sie **Einstellungen → Allgemein → Tastatur → Tastaturen → Deutsch** und stellen Sie die **Hardware-Tastaturbelegungen** auf **Deutsch**.
- Je nach Tastatur kann es auch sein, dass Ihr iPad vor dem Verbinden die Eingabe eines Codes verlangt. Den finden Sie normalerweise in der Anleitung, die der Tastatur beiliegen sollte.

Bildquelle: apple.com

Kapitel 3 | Mit dem iPad online gehen

Ohne Internet ist das iPad im Endeffekt nur ein schickes Brett. Bereits bei der Anmeldung ist es notwendig, dass das Tablet online geht, und auch wenn man ohne Internet heruntergeladene Inhalte nutzen kann, ist es notwendig, das iPad ab und zu online zu schicken – zum Beispiel um Updates herunterzuladen. Ich erkläre in diesem Kapitel, wie Sie sich mit einem WLAN verbinden und welche Möglichkeiten es unterwegs gibt, wenn Sie ein iPad ohne UMTS-Technik besitzen. Dann gehe ich auf den vorinstallierten Safari-Browser ein und stelle Alternativen aus dem App Store vor, sollten Sie sich noch mehr Performance wünschen.

Reader: einfach nur lesen

Einige Browser bieten die sogenannte Reader-Funktion an (Safari ab Seite 67, Mercury auf Seite 77). Damit können Sie Webseiten mit viel Text von störenden Elementen wie Bildern, Werbeanzeigen usw. befreien und sich nur den Text anzeigen lassen. Die Funktion finden Sie rechts neben der Webseitenadresse, sofern sie für die entsprechende Webseite verfügbar ist.

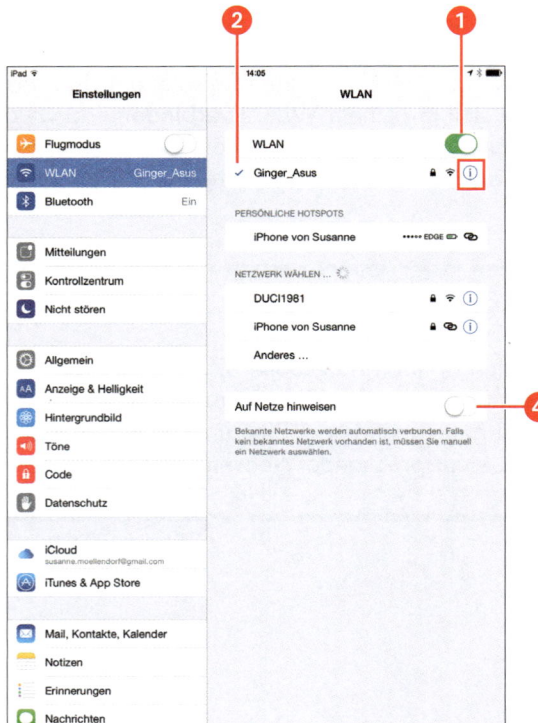

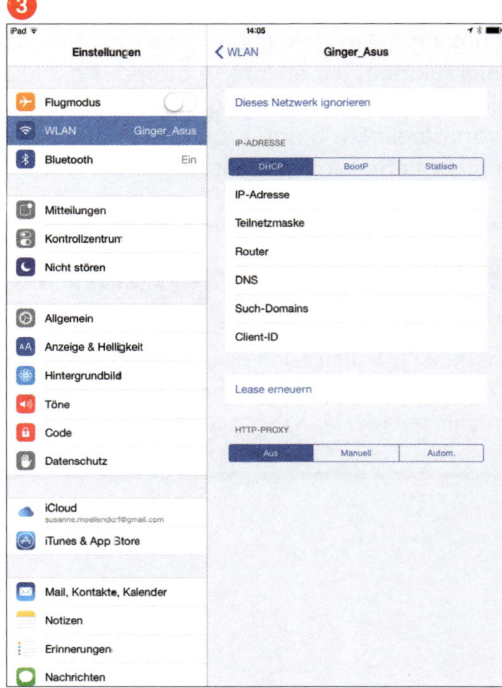

Ein WLAN einstellen, um online zu gehen

Direkt beim ersten Start des iPads müssen Sie ein WLAN (Wireless Local Area Network) einstellen. Dabei handelt es sich um eine kabellose Internetverbindung. Idealerweise besitzen Sie so ein Netzwerk zu Hause, denn ohne Internet können Sie nicht einmal die Hälfte der Möglichkeiten auskosten, die Ihnen ein iPad anbietet. Beim Einrichten reicht es normalerweise, wenn Sie das entsprechende WLAN antippen und das dazugehörige Passwort eingeben. Es ist nicht zwingend notwendig, ein Passwort einzurichten, aber Sie schützen damit nicht nur Ihre Bandweite vor den Nachbarn, sondern auch alle Ihre Daten. Sollte es mit der Verbindung Probleme geben, öffnen Sie **Einstellungen** → **WLAN**. Stellen Sie als Erstes sicher, dass das WLAN aktiviert ist ❶. Darunter sehen Sie alle WLANs, die zur Verfügung stehen. Anhand des Häkchens erkennen Sie, mit welchem Sie verbunden sind ❷. Das Schloss bedeutet, dass es passwortgeschützt ist. Rechts daneben finden Sie das Symbol, das die Verbindungsstärke anzeigt. Sind die oberen beiden Balken grau, befinden Sie sich in der Randzone dessen, was das WLAN abdeckt. Das wirkt sich negativ auf die Geschwindigkeit des Internets aus. Bei weiteren Problemen tippen Sie das kleine i (siehe Kasten) an und bitten den Besitzer des WLAN, Ihnen die richtigen Einstellungen zur Verfügung zu stellen ❸. Letzteres ist allerdings nur ganz selten nötig. Im Normalfall geben Sie lediglich das Passwort ein und haben direkt Internetzugang.

Ich empfehle, die Option **Auf Netze hinweisen** ❹ abzustellen, da das iPad ansonsten permanent nach neuen WLAN-Verbindungen sucht und dabei Strom verbraucht. Eine Aktivierung ist nur sinnvoll, wenn Sie sich in ein Netzwerk einwählen wollen, mit dem das iPad vorher noch nie verbunden war. Bekannte Netzwerke werden nämlich automatisch verbunden.

Achtung: Wenn Sie sich in ein unbekanntes, nicht passwortgeschütztes WLAN einloggen, können Ihre Daten ebenfalls in Gefahr sein.

1

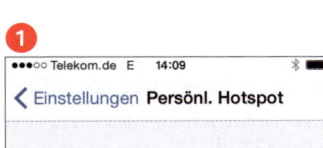

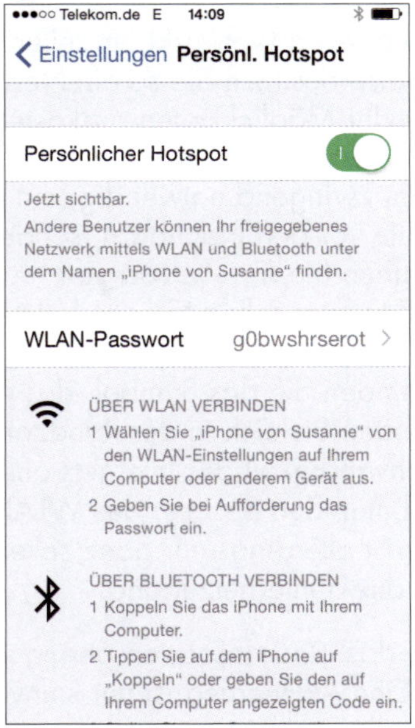

●●●○○ Telekom.de E 14:09
Einstellungen Persönl. Hotspot
Persönlicher Hotspot
Jetzt sichtbar.
Andere Benutzer können Ihr freigegebenes Netzwerk mittels WLAN und Bluetooth unter dem Namen „iPhone von Susanne“ finden.
WLAN-Passwort g0bwshrserot
ÜBER WLAN VERBINDEN
1 Wählen Sie „iPhone von Susanne“ von den WLAN-Einstellungen auf Ihrem Computer oder anderem Gerät aus.
2 Geben Sie bei Aufforderung das Passwort ein.
ÜBER BLUETOOTH VERBINDEN
1 Koppeln Sie das iPhone mit Ihrem Computer.
2 Tippen Sie auf dem iPhone auf „Koppeln“ oder geben Sie den auf Ihrem Computer angezeigten Code ein.

2

HotSpot
Zeige Status
RATINGEN
DÜSSELDORF
Zugangsdaten verwalten
Bitte geben Sie gültige Zugangsdaten ein, um Telekom und Partner HotSpots zu nutzen.
Telekom Mobilfunk-Kunde
Telekom Festnetz-Kunde
HotSpot Pass

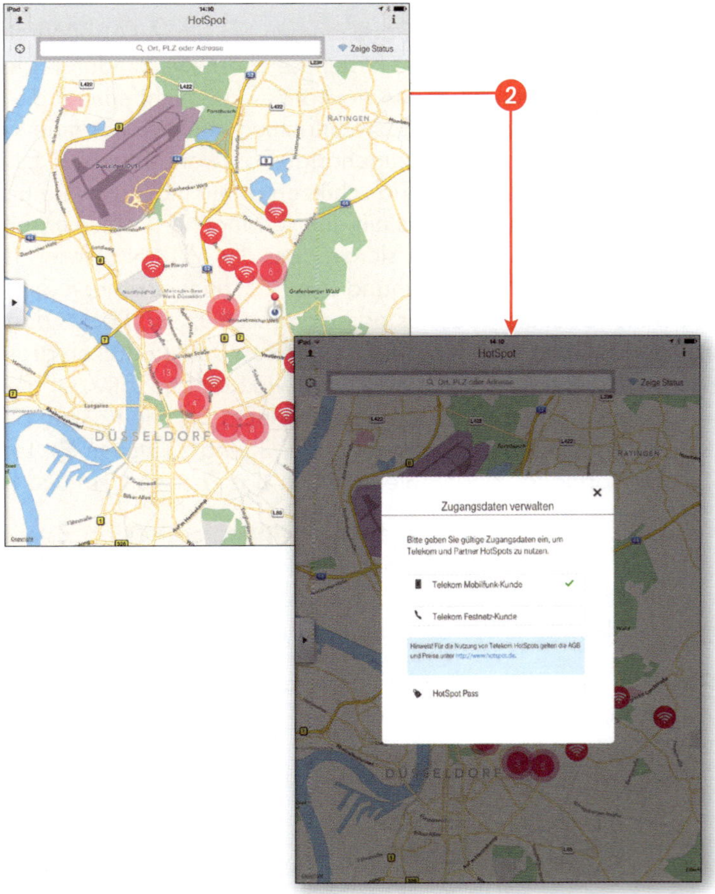

Kein UMTS? Kein Problem!

Wenn Sie ein iPad mit UMTS-Technik besitzen, können Sie fast überall per Mobilfunk online gehen. Aber auch Besitzer der günstigeren Version, die sich nur per WLAN verbinden kann, müssen nicht notgedrungen auf Internet unterwegs verzichten. Die besten Möglichkeiten beschreibe ich hier kurz:

❶ **Das Smartphone zum Hotspot machen:** Wenn Sie ein aktuelles Smartphone besitzen, schauen Sie doch mal, ob Sie die Option **Persönlicher Hotspot** (iPhone) oder **Bluetooth-Tethering** (Android-Smartphones) finden. Die bietet leider nicht jeder Mobilfunkanbieter an, aber wenn sie vorhanden ist, können Sie die Mobilfunkverbindung des Geräts auch für das iPad nutzen. Beim iPhone steht die Anleitung unter **Einstellungen → Persönlicher Hotspot** ganz genau dabei. Bei Android ist es wichtig, dass bei beiden Geräten Bluetooth aktiviert ist.

❷ **Die Hotspots der Telekom nutzen:** Wenn Sie T-Mobile- oder Telekom-Kunde sind, besteht eine gute Chance, dass Sie die Hotspots der Telekom kostenlos nutzen können. Laden Sie sich die entsprechende App herunter und geben Sie dann Ihre Zugangsdaten ein. Die Anwendung loggt sich automatisch ein, sobald Sie sich in dem Einzugsbereich eines Hotspots befinden. Wie Sie an Ihre eigenen Zugangsdaten kommen, erfahren Sie über *www.hotspot.de*. Als Nichtkunde kann man die Hotspots nutzen, indem man sich Zugangsdaten für einen begrenzten Zeitraum kauft. In deutschen Städten gibt es jede Menge dieser Hotspots, besonders oft in Bahnhöfen und an Flughäfen. In der zu dem Service gehörigen App können Sie sich anzeigen lassen, wo sich die nächsten Hotspots befinden.

❸ **Einen mobilen Hotspot einrichten:** Die fehlende UMTS-Technik können Sie auch einfach separat kaufen. Mobile Hotspots sind meistens sehr kompakt und bieten Platz für eine oder mehrere SIM-Karten, kosten aber auch zwischen 60 und 200 Euro. Über den dazugehörigen Mobilfunkvertrag erzeugen Sie dann ein eigenes WLAN, in das Sie sich mit Ihrem iPad und weiterer Geräte einloggen können. Hierfür reicht ebenfalls eine Prepaid-SIM-Karte ohne dazugehörige Handynummer, die Sie benutzen können, bis der aufgeladene Betrag aufgebraucht ist. Solche Karten gibt es auch fürs Ausland zum Beispiel unter *www.prepaid-global.de*. Dort können Sie schon vor dem Urlaub bestellen, und im Zielland tauschen Sie die SIM-Karte dann einfach aus.

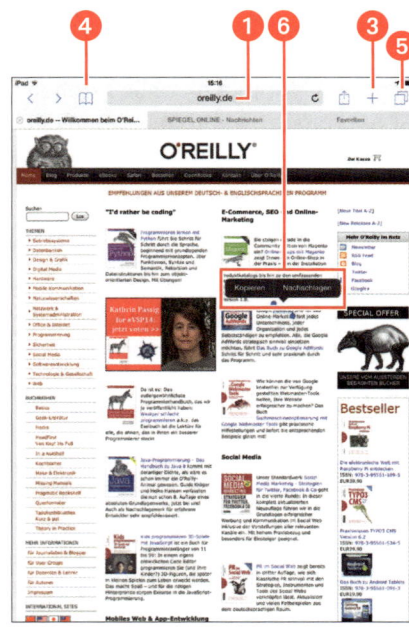

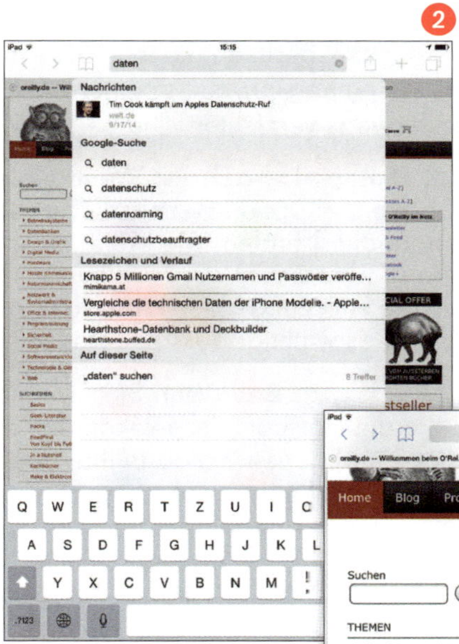

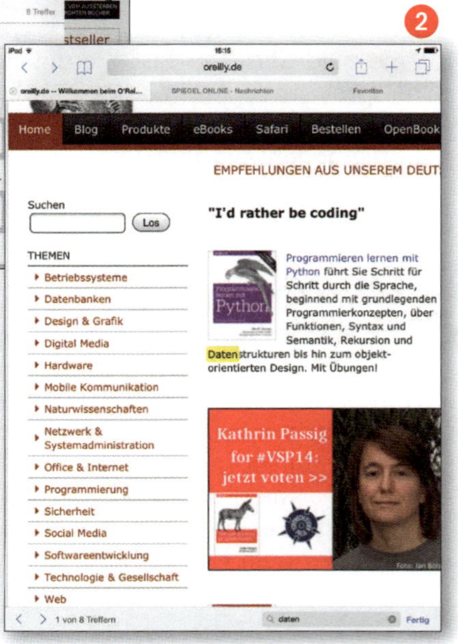

Mit Safari geht es ins Internet

Der mitgelieferte Apple-Browser Safari ist eine handfeste Anwendung ohne viel Schnickschnack.

❶ In das große Feld geben Sie die **Webadresse** (URL) der gewünschten Seite ein. Alternativ können Sie hier auch eine Suche in der eingestellten Suchmaschine starten.

❷ Möchten Sie auf einer Seite nach einem Wort suchen, tippen Sie es ebenfalls dort ein. Tippen Sie dann die Suchergebnisse unter **Auf dieser Seite** an. Diese werden auf der Webseite gelb markiert, ganz unten können Sie weitere Suchen auf der Seite durchführen.

❸ Es ist möglich, mehrere Webseiten gleichzeitig geöffnet zu haben. Fassen Sie eins der Tabs an, können Sie die Seiten sogar neu sortieren. Eine **neue leere Seite** öffnen Sie über das Pluszeichen, und über das kleine Kreuz oben links schließen Sie ein Tab.

❹ Hinter dem aufgeschlagenen Buch verbergen sich Ihre **Favoriten** (siehe nächste Seite), der Verlauf besuchter Webseiten sowie die Leseliste (ebenfalls nächste Seite). Letzteres sind Webseiten, die Sie sich zum späteren Lesen aufheben können.

❺ Hinter dem Doppelseiten-Symbol finden Sie eine Übersicht von auf dem iPad geöffneten Webseiten und solchen, die Sie auf einem anderen iOS-Gerät, das mit derselben Apple-ID verbunden ist, aufgerufen haben – aber nur sofern Sie bei beiden Geräten unter **Einstellungen → iCloud** den Punkt **Safari** aktivieren.

❻ Halten Sie ein Wort gedrückt, um es zu kopieren oder in den Lexika nachzuschlagen. Mehr Informationen zu beiden Funktionen finden Sie auf Seite 49.

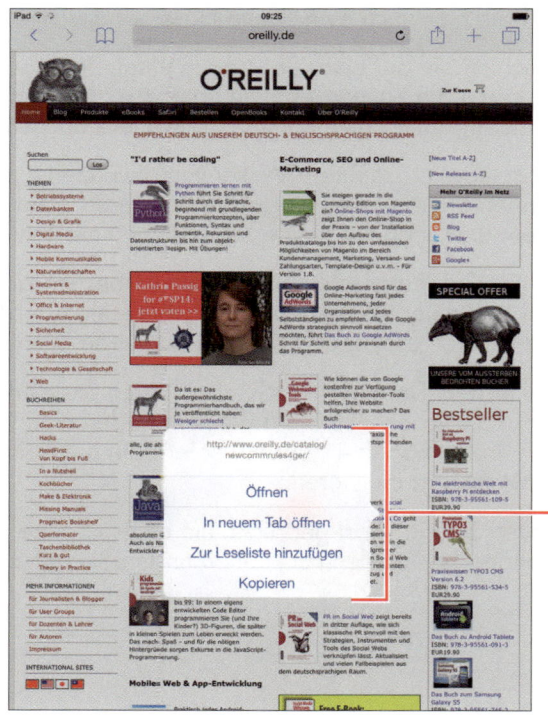

Mit Safari geht es ins Internet (Fortsetzung)

❼ Über das **Teilen**-Symbol können Sie die aktuelle Webseite per E-Mail, Kurznachricht, Twitter oder Facebook verschicken (siehe auch Seite 143). Auch eine Verknüpfung zur Webseite auf dem Home-Bildschirm können Sie hier erstellen. Die Seite rufen Sie dann mit einem Fingertipp auf das Symbol auf. Außerdem senden Sie hier den Inhalt an einen Drucker (sofern vorhanden – siehe Seite 335), kopieren die URL oder fügen sie den Lesezeichen und der Leseliste hinzu.

❽ Mit den Pfeilen bewegen Sie sich innerhalb eines Tabs zu vorher besuchten Webseiten vor und zurück. Alternativ können Sie auch am Rand anfassen und ziehen, um zu blättern.

❾ Wenn Sie einen Link gedrückt halten, können Sie wählen, ob Sie diesen im gleichen Fenster **Öffnen**, **In neuem Tab öffnen**, **Zur Leseliste hinzufügen** oder die URL **Kopieren** möchten.

Kleine, hilfreiche Tipps für bequemeres Surfen

Während der Bedienung einer Webseite verschwinden die Tabs oben, damit die Seite mehr Platz hat. Zupfen (ein ganz kleines Stück mit dem Finger nach unten wischen) Sie einmal an der Mitte der Webseite, damit die Tabs wieder eingeblendet werden. Wenn Sie auf einer Webseite nach ganz unten gescrollt bzw. gewischt haben, kommen Sie an den Seitenanfang zurück, indem Sie ganz oben (noch über der Adresse) auf den Rand des Displays tippen. Sie können ebenfalls mit einem Zupfen direkt unter der Webseitenadressleiste die aktuelle Seite schnell als Favorit abspeichern oder, sofern vorhanden, die Desktop-Version der Seite anfordern.

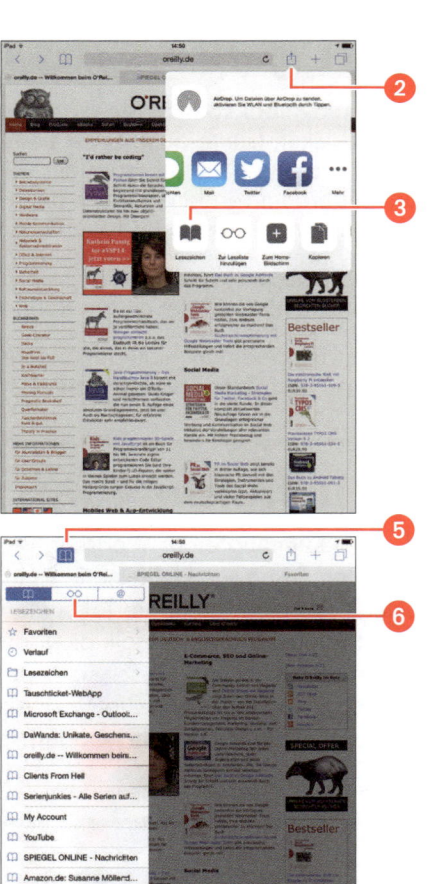

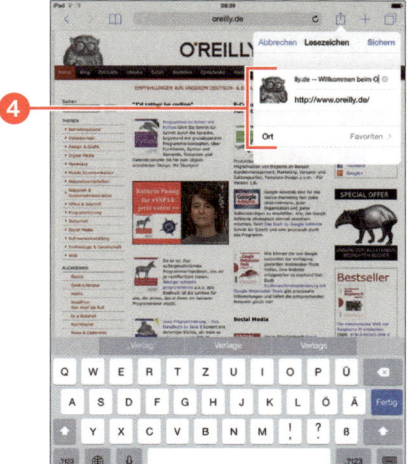

Privat surfen und Favoriten anlegen

Ein genauerer Blick in den Safari-Browser offenbart zwei sehr nette Funktionen:

Privat surfen: Wenn Sie surfen möchten, ohne Spuren im Internet und auf dem iPad zu hinterlassen, aktivieren Sie das private Surfen, indem Sie auf das Wort **Privat ❶** in einem leeren Tab oben rechts tippen. Sie erkennen diesen Modus daran, dass die Kopfleiste des Browsers grau dargestellt wird

Lesezeichen: Wenn Sie sich eine geöffnete Webseite für spätere Besuche abspeichern wollen, tippen Sie auf das **Teilen**-Symbol ❷ oben rechts und dann auf **Lesezeichen ❸**. Es öffnet sich ein kleines Fenster ❹, in dem Sie **Titel**, **URL** und **Ort** (hier ist der Ordner gemeint) vor dem Speichern ändern können. Bei **Ort** ist standardmäßig **Favoriten** eingestellt. Wenn Sie das übernehmen, erscheint das Lesezeichen – für einen Schnellzugriff – in jedem neuen leeren Tab. Sie rufen Ihre Lesezeichen über das aufgeschlagene Buch ❺ auf. Dort finden Sie hinter der Brille ❻ auch alle Webseiten, die Sie zur Leseliste hinzugefügt haben. Diese werden allerdings nicht für den Offlinezugriff auf dem iPad abgespeichert. Sie benötigen also auch für die Leseliste Internetzugang.

Eine SIM-Karte mehrere Anbieter

In Großbritannien und in den USA ist das UMTS-iPad Air 2 mit einer Apple-SIM-Karte erhältlich, in die man mehrere Anbieter einspeichern kann. So lässt sich beispielsweise im Ausland problemlos auf einen anderen Anbieter wechseln, ohne die SIM-Karte austauschen zu müssen. Ob und wann diese Funktion in Deutschland verfügbar sein wird, war zum Zeitpunkt der Drucklegung dieses Buchs noch nicht bekannt.

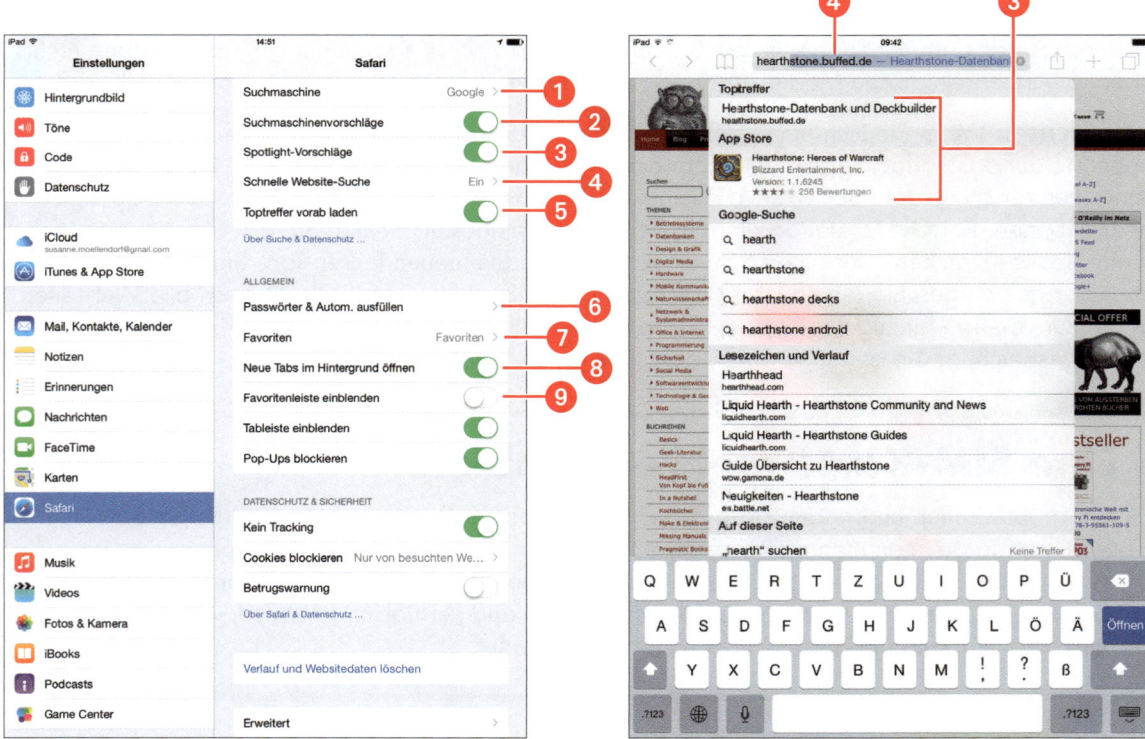

Mit Safari geht es ins Internet – die Einstellungen

Unter **Einstellungen** → **Safari** finden Sie folgende Optionen:

1 Stellen Sie ein, ob Sie standardmäßig mit Google, Yahoo! oder Bing suchen möchten.

2 Entscheiden Sie hier, ob Sie während der Sucheingabe bereits Vorschläge erhalten wollen.

3 Legen Sie fest, ob beim Suchen auf Safari auch Daten und Apps aus dem Internet einbezogen werden sollen.

4 Ist diese Option aktiviert, werden Ihnen zu bestimmten Begriffen direkt Webseiten angezeigt, ohne dass Sie die volle URL eingeben müssen, beispielsweise wenn Sie einfach nur »amazon« oder »wiki«+»suchwort« eintippen.

5 Toptreffer sind die meistbesuchten, zu Ihrer Suchanfrage passenden Seiten. Das Vorladen verschnellert zwar den Vorgang, benötigt aber auch mehr Strom und Bandbreite.

6 Hier können Sie Daten wie Adresse, Telefonnummern und in einer separaten Option Benutzernamen und Kennwörter eingeben, um damit Webformulare automatisch ausfüllen zu lassen.

7 Wenn Sie einen neuen Tab öffnen, werden Ihnen standardmäßig Symbole der Lesezeichen angezeigt, die im Ordner **Favoriten** liegen. Sie können hier einen anderen Ordner dafür festlegen.

8 Neue Tabs öffnen sich im Hintergrund, sodass Sie die aktuelle Seite weiterlesen können.

9 In den Favoriten gibt es den Ordner **Leiste**. Wenn Sie diese Option aktivieren, werden alle diese Favoriten in einer Leiste über der aktuellen Webseite für den Schnellzugriff angezeigt.

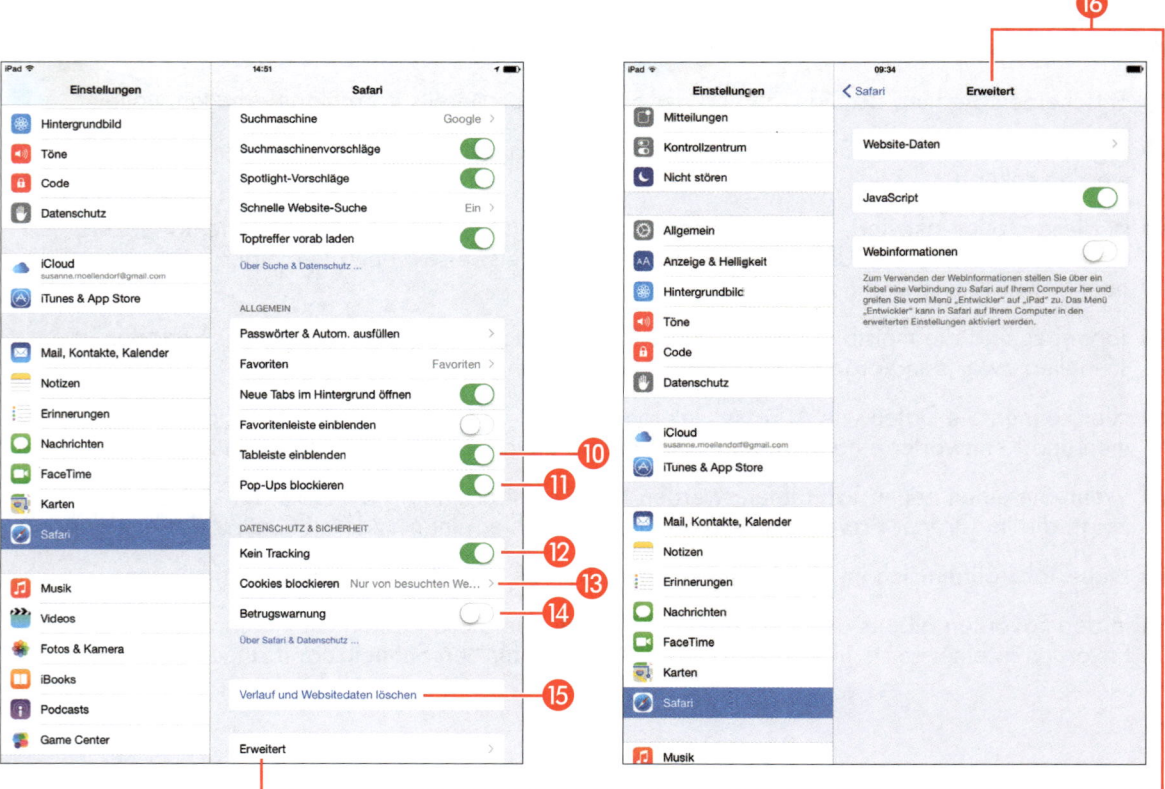

Mit Safari geht es ins Internet – die Einstellungen (Fortsetzung)

⑩ Ist diese Option deaktiviert, ist auf den ersten Blick nicht zu erkennen, wie viele Tabs geöffnet sind. Wie Sie die Tabs dennoch erreichen und alle offenen Seiten nebeneinander anzeigen können, lesen Sie auf Seite 67 unter **❺**.

⑪ Diese Option soll verhindern, dass ohne Ihr Zutun Pop-up-Fenster mit Werbung aufgehen.

⑫ Ist die Option **Kein Tracking** aktiviert, sind Webseiten angewiesen, Ihr Surfverhalten nicht zu protokollieren. Apple gibt aber selbst zu, dass das nicht immer funktioniert. Nutzen Sie daher besser die Privat-surfen-Funktion (siehe Seite 71).

⑬ Hier empfiehlt es sich, **Nur von besuchten Webseiten** einzustellen. Wenn Sie **Nie** wählen, kann es passieren, dass manche Webseiten nur eingeschränkt funktionieren. Aktivieren Sie hingegen **Immer**, werden Ihnen auch Cookies untergeschoben, die Ihr Internetverhalten aufzeichnen.

⑭ Wenn Sie beim Öffnen von sogenannten Phishing-Seiten (diese versuchen, sensible Daten abzufangen) gewarnt werden wollen, aktivieren Sie diese Option.

⑮ Löschen Sie hier die Liste besuchter Webseiten (**Verlauf**) sowie **Cookies** und ähnliche Dateien.

⑯ Hier geht es zu den Entwicklertools und zur Möglichkeit, die auf Ihrem iPad gespeicherten Daten einzelner Webseiten zu löschen. Außerdem können Sie hier JavaScript deaktivieren, allerdings wird es oft benötigt, um Webseiten problemlos darzustellen.

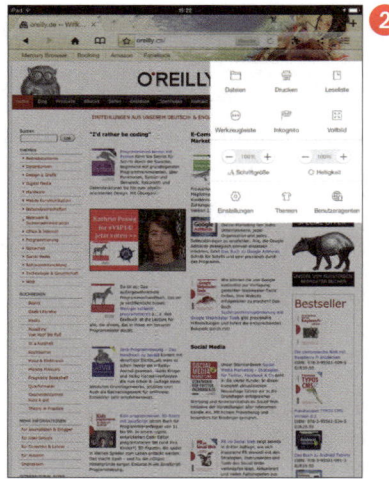

Mit alternativen Browsern surfen

Im App Store gibt es für jeden Geschmack den passenden Browser. Im Folgenden stelle ich die vier vor, mit denen ich die besten Erfahrungen gemacht habe.

❶ **Chrome:** Der Browser von Google bietet ähnlich einfache Funktionen wie Safari sowie einige sehr nützliche Zusatzoptionen. So können Sie sich beispielsweise Desktop-Versionen von manchen Webseiten anzeigen lassen. Wenn Sie einen Google-Account besitzen, können Sie Webseiten und Lesezeichen auf mehreren Geräten synchronisieren. Generell lässt sich dieser Browser noch besser und schneller bedienen als Safari.

❷ **Mercury:** Dieser Browser bietet schon deutlich mehr Möglichkeiten: Werbeblocker, individualisierbare Multitouch-Gesten, Surfen ohne Bilder, Einstellung der Helligkeit und Schriftgröße sowie – mein persönlicher Favorit – Masken (siehe auch Screenshot). Außerdem kann er so tun, als wäre er ein anderer Browser, was bei manchen Webseiten sehr nützlich ist. Hinzu kommen eine Vollbildfunktion, die Möglichkeit, Favoriten zu importieren, und die Unterstützung der Reader-Funktion.

❸ **Dolphin:** Wem Schnelligkeit wichtiger ist als viele Funktionen, der sollte sich den Dolphin-Browser anschauen. Leider gibt es diesen momentan nur auf Englisch, aber wenn Ihnen das nichts ausmacht, finden Sie hier einen übersichtlichen Browser mit guten Einstellungsmöglichkeiten wie Vollbildansicht, Schriftgröße, Laden von Webseiten ohne Bilder und mehr.

❹ **Puffin:** Für 3,59 Euro bekommen Sie hier einen hervorragenden Browser mit vielen tollen Features – unter anderem den bei iOS eigentlich nicht vorhandenen Flash-Support. Obwohl es sich hierbei um den derzeit besten Flash-Browser handelt, kommt es gerade bei Videos trotzdem manchmal zu Rucklern. Wenn Sie diesen guten, in Deutsch verfügbaren Browser mal ausprobieren möchten, installieren Sie einfach die kostenlose Testversion mit Werbung und einer 14-tägigen Ausprobierphase für Flash. Letztere können Sie durch das Werben von Freunden noch verlängern.

Bildquelle: apple.com

Kapitel 4 | Mit den richtigen Einstellungen das iPad optimal nutzen

Egal ob es Sie stört, dass Ihr iPad Ihnen bei jedem Mucks Bescheid sagt, oder ob Sie das Tablet gesichert in Kinderhände geben wollen, Sie kommen nicht umhin, in die Einstellungen zu schauen. Ich erkläre in diesem Kapitel die wichtigsten Optionen und wie Sie diese bearbeiten, um Ihr iPad perfekt auf die eigenen Bedürfnisse anzupassen.

Apple-Deutsch richtig verstehen

Ihnen wird vor allem in den Einstellungen mitunter auffallen, dass Benennung und Beschreibung der Optionen manchmal ein wenig schräg sind – bis zu dem Punkt, an dem der Sinn kaum mehr zu ermitteln ist. Seien Sie beruhigt, das geht nicht nur Ihnen so. Wenn Ihr Englisch sehr gut ist, stellen Sie die Systemsprache (siehe Seite 91) einfach mal kurz um, und Sie werden merken, dass die entsprechenden Beschreibungen plötzlich deutlich klarer sind.

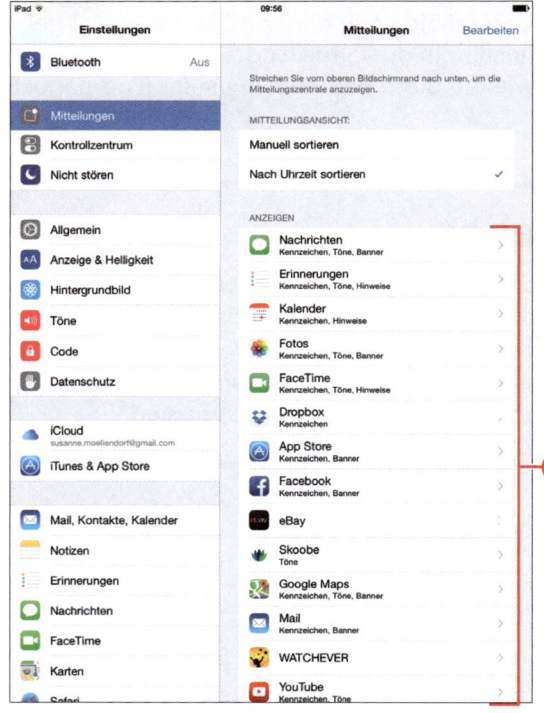

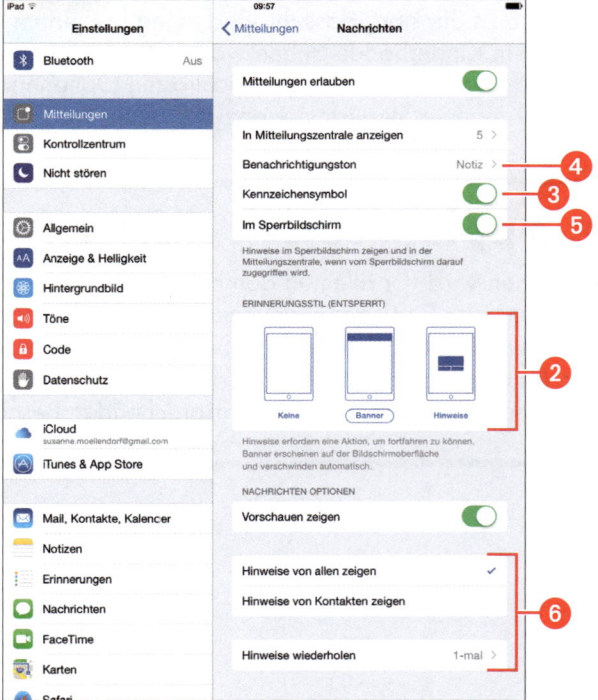

App-Mitteilungen verwalten und abstellen

Es gibt eine Reihe guter Einstellungsmöglichkeiten, mit denen Sie jeder Anwendung einzeln zuweisen können, ob und wie sie Ihnen Bescheid sagt, wenn sie Neuigkeiten für Sie hat: Unter **Mitteilungen → Nicht stören** stellen Sie sie ganz ab. Möchten Sie nur einzelne Mitteilungen eliminieren, gehen Sie folgendermaßen vor:

❶ Öffnen Sie **Einstellungen → Mitteilungen**, und wählen Sie eine Anwendung aus, für die Sie die **Mitteilungen bearbeiten** möchten.

❷ **Erinnerungsstil:** Hier können Sie entscheiden, ob und auf welche Weise Sie benachrichtigt werden wollen. Beschreibungen zur Art der Mitteilung finden Sie darunter.

❸ **Kennzeichensymbol:** Wenn es Sie nervt, dass zum Beispiel bei einem Update auf dem Home-Bildschirm eine kleine rote 1 über dem App-Store-Symbol erscheint, können Sie das hier abstellen.

❹ **Benachrichtigungston:** Für einige Apps können Sie einen **individuellen Ton** (aus den vorinstallierten Sounds) einstellen.

❺ **Im Sperrbildschirm:** Wenn Sie diese Option aktivieren, sehen Sie bereits bei gesperrtem iPad, dass eine App eine Neuigkeit für Sie hat.

❻ **Hinweise ...:** Diese Funktionen tauchen nur für die Nachrichten-App **iMessage** auf. Sie können hier einstellen, wie oft der Hinweis auf eine neue Nachricht abgespielt und ob er nur für Nachrichten von Ihren Kontakten oder für alle Nachrichten abgespielt werden soll.

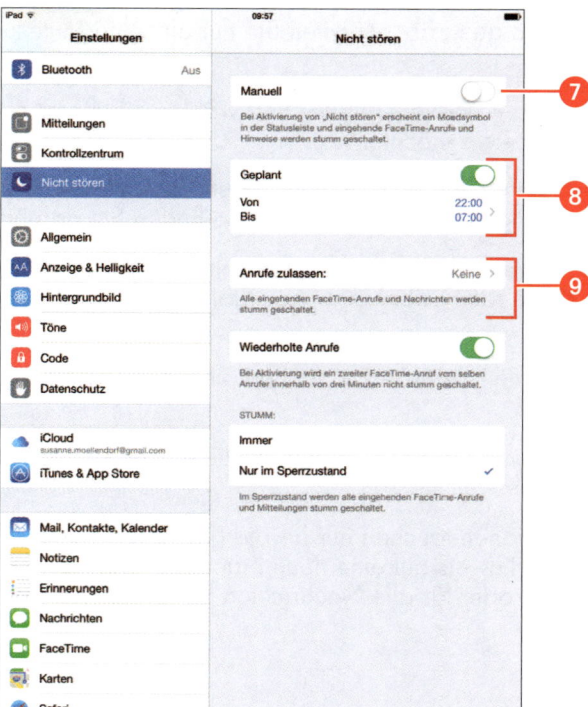

App-Mitteilungen verwalten und abstellen (Fortsetzung)

❼ Sie können alle Mitteilungen über das Menü **Nicht stören** abstellen.

❽ Hier aktivieren Sie **Nicht stören** für bestimmte Zeitintervalle. Wenn Sie also einfach nur nachts nicht gestört werden möchten, stellen Sie die gewünschten Zeiten hier ein.

❾ Falls es aber doch einige Menschen gibt, von denen Sie Anrufe entgegennehmen möchten, können Sie hier sehr detaillierte Einstellungen für **Ausnahmen** vornehmen. Die Anrufe beziehen sich beim iPad ausschließlich auf FaceTime (siehe auch Seite 139).

Oft werden Sie von (neuen) Apps gefragt, ob sie **Sie benachrichtigen** dürfen. Damit sind je nach App unterschiedliche Arten von Mitteilungen gemeint, die Sie hier alle aktivieren oder deaktivieren können. Mehr zum Thema Push bei eingehenden E-Mails lesen Sie auf Seite 113.

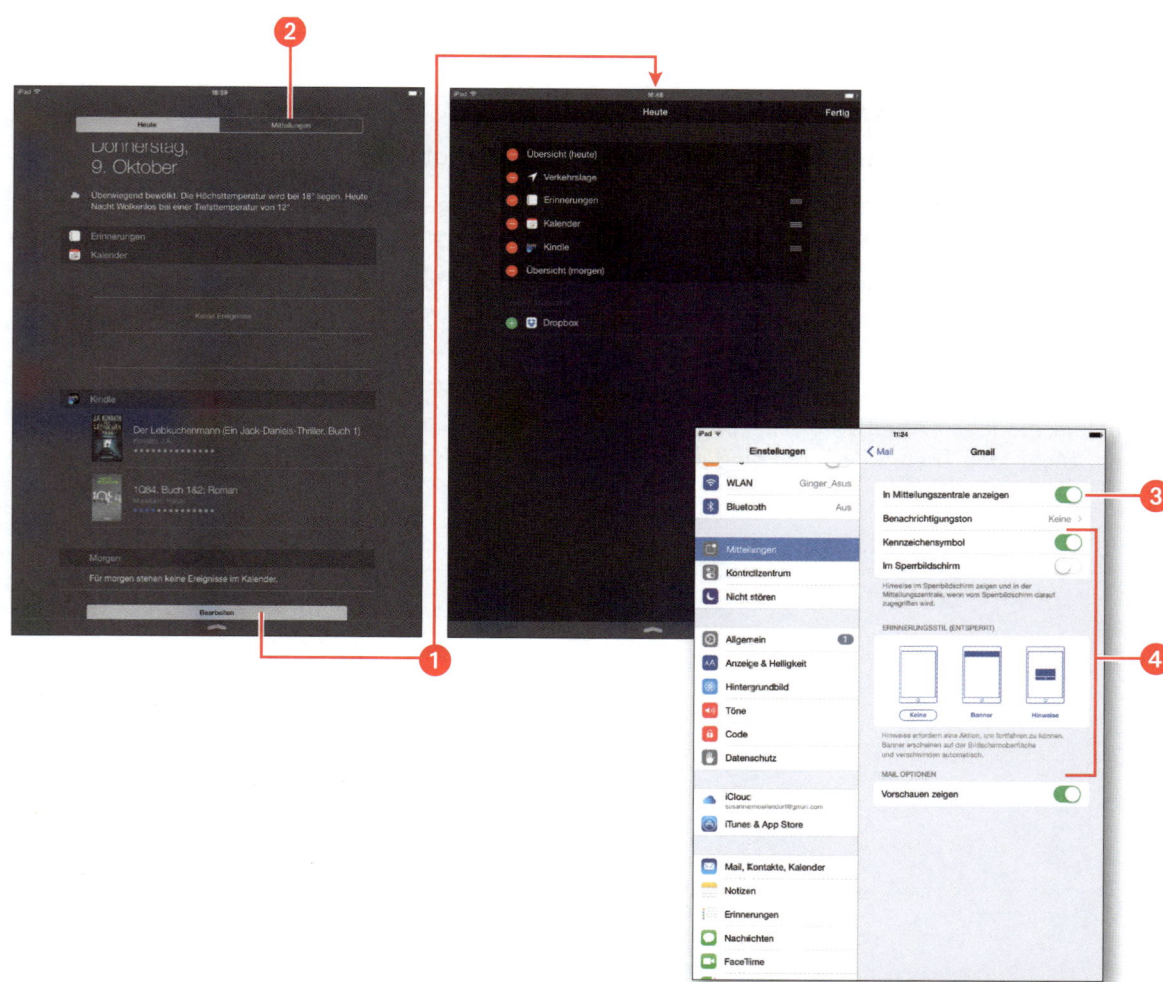

Die Mitteilungszentrale im Griff haben

Wenn Sie vom oberen Rand nach unten wischen, öffnet sich die Mitteilungszentrale. Hier werden Neuigkeiten von Apps, Termine sowie alle ungelesenen Nachrichten und E-Mails angezeigt. Wenn Sie das nicht möchten, gehen Sie wie auf Seite 71 beschrieben vor: Alle entsprechenden Apps bieten in den eigenen Mitteilungsoptionen ganz oben die Möglichkeit, Informationen aus der Mitteilungszentrale herauszunehmen. Des Weiteren finden Sie im Heute-Bereich ganz unten hinter **Bearbeiten** ❶ weitere Optionen für installierte Apps, die Ihnen hier regelmäßig Informationen anbieten wollen. Ein roter Kreis bedeutet, dass die Mitteilungen bereits aktiviert sind und ein grüner Kreis, dass diese App Ihnen weitere Informationen in der Mitteilungszentrale anbieten kann. Der Bereich **Mitteilungen** zeigt Ihnen zum Beispiel anstehende Termine an ❷.

Unter **Einstellungen** → **Mitteilungszentrale** können Sie diese Funktion für jede App einzeln weiter anpassen. Deaktivieren Sie ganz oben ❸ alles, wenn Sie im Sperrbildschirm nicht auf die Mitteilungszentrale zugreifen wollen. Außerdem gibt es die Möglichkeit, die Mitteilung im Sperrbildschirm anzuzeigen, einen Ton abzuspielen und die Optik der Nachricht festzulegen (Banner am oberen Rand oder Pop-up-Fenster in der Mitte ❹).

Um Wetter angezeigt zu bekommen, müssen Sie einmalig zustimmen, dass diese Funktion die Ortungsdienste nutzen darf. Deshalb stellen Sie die Wetterinformationen hier auch wieder ab: **Einstellungen** → **Datenschutz** → **Ortungsdienste** → **Wetter deaktivieren**. Wenn Sie die Mitteilungszentrale ignorieren, passiert übrigens nichts Schlimmes. Ich kenne nur wenige, die diese Funktion tatsächlich nutzen.

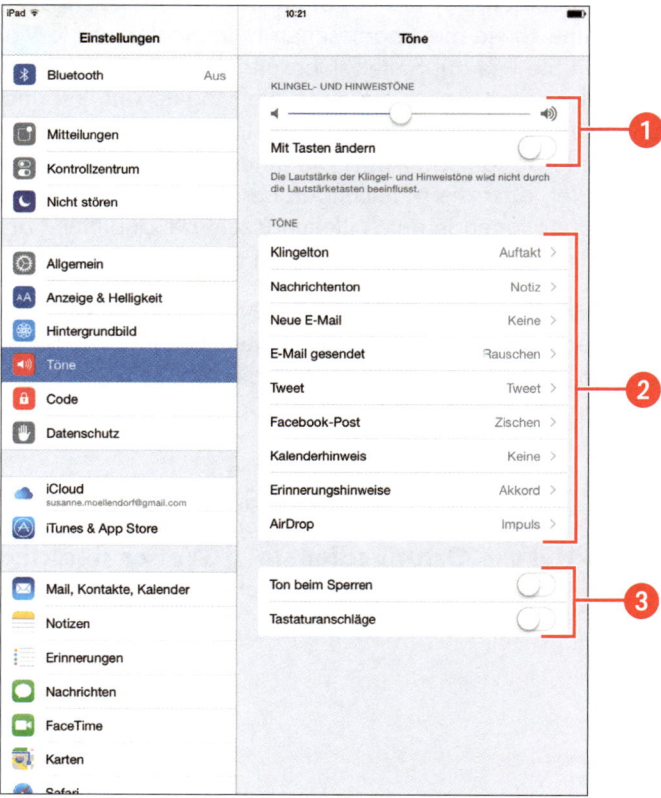

Hier piept's! Benachrichtigungstöne einstellen

Wie auf den vorherigen Seiten beschrieben, gibt es viele Möglichkeiten, sich vom iPad benachrichtigen zu lassen, wenn es etwas Neues gibt. Zusätzlich können Sie für jede Art der Benachrichtigung einen individuellen Ton festlegen. Öffnen Sie dafür in den Einstellungen das Optionsmenü **Töne**.

❶ Passen Sie die **Lautstärke** der Töne an, die Sie in diesem Optionsmenü einstellen können. Wenn Sie **Mit Tasten ändern** aktivieren, können Sie mit den Lautstärketasten an der Seite des iPads nicht nur das Volumen der abgespielten Musik, sondern auch das der Benachrichtigungstöne ändern.

❷ Hier können Sie jeder Benachrichtigung entweder **einen Hinweiston oder einen Klingelton zuweisen**. Die vorinstallierten Töne bieten eigentlich für jeden Geschmack etwas, aber im App Store gibt es noch mehr Auswahl. App-Benachrichtigungen bearbeiten Sie wie auf Seite 81 beschrieben.

❸ Wenn Sie möchten, dass das iPad einen **Klick** von sich gibt, sobald Sie es in den Ruhezustand versetzen, und dass die Tasten der digitalen Tastatur ebenfalls beim Tippen klicken, lassen Sie diese beiden Optionen aktiviert. Stromsparender ist es allerdings, sie abzuschalten.

Das iPad kann auch ganz leise sein

Mit dem Seitenschalter auf der rechten Seite des Tablets (siehe auch Seite 15), schalten Sie alle Geräusche ab – es sei denn, Sie haben die Standardeinstellungen für die Taste geändert (Seite 89). Einige wichtige Töne (wie zum Beispiel der Wecker – siehe Seite 299) werden dennoch abgespielt.

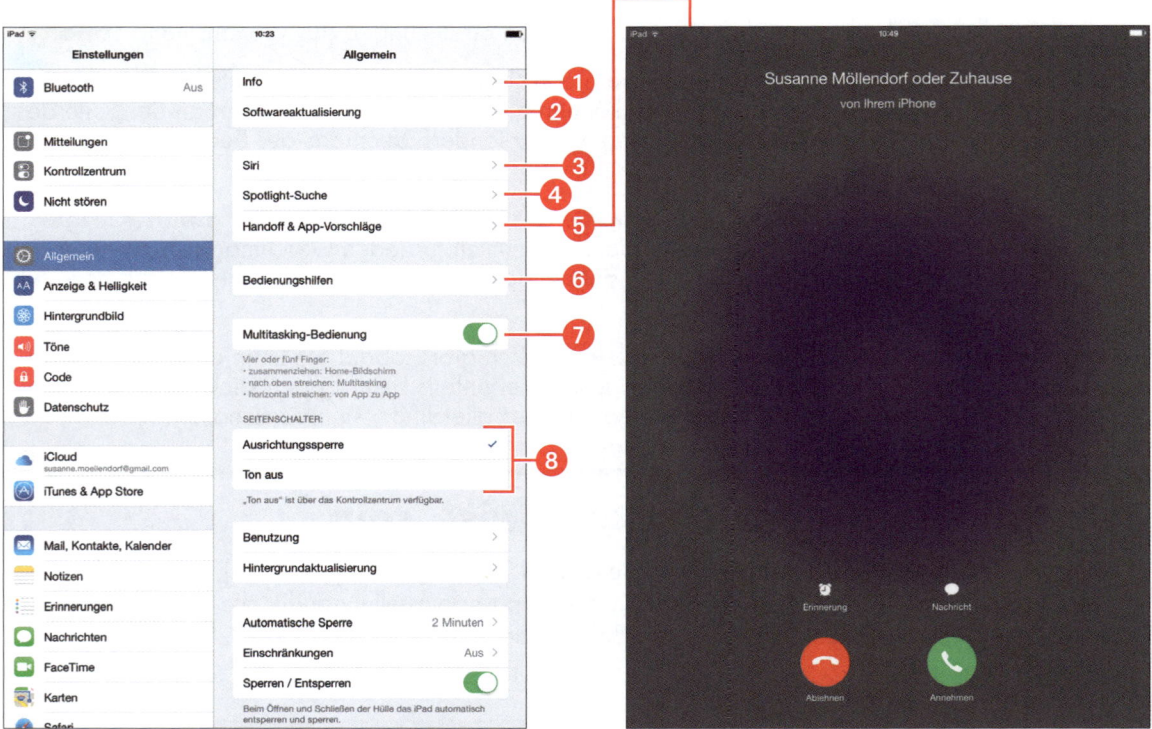

Die allgemeinen Einstellungen sind auch wichtig

In den Einstellungen gibt es die Rubrik **Allgemein**, die zwar zunächst harmlos klingt, aber einige unverzichtbare Optionen und jede Menge echte Geheimtipps enthält.

❶ Hier finden Sie eine Übersicht der Angaben zu Ihrem iPad (WLAN-Adresse, Seriennummer, Modell und mehr), wie viele Apps, Fotos, Videos etc. sich darauf befinden, Copyright-Informationen und mehr. Sie können hier außerdem den **Namen des iPads** ändern.

❷ Wenn ein iOS-Update ansteht, können Sie dieses hier installieren. Ihr iPad meldet sich aber normalerweise von selbst, sobald es eine **Softwareaktualisierung** gibt. Mehr dazu auf Seite 115.

❸ **Genaueres über Siri** erfahren Sie ab Seite 289.

❹ Die **Spotlight-Suche** erkläre ich auf Seite 57.

❺ Bei **Handoff** handelt es sich um eine tolle Funktion, sofern Sie neben dem iPad noch ein iPhone oder einen Mac besitzen. Damit können Sie das, was Sie gerade in einer Apple-App machen, auf dem jeweils anderen Gerät fortsetzen. So können Sie zum Beispiel Telefonate, die auf Ihrem iPhone ankommen, auf dem Tablet annehmen. Dafür muss die Option natürlich auf allen Geräten aktiviert sein. Bei **App-Vorschlägen** handelt es sich um Werbung, die Sie getrost deaktivieren können.

❻ Die **Bedienungshilfen** richten sich in erster Linie an seh- und hörbeeinträchtigte Nutzer und werden auf Seite 93 erklärt.

❼ Die **Multitasking-Bedienung** erkläre ich auf Seite 35.

❽ Entscheiden Sie hier, ob der Schalter über den Lautstärketasten an der rechten Seite (siehe auch Seite 15) den Ton abstellen soll (das ist standardmäßig eingestellt) oder ob er das Display daran hindern soll, ins Quer- beziehungsweise Hochformat zu wechseln. Die jeweils andere Option ist dann im Kontrollzentrum verfügbar (siehe Seite 43).

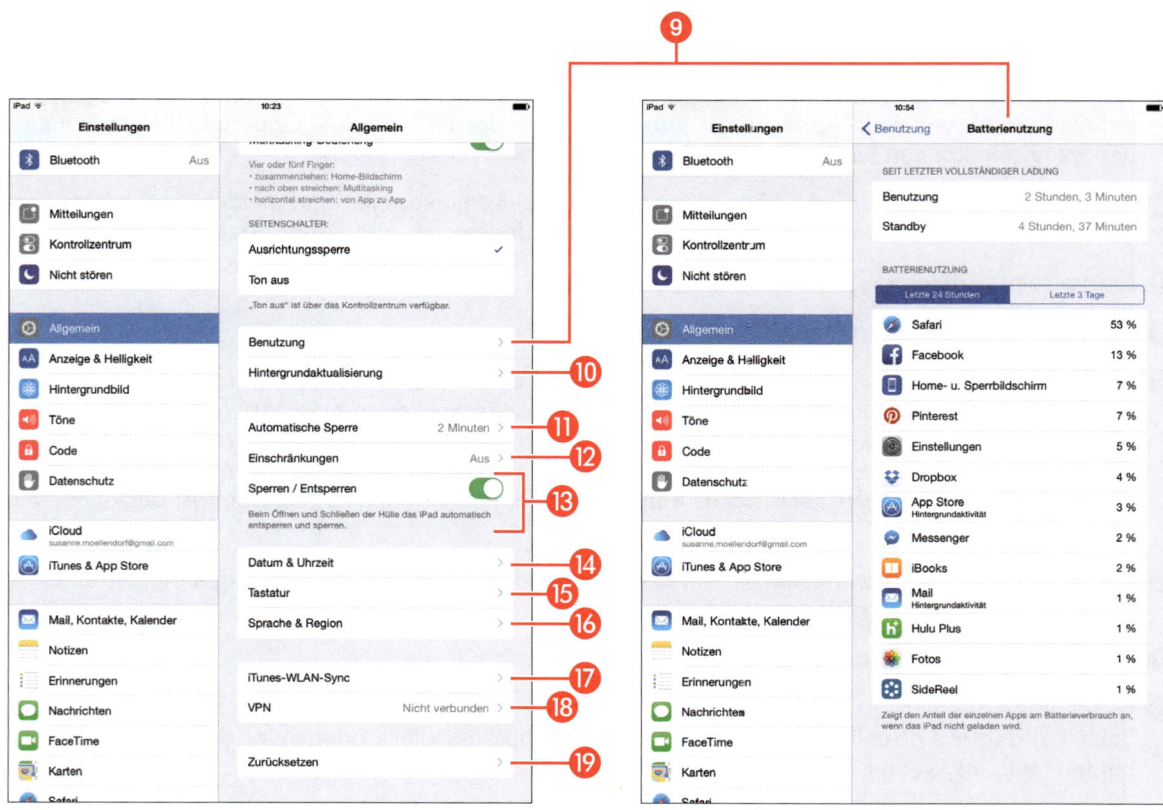

Die allgemeinen Einstellungen (Fortsetzung)

⑨ Benutzung bedeutet in diesem Fall: Wie viel **Speicherplatz** ist auf Ihrem iPad belegt, wie viel davon nehmen die einzelnen Apps ein, und wie viel Speicher ist auf iCloud vergeben? Sie können hier einsehen, wie viele Daten Sie per UMTS verbrauchen und wie sich der **Akku** des Tablets schlägt und welche App am meisten Strom verbraucht. Sie können festlegen, ob oben in der Infoleiste die verbleibende Akkuleistung in Prozent angezeigt werden soll.

⑩ Mit der Aktivierung der **Hintergrundaktualisierung** erlauben Sie einzeln einstellbaren Apps (zum Beispiel Facebook oder Google Maps), ihre Inhalte ohne Ihr Zutun zu aktualisieren.

⑪ Legen Sie hier fest, wie lange es dauert, bis Ihr iPad bei Nichtbedienung in den **Ruhezustand** geht. Sie können diese Funktion auch ganz abstellen, das verbraucht allerdings sehr viel Strom.

⑫ Das Menü **Einschränkungen** eignet sich hervorragend, um das iPad kindersicher zu machen. Ich erkläre es ausführlich auf Seite 97.

⑬ Wenn Sie ein Smart-Cover (mehr dazu auf Seite 329) für Ihr iPad besitzen, können Sie durch die Aktivierung dieser Option den Sperrbildschirm umgehen, wenn Sie das Cover »öffnen«.

⑭ Hier stellen Sie entweder manuell oder automatisch **Datum & Uhrzeit** ein.

⑮ Die **Tastatureinstellungen** erkläre ich auf Seite 53.

⑯ Geben Sie hier an, wo Sie sich befinden, welche **Sprache** das iPad »sprechen« soll und welches **Kalenderformat** Sie nutzen möchten.

⑰ Mehr über **iTunes** lesen Sie ab Seite 177.

⑱ Über ein **VPN** (virtuelles privates Netz) können Sie von unterwegs auf Ihr Firmennetzwerk zugreifen.

⑲ Mit **Zurücksetzen** können Sie alle Einstellungen, die Sie je vorgenommen haben, rückgängig machen oder alle Inhalte & Einstellungen löschen. Bei Letzterem wird das iPad auf den Werkzustand zurückgesetzt. Sie können auch die **Netzwerkeinstellungen** sowie das Tastaturwörterbuch löschen und den Home-Bildschirm in den Originalzustand zurücksetzen. Zu guter Letzt besteht die Möglichkeit, Ortungsdienste und Datenschutzeinstellungen auf den Werkzustand zu stellen.

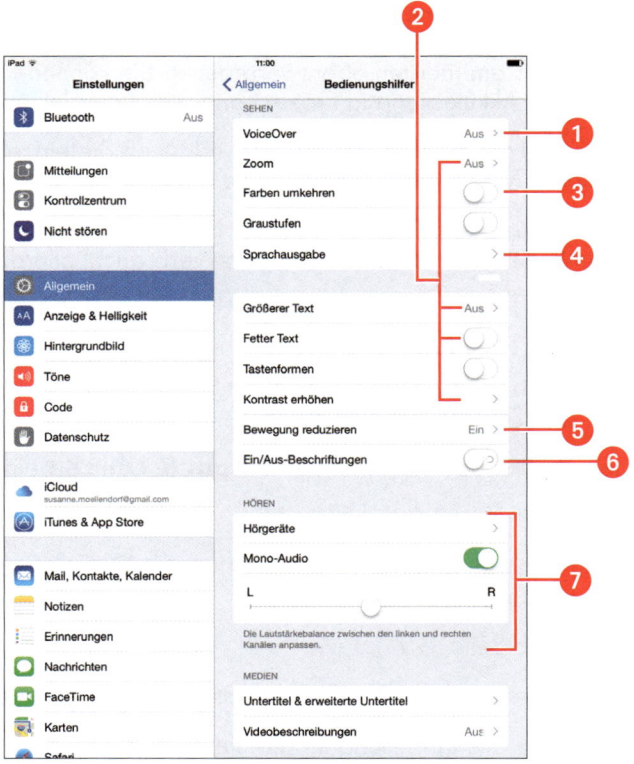

Bedienungshilfen für noch mehr Optionen

Für seh-, hör- und bewegungsbeeinträchtigte Nutzer bietet das iPad Bedienungsoptionen, die man sich generell zunutze machen kann, um dem iPad den einen oder anderen zusätzlichen Trick zu entlocken.

❶ Hinter **VoiceOver** verbergen sich Funktionen für sehbeeinträchtigte Nutzer. Zum Beispiel können Sie sich den Text auf dem Bildschirm vorlesen lassen.

❷ Mit **Zoom, Größerer Text, Fetter Text** und **Kontrast erhöhen** können Sie arbeiten, wenn Ihnen die Schrift zu klein ist – Zoom bezieht sich auf alles, was auf dem Bildschirm angezeigt wird, während **Größerer Text** und **Fetter Text** nur die Schrift vergrößert beziehungsweise fetter darstellt, und das auch nur stellenweise (in E-Mails und Kontakten, aber zum Beispiel nicht in Safari).

❸ Mit **Farben umkehren** stellen Sie einen Negativkontrast ein. Das ist besonders angenehm, wenn Sie zum Beispiel im Dunkeln lesen wollen, es spart Strom und sieht dazu auch noch cool aus. Ähnlich wirkt sich Graustufen aus.

❹ Hinter **Sprachausgabe** finden Sie weitere, selbsterklärende Einstellungen für sehbeeinträchtigte Nutzer.

❺ Wenn Ihnen die Bewegungen auf dem Home-Bildschirm und dem Sperrbildschirm nicht gefallen, können Sie sie bei **Bewegung reduzieren** abstellen.

❻ Die Option **Ein/Aus-Beschriftungen** fügt den Optionsschaltern eine zusätzliche Erkennungshilfe hinzu: einen Strich für aktiviert und einen Kreis für deaktiviert.

❼ Die **Hören-Einstellungen** sind für hörbeeinträchtigte Nutzer interessant. Über den Regler unten können Sie die Lautstärkebalance der beiden Lautsprecher regulieren.

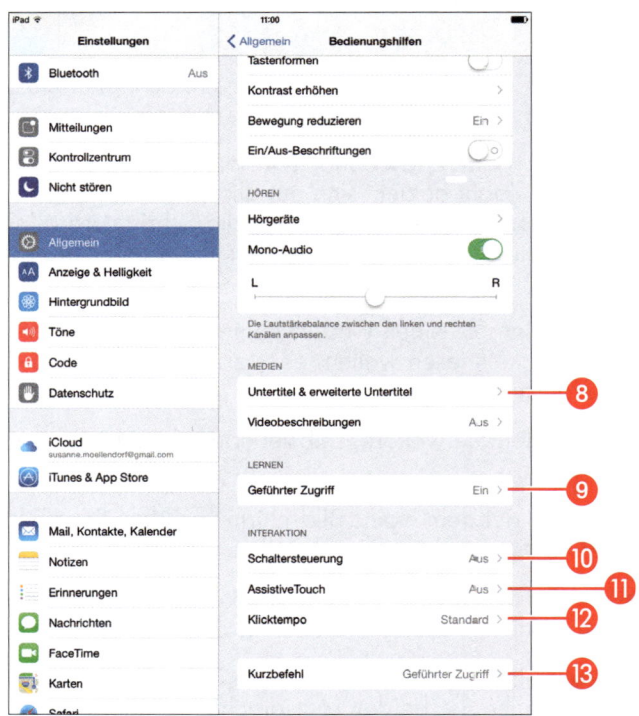

Bedienungshilfen (Fortsetzung)

❽ Legen Sie hier fest, welche Art von **Untertitel** Sie brauchen und welche Schriftgröße, -art, -farbe und Deckkraft Sie gern dafür hätten.

❾ Der **Geführte Zugriff** ist eine feine Sache, wenn Sie zum Beispiel Ihr iPad Ihrem kleinen Kind geben wollen, damit es darauf ein Video anschauen kann, und Sie verhindern möchten, dass es auf das übrige Gerät zugreifen kann. Mehr dazu lesen Sie auf Seite 99.

❿ Mit der **Schaltersteuerung** können Sie das iPad statt per Berührung über den Bildschirm auch komplett über die Hardwaretasten bedienen.

⓫ **AssistiveTouch** fügt dem iPad einige praktische Bedienungselemente hinzu und schont darüber hinaus die Hardwaretasten. Wie das genau funktioniert, erkläre ich auf Seite 101.

⓬ Nutzen Sie diese Option, wenn Ihnen der **Doppelklick** auf die Home-Taste Probleme bereitet, weil Sie zu langsam drücken.

⓭ Hier können Sie eine oder mehrere Funktionen festlegen, die durch einen **Dreifachklick** auf die Home-Taste aktiviert oder deaktiviert werden. Zur Auswahl stehen: ❶, ❸, ❾, ❿ und **Zoom**, sofern Sie diese Funktion vorher aktiviert haben. Wenn Sie mehrere dieser Optionen ausgewählt haben, werden Sie beim Dreifachklick gefragt, welche davon Sie verwenden möchten.

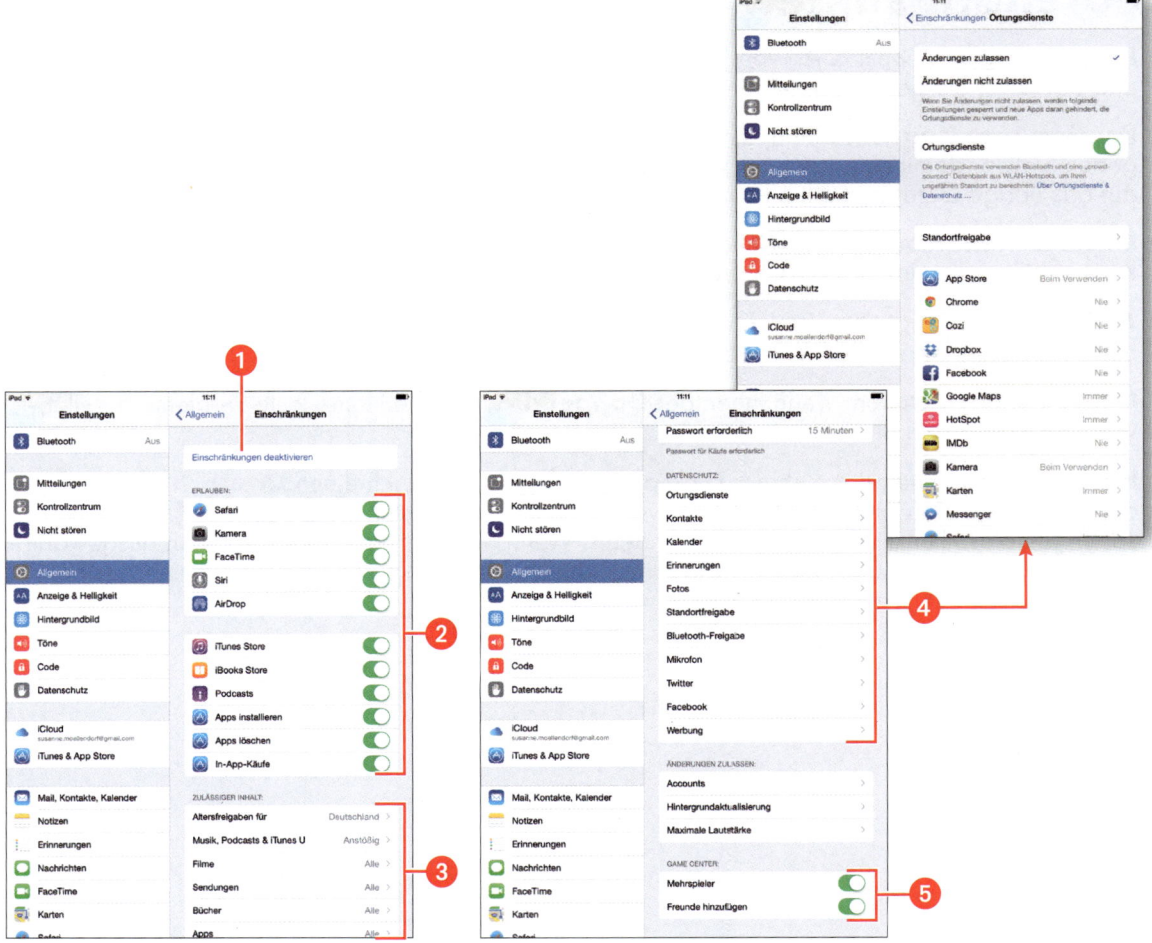

Die optimale Kindersicherung: die Einschränkungen nutzen

Unter dem Menüpunkt **Einstellungen** → **Allgemein** → **Einschränkungen** finden Sie ein einfaches, aber umfangreiches Tool, um das iPad für Kinder jedes Alters sicherer zu machen. Als Erstes müssen Sie die Einschränkungen ganz oben aktivieren und einen beliebigen Code eingeben ❶. Sie können jetzt die aufgeführten Apps deaktivieren, sodass das Kind zum Beispiel nicht über Safari ins Internet gehen, per FaceTime (siehe Seite 139) telefonieren oder bei iTunes Medien herunterladen kann ❷. Wenn Sie Letzteres nicht sperren möchten, haben Sie zusätzlich die Möglichkeit, Musik, Filme und Apps nach Altersfreigaben zu beschränken ❸. Sie können natürlich auch der eingerichteten Apple-ID einfach keine Zahlungsmöglichkeit zuweisen und Inhalte, die gekauft werden müssen, über Ihre eigene Apple-ID als Geschenk verschicken. Allerdings besteht hier die Gefahr, dass Ihr Kind sich eine iTunes-Karte kauft und diese einlöst oder kostenlose Inhalte herunterlädt, die nicht kindgerecht sind. In den Einschränkungen können Sie außerdem bestimmen, welche Bereiche von Apps geändert werden dürfen: E-Mails, Kontakte, Kalender, Fotos, Bluetooth, Ortungsdienste und mehr ❹. Zu guter Letzt können Sie abstellen, dass Ihr Kind über das Game Center mit anderen spielt oder Spieler hinzufügt ❺. Die Einschränkungen können nur mit dem vorher gewählten Code betreten und deaktiviert werden.

Noch mehr Sicherheit mit der Familienfreigabe

Auf Seite 175 erkläre ich, wie Sie mit der integrierten Familienfreigabe das Einkaufen in App-Store & Co. noch sicherer machen können, indem Sie Inhalte selber kaufen und mehreren Familienmitgliedern zur Verfügung stellen.

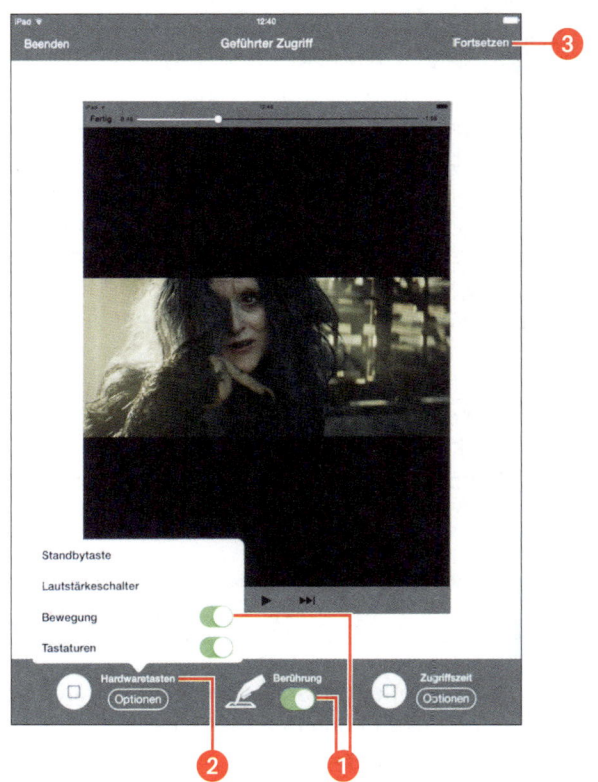

Die kurzzeitige Kindersicherung: Der geführte Zugriff

Nun gibt es natürlich häufiger Situationen, in denen Sie jemandem Ihr iPad geben wollen, damit dieser zum Beispiel darauf spielt oder sich einen Film anschaut. Sie wollen aber nicht, dass er auf andere Inhalte zugreifen kann. Dafür ist der **Geführte Zugriff** unter **Einstellungen** → **Allgemein** → **Bedienungshilfen** ideal.

Nachdem Sie diese Option aktiviert haben, startet sie mit einem **Dreifachklick** auf die Home-Taste. Über ❶ können Sie einstellen, ob das iPad durch Berührung oder Bewegung beeinflusst werden kann. Wenn Sie zum Beispiel ein bestimmtes Video einstellen, kann der Benutzer nicht auf andere Videos zugreifen, sofern **Berührung** deaktiviert ist. Des Weiteren können Sie den Einsatz der Hardwaretasten aktivieren oder deaktivieren – je nachdem, ob das Gerät zum Beispiel abgeschaltet werden soll oder die Lautstärke geändert werden darf ❷. Sie starten den **Geführten Zugriff** über ❸ und werden dann aufgefordert, einen Code einzugeben (sofern nicht bereits geschehen), den Sie zum Beenden wiederholen müssen.

Mit dem AssistiveTouch die Hardwaretasten schonen

Diese Funktion ist eigentlich für Leute gedacht, die Probleme haben, ihre Finger richtig zu bewegen. Daher kann man hier unter anderem auch **Gesten für die Bedienung** des iPads einstellen ❶. Im Endeffekt ist der AssistiveTouch aber so etwas wie eine **Schnellzugriffsleiste** ❷. Wenn Sie ihn aktivieren, haben Sie immer ein kleines Quadrat auf Ihrem Display, mit dem Sie die Option einblenden. Wenn Sie diese Schaltfläche nicht permanent auf dem Display sehen möchten, legen Sie sie auf den Home-Dreifachklick (siehe auch Seite 95).

Sobald Sie den AssistiveTouch aufrufen, können Sie durch Tippen **Siri**, die **Home**-Taste, die **Mitteilungszentrale**, das **Kontrollzentrum** und Ihre Gesten (**Favoriten**) auswählen ❸. Hinter dem Feld **Gerät** finden Sie alle weiteren Optionen, die Sie sonst über die Hardwaretasten aufrufen. Das ist besonders praktisch, wenn eine Taste durch häufige Benutzung nicht mehr verlässlich funktioniert oder wenn Sie zum Beispiel Screenshots in Situationen erstellen wollen, in denen die benutzten Tasten eine ungewollte Aktion auslösen.

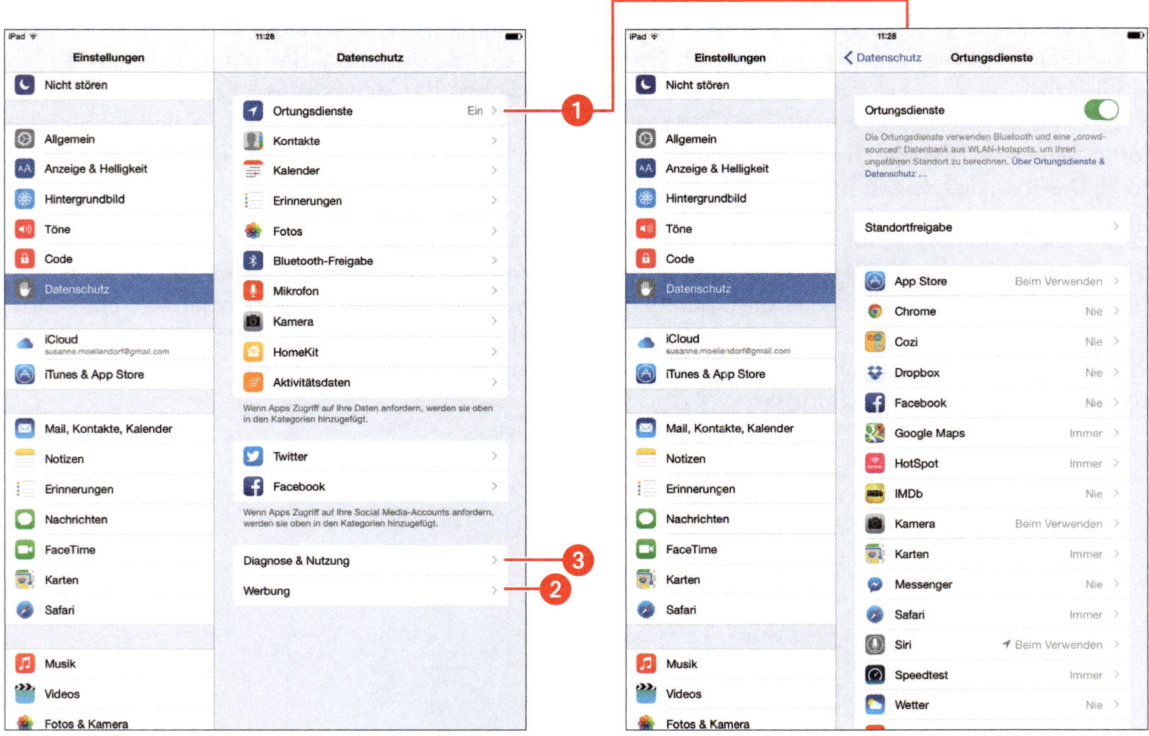

Datenschutz und Ortungsdienste

Unter **Einstellungen → Datenschutz** finden Sie eine Übersicht darüber, welche Apps auf welche Ihrer Daten (Kontakte, Kalender etc.) zugreifen können. Wählen Sie den Bereich Ihrer Daten aus, den Sie genauer anschauen und bearbeiten möchten. Am komplexesten ist der **Ortungsdienst ❶**, der sich abschalten oder nur für einzelne Apps aktivieren lässt. Wenn Sie hier ganz nach unten wischen, gelangen Sie zu einer Übersicht derjenigen **Systemdienste**, die den Ortungsdienst nutzen und die Sie dann einzeln deaktivieren können. Neben dem Ortungsdienst können Sie außerdem abstellen, dass einzelne Apps zum Beispiel auf Ihre Kontakte zugreifen. Des Weiteren stellen Sie hier die Standortfreigabe ein. Diese kann zum Beispiel für Eltern sehr nützlich sein, damit sie immer den Aufenthaltsort ihrer Kinder kennen.

Im Bereich **Datenschutz** gibt es außerdem die Option **Werbung ❷**. Hier können Sie abstellen, dass Ihnen in Apps personalisierte Werbung (Ad-Tracking) angezeigt wird, und können somit Ihre Privatsphäre besser schützen. **Diagnose & Nutzung ❸** schickt Performance-Daten Ihres iPads an Apple und kann ebenfalls deaktiviert werden.

Ortungsdienste: Muss das sein?

Wenn Sie nicht möchten, dass Programme wissen, wo Sie sich gerade aufhalten, schalten Sie die Ortungsdienste ruhig ab. Allerdings können Sie dann zum Beispiel Ihr iPad nicht mehr suchen, wenn es mal abhandenkommt. Die meisten Apps nutzen den Ortungsdienst, um Ihnen einen besseren Service bieten zu können, zum Beispiel beim lokalen Wetter, dem eigenen Standort in der Karten-App oder für Informationen in Fotos, damit Sie später wissen, wo diese aufgenommen wurden.

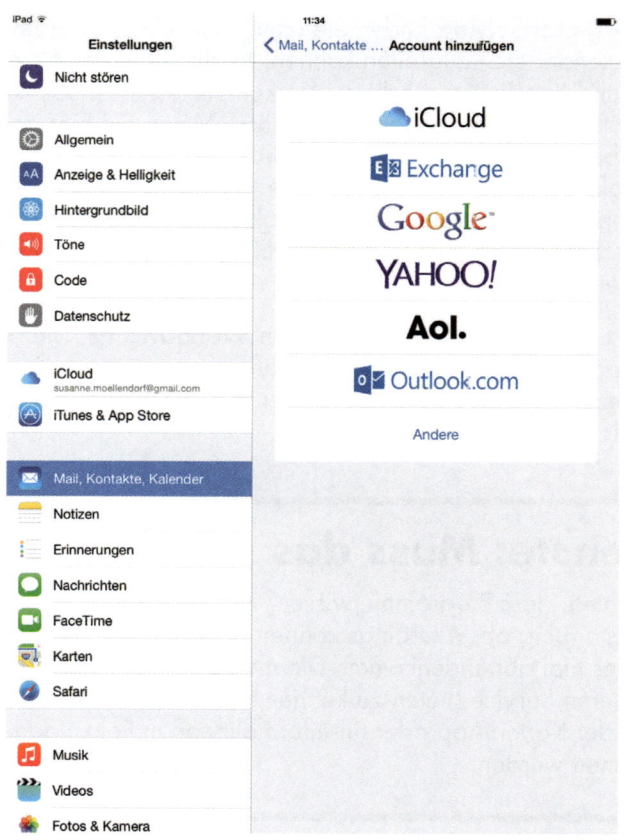

Bereits bestehende E-Mail-Konten, Kontakte und Kalender einrichten

Mit Ihrem iPad können Sie beliebig viele Konten für E-Mails, Kontakte und Kalender verwalten. Der Übersicht zuliebe ist es allerdings empfehlenswert, möglichst wenige Konten zu nutzen, weil Sie sonst Ihre Daten über mehrere Anbieter verteilen und vielleicht irgendwann den Überblick verlieren. Außerdem lässt sich das iPad besser bedienen, wenn nur wenige Konten genutzt werden. Am einfachsten ist es, wenn Sie sich mit Ihrer Apple-ID eine @iCloud-E-Mail-Adresse (siehe auch Seite 307) einrichten und die ebenfalls zu dem Konto gehörenden Kontakte und Kalender nutzen.

Wenn Sie bereits einen E-Mail-Account besitzen, können Sie diesen leicht unter **Einstellungen →
Mail, Kontakte, Kalender → Account hinzufügen** einrichten – sofern es sich um einen Account von Gmail, Yahoo!, AOL oder Hotmail (Windows) handelt. Dann brauchen Sie lediglich das entsprechende Symbol anzuwählen und Ihre Zugangsdaten anzugeben. Aber Achtung: Nicht alle Funktionen werden unterstützt. Alternativ gibt es von den meisten Anbietern Apps, mit denen Sie Ihre E-Mails ganz unkompliziert verwalten können. Hier besteht allerdings der Nachteil, dass Sie bei Gmail zwar auf Ihre Kontakte in der Anwendung zugreifen können, diese aber nicht für das restliche iPad zur Verfügung stehen. Je nachdem, welche Anforderungen Ihre E-Mail-, Kontakte- und Kalender-Konten erfüllen sollen, lesen Sie am besten auf der Webseite Ihres Anbieters nach, wie Sie diese einrichten.

Sollten Sie ein Exchange-Konto (eventuell für die Arbeit) besitzen, bitten Sie den verantwortlichen Admin um Hilfe.

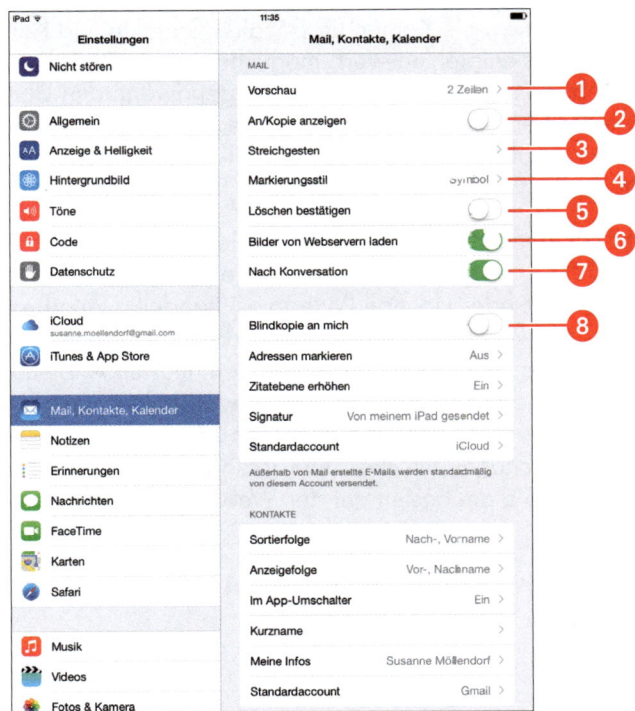

E-Mail-Konten richtig organisieren – allgemein

Unter **Einstellungen** → **Mail, Kontakte, Kalender** können Sie nicht nur Ihre Konten verwalten, sondern auch detaillierte Einstellungen vornehmen. Für E-Mails müssen Sie dabei zwischen den allgemeinen Optionen und den Account-Optionen, die ich auf Seite 111 erkläre, unterscheiden.

❶ Legen Sie hier fest, wie viele **Zeilen** von jeder E-Mail im Posteingang angezeigt werden sollen.

❷ Wenn Sie diese Option aktivieren, wird Ihnen im Posteingang angezeigt, ob die E-Mail direkt an Sie ging oder nur als Kopie/Blindkopie (**CC/BCC**) zu Ihrer Kenntnisnahme gedacht war und daher nicht beantwortet zu werden braucht.

❸ Legen Sie hier fest, mit welchen Streichbewegungen Sie E-Mails als gelesen oder als wichtig kennzeichnen wollen.

❹ Hier können Sie festlegen, ob markierte E-Mails an einem orangefarbenen Punkt oder einer orangefarbenen Fahne zu erkennen sein sollen. Die Farbe können Sie hier leider nicht ändern.

❺ Aktivieren Sie diese Option, wenn Sie nach dem Betätigen der Löschen-Taste gefragt werden möchten, ob die E-Mail auch wirklich gelöscht werden soll.

❻ Hier wird nicht das Laden aller Bilder aktiviert oder deaktiviert, sondern nur das Laden sogenannter Remote Images, die Spammer gerne nutzen.

❼ Hier können Sie einstellen, ob Ihre E-Mails alle einzeln angezeigt werden sollen oder einen eigenen Verlauf bekommen, wenn es sich um einen **E-Mail-Dialog** (eine oder mehrere Antworten) handelt. Den erkennen Sie an der kleinen Zahl im Posteingang. Letzteres ist allerdings sogar für alte E-Mail-Hasen manchmal recht verwirrend.

❽ Wenn Sie diese Option aktivieren, wird von jeder E-Mail, die Sie versenden, eine **Kopie** im Posteingang abgelegt. Ihre gesendeten E-Mails befinden sich aber auch ohne diese Option immer im **Gesendet**-Ordner.

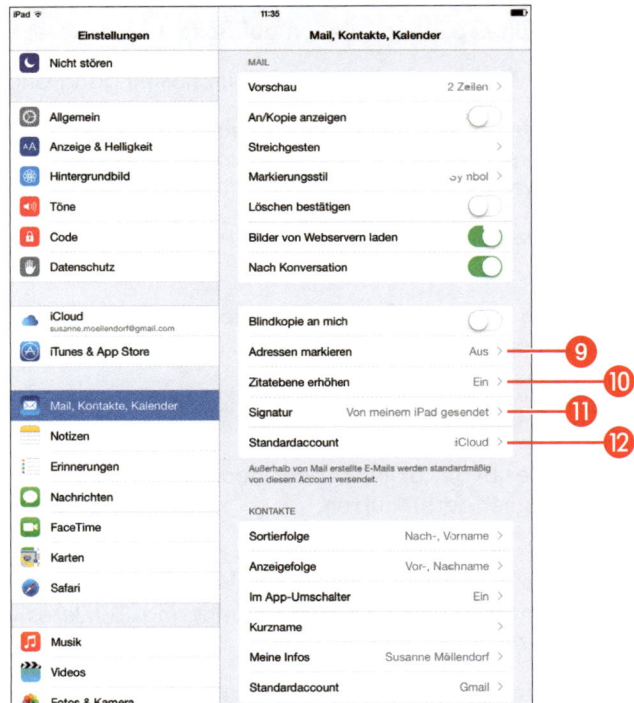

E-Mail-Konten richtig organisieren (Fortsetzung)

⑨ Nutzen Sie die Option **Adressen markieren**, um verdächtige Absender im Blick zu haben.

⑩ Die Zitatebene vereinfacht bei einem längeren E-Mail-Verlauf die Identifizierung der einzelnen Antwortebenen. Wenn Sie während des Antwortens den Text gedrückt halten und dann im Pop-up-Fenster zweimal nach rechts navigieren, können Sie die **Zitatebene** auch manuell ändern.

⑪ Hier ändern Sie Ihre **Signatur** – für alle oder für einzelne E-Mail-Accounts.

⑫ Legen Sie fest, von welchem Ihrer Accounts neue E-Mails standardmäßig verschickt werden.

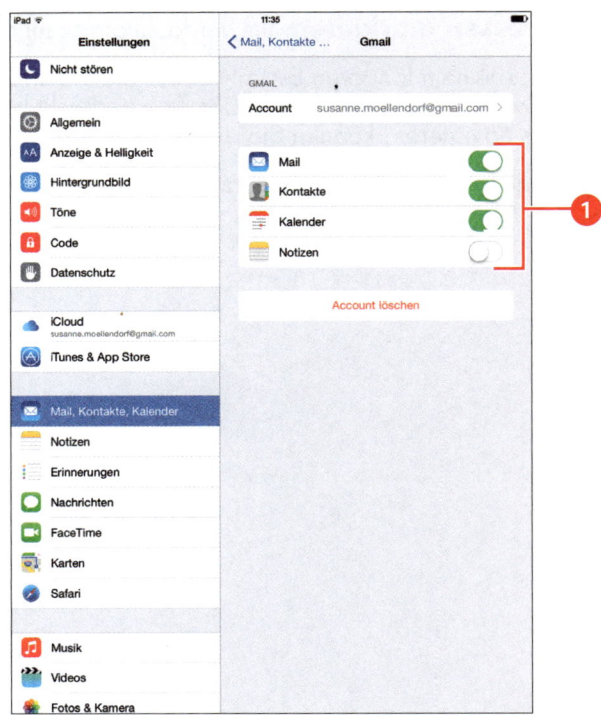

E-Mail-Konten richtig organisieren – pro Account

Zusätzlich zu den allgemeinen Optionen können Sie für jeden E-Mail-Account separat Einstellungen vornehmen.

Je nach E-Mail-Anbieter können die hier angezeigten Einstellungsmöglichkeiten variieren ❶. Bei vielen Konten können Sie einstellen, ob neben den E-Mails auch Kontakte und vielleicht sogar Kalenderdaten mit dem iPad synchronisiert werden sollen. Die meisten E-Mail-Anbieter stellen auf ihren Webseiten genaue Anleitungen für die Einrichtung der entsprechenden Accounts zur Verfügung.

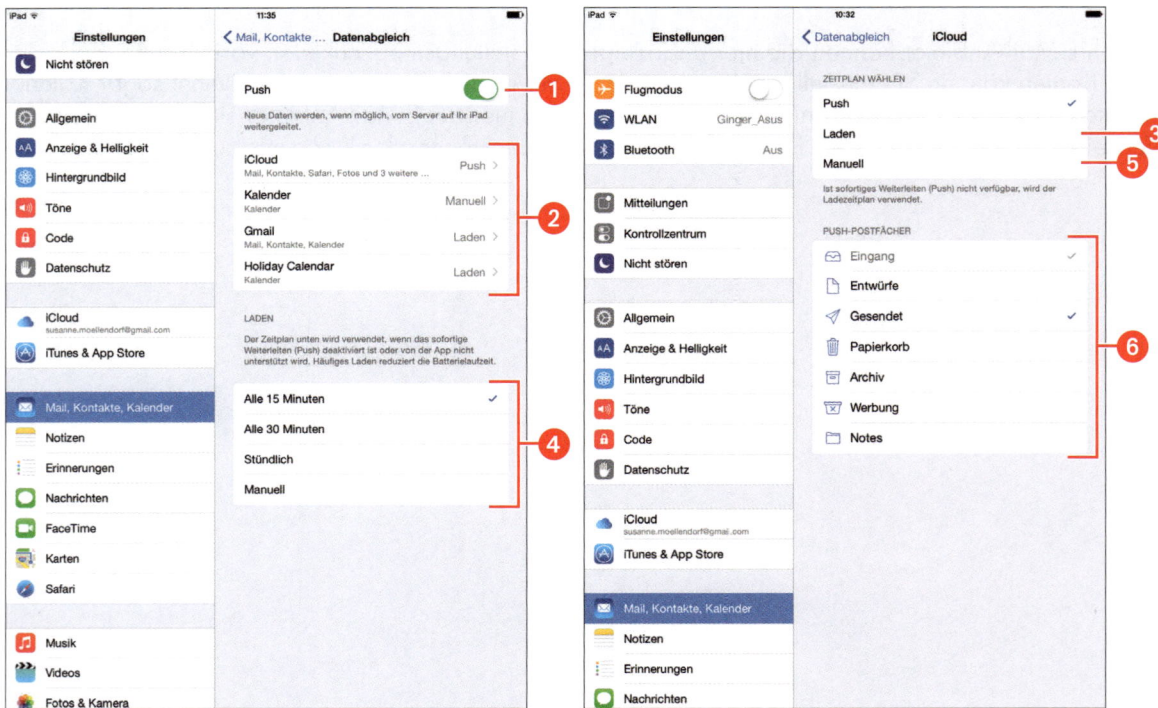

Der Unterschied zwischen Push, Laden und Manuell

Unter **Mail, Kontakte, Kalender** → **Datenabgleich** können Sie detailliert festlegen, wie oft neue E-Mails, Termine und mehr abgerufen werden. Mit der **Push-Funktion** ❶ können Sie sicher sein, dass Ihre E-Mails vom Server sofort nach Erhalt auf Ihr iPad geschickt werden – sofern Ihr E-Mail-Anbieter das unterstützt. Wenn Ihnen das nicht so wichtig ist oder Sie die Akkulaufzeit verlängern möchten, öffnen Sie die entsprechenden Konten ❷ und stellen hier lieber **Laden** ein ❸. Geben Sie nun an, in welchen Intervallen Ihr Programm nach neuen E-Mails suchen soll ❹. Noch stromsparender ist es, wenn Sie gleich **Manuell** ❺ aktivieren. Dann werden die E-Mails erst abgerufen, wenn Sie den entsprechenden Posteingang öffnen. Bei Kalendern stehen übrigens meistens nur die Laden- und/oder die Manuell-Funktion zur Verfügung.

Unterstützt Ihr E-Mail-Anbieter **Push**, gilt das standardmäßig erst einmal nur für den Posteingang. Unter **Push-Postfächer** ❻ können Sie das auf einzelne oder alle anderen Ordner, die zu dem Account gehören, ausweiten.

Achtung: Auch Mitteilungshinweise (Seite 81) werden häufig als Push bezeichnet.

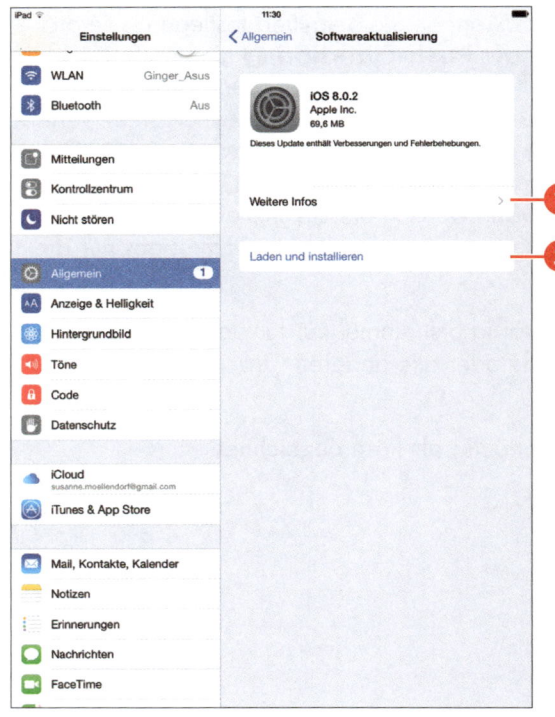
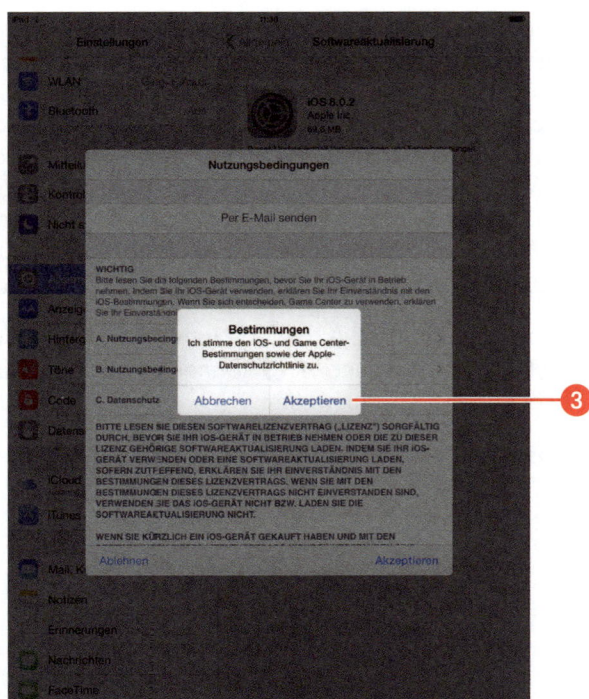

Die iPad-Software updaten

Apple stellt in unregelmäßigen Abständen iOS-Updates bereit. Sie werden dann über ein Pop-up auf dem Bildschirm benachrichtigt und können die Software kabellos herunterladen und installieren, sofern eine Internetverbindung besteht – idealerweise per WLAN. Die Installation ist denkbar einfach: Tippen Sie auf **Details**, und Sie werden zu **Einstellungen** → **Allgemein** → **Softwareaktualisierung** geführt. Hier erkennen Sie an der kleinen roten Zahl, dass ein Update zur Verfügung steht. So können Sie es nicht vergessen, wenn Sie die Installation zu einem späteren Zeitpunkt durchführen möchten. Über **Weitere Infos** ❶ erfahren Sie, was das Update genau beinhaltet. Um den Download und anschließend die Installation zu starten, tippen Sie auf **Laden und installieren** beziehungsweise **Jetzt installieren**, wenn das Update bereits heruntergeladen wurde ❷. Sie müssen dann die Bestimmungen **Akzeptieren** ❸, ansonsten bleibt das Update verfügbar, wird aber nicht installiert. Anschließend werden die neuen Daten zunächst heruntergeladen und dann automatisch installiert. Sollte das iPad nicht an eine Stromquelle angeschlossen sein, bekommen Sie je nach Akkustand die Möglichkeit, sofort oder erst später fortzufahren. **Achtung:** Das iPad ist während des Aktualisierungsvorgangs nicht zugänglich und startet sich zum Schluss neu.

Auch ein iPad stürzt mal ab

Ganz selten kann es passieren, dass Ihr Tablet gar nicht mehr reagiert. Halten Sie dann die **Stand-by-Taste** und die **Home-Taste** so lange gedrückt, bis es sich ausschaltet, und starten Sie es neu. Tun Sie das aber nie während eines Updates, hier reicht es meist zu warten.

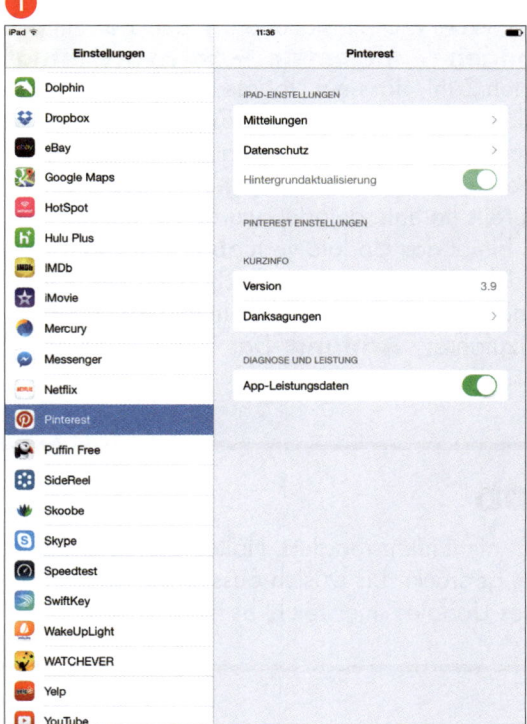

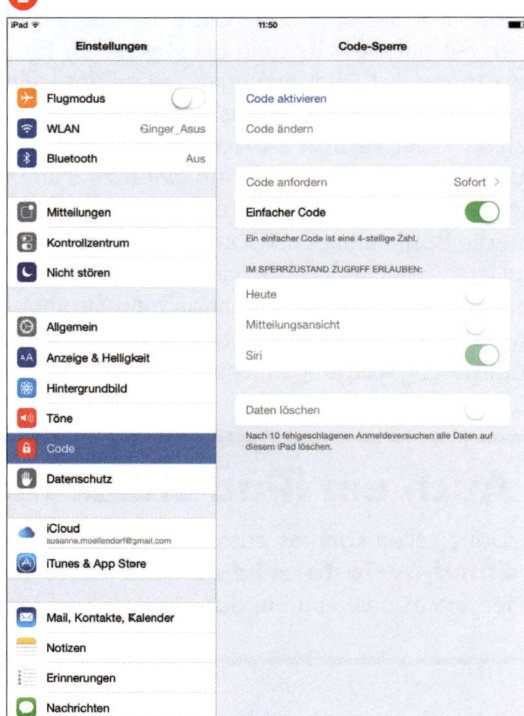

Noch mehr Einstellungen für Apps

Wenn Sie in den Einstellungen nach ganz unten scrollen, finden Sie zusätzlich eine Auflistung einzelner Apps von Drittanbietern. Hier können Sie teilweise weitere Optionen (de)aktivieren ❶. Bei den meisten Anwendungen haben Sie aber lediglich die Möglichkeit, die Sprache einzustellen oder Details zur Software einzusehen.

Das iPad per Code schützen

Legen Sie unter **Einstellungen** → **Code** eine Zahlenabfolge fest, mit der Sie Ihr **iPad vor Fremdzugriffen schützen** ❷ wollen. Sie werden nun immer aufgefordert, diesen Code einzugeben, wenn das iPad im Ruhezustand oder ganz ausgeschaltet war. Entscheiden Sie auch, ob Sie im gesperrten Zustand Siri und Passbook nutzen sowie auf Nachrichten antworten möchten. Die Kamera ist immer auch bei aktiviertem Code direkt über den Sperrbildschirm zugänglich (siehe Seite 29).

Bildquelle: apple.com

Kapitel 5 | Mit dem iPad in Kontakt bleiben

Egal ob im Urlaub, auf dem Sofa oder während eines beruflichen Auslandsaufenthalts: Wenn Sie Internetzugang haben, ist das iPad das ultimative Kommunikationsgerät. Sie können nicht nur E-Mails schreiben und Ihre Kontakte sowie Termine verwalten, sondern auch mit den integrierten Twitter- und Facebook-Funktionen Freunde und Bekannte immer auf dem Laufenden halten. Telefonieren (mit oder ohne Video) ist genauso wenig ein Problem wie das Chatten und Austauschen von Bildern sowie anderen Dateien. Ich erkläre in diesem Kapitel ganz genau, wie Sie auf die beschriebenen Arten in Kontakt bleiben. Sie werden erstaunt sein, wie einfach das geht und wie viel Spaß die verschiedenen Funktionen machen.

Mit dem iPad telefonieren

Sollten Sie zusätzlich zum iPad ein aktuelles iPhone besitzen, können Sie Anrufe, die darauf ankommen, auch mit dem iPad annehmen. Aktivieren Sie dafür bei beiden Geräten die Funktion **Allgemein → Handoff & App-Vorschläge → Handoff**. Voraussetzung ist, dass auf beiden Geräten iOS 8 installiert ist.

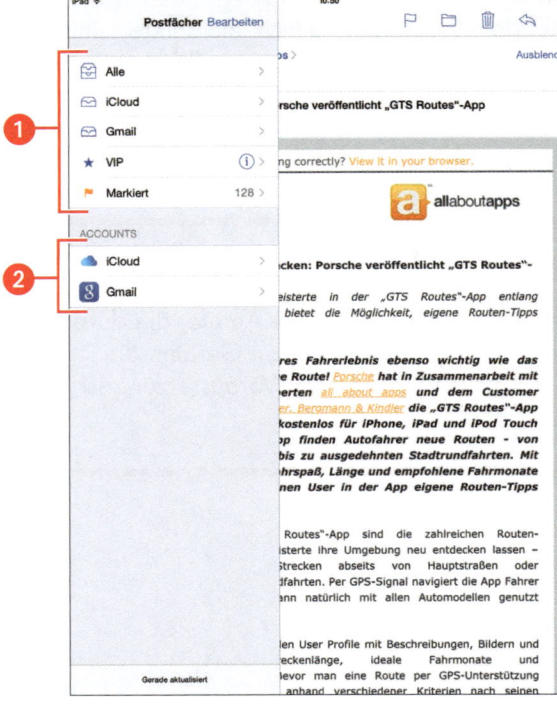

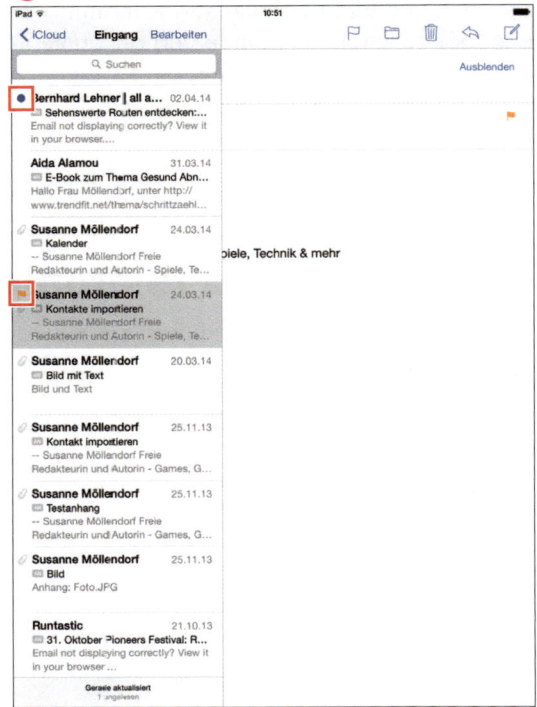

E-Mails schreiben und empfangen

Die E-Mail-App ist eigentlich gut durchdacht. Ein wenig verwirrend ist die Aufteilung der Postfächer, und natürlich gibt es hier einige versteckte Optionen, die ich kurz erkläre:

❶ Die obere Liste ist eine Zusammenfassung von mehreren **Posteingängen**, die nach unterschiedlichen Kriterien sortiert sind. So gibt es zum einen für jeden eingerichteten E-Mail-Account ein Fach, aber auch eine Zusammenfassung aller E-Mails (**Alle**). Im **VIP**-Ordner befinden sich alle E-Mails, deren Absender Sie als VIP eingestellt haben. Tippen Sie dafür den Ordner (beziehungsweise den kleinen Pfeil) an und suchen Sie aus Ihren Kontakten die entsprechenden Personen aus. Auf diese Weise können Sie Nachrichten von wichtigen Personen von Newslettern etc. trennen. Im **Markiert**-Ordner liegen alle E-Mails, die Sie einzeln markiert haben (siehe ❹ auf der folgenden Seite).

❷ Ganz unten finden Sie dann Zugänge zu den einzelnen Accounts. Dahinter versteckt sich nicht wie oben nur der Posteingang, sondern **alle Ordner** (Gesendet, Papierkorb, Entwürfe etc.), die zu dem jeweiligen Konto gehören.

❸ Rufen Sie einen Posteingang auf, erkennen Sie eine ungelesene E-Mail an dem **blauen Punkt** (oder **Stern**, falls der Absender ein VIP ist) und eine markierte Nachricht an der **orangefarbenen Fahne**.

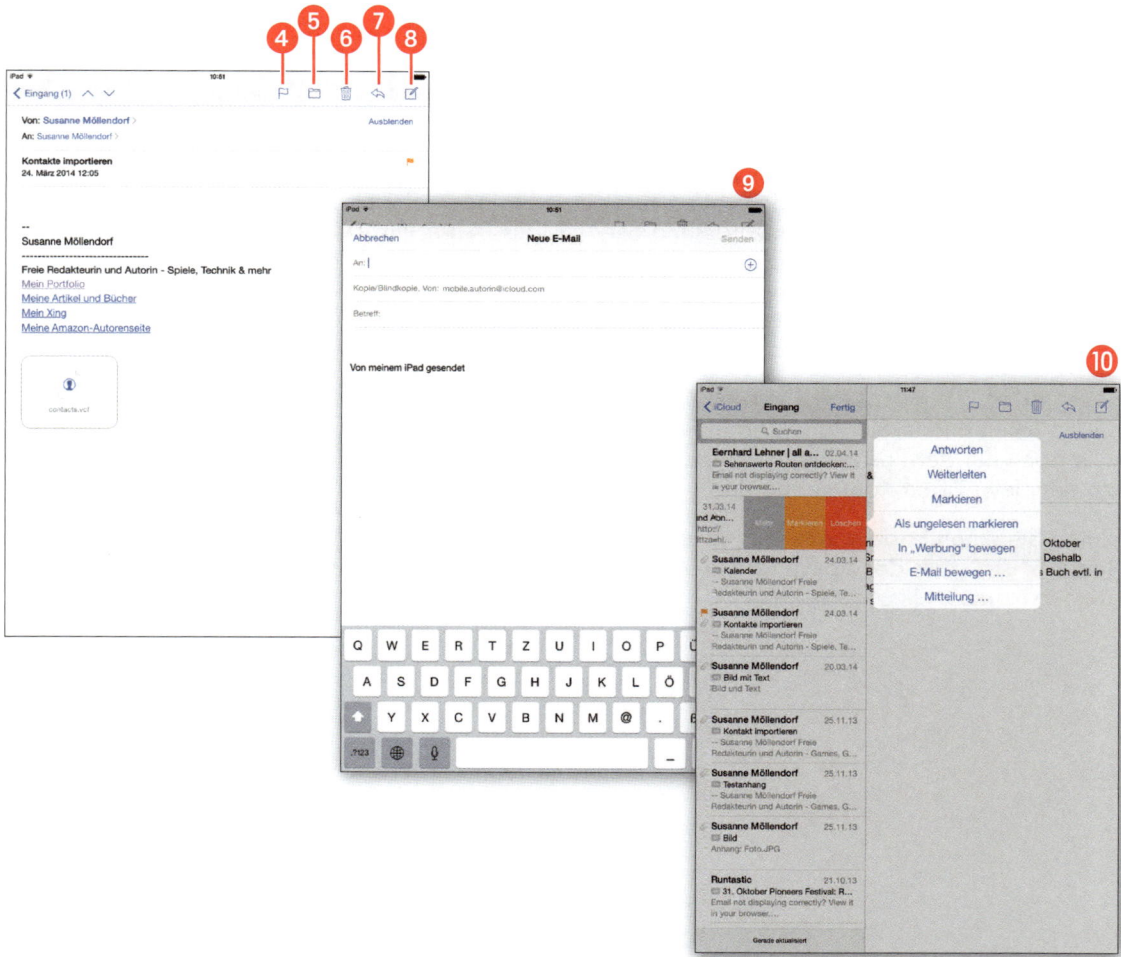

E-Mails schreiben und empfangen (Fortsetzung)

Wenn Sie eine E-Mail öffnen, stehen Ihnen folgende Optionen zur Verfügung:

❹ Stellen Sie hier eine E-Mail auf **ungelesen** zurück oder **markieren** Sie sie, sofern Ihr Mailserver diese Option unterstützt. Handelt es sich um eine iCloud-E-Mail-Adresse, können Sie die Option **In „Werbung" bewegen** nutzen, um Newsletter etc. von persönlichen Nachrichten zu trennen.

❺ **Verschieben** Sie die E-Mail in einen anderen Ordner.

❻ Abhängig vom E-Mail-Anbieter verschieben Sie hier die E-Mail in den Papierkorb oder **löschen** sie.

❼ **Beantworten** Sie die E-Mail oder leiten Sie sie (mit Anhang – siehe auch Seite 125) weiter. Wenn ein **Drucker** verfügbar ist, können Sie die Nachricht hier auch drucken.

❽ Schreiben Sie eine **neue E-Mail**.

❾ Bei **neuen E-Mails** können Sie die Empfänger aus Ihren **Kontakten** über das blaue Pluszeichen hinzufügen. Wenn Sie auf Kopie/Blindkopie tippen, fügen Sie CC-/BCC-Empfänger ein. Wie Sie die voreingestellte **Signatur** (Von meinem iPad gesendet) ändern, erfahren Sie auf Seite 109.

❿ In der Posteingangsübersicht können Sie in der Vorschau jeder E-Mail ebenfalls auf die oben beschriebenen Funktionen zugreifen, indem Sie von rechts nach links wischen. Die meisten Funktionen verbergen sich hinter **Mehr**.

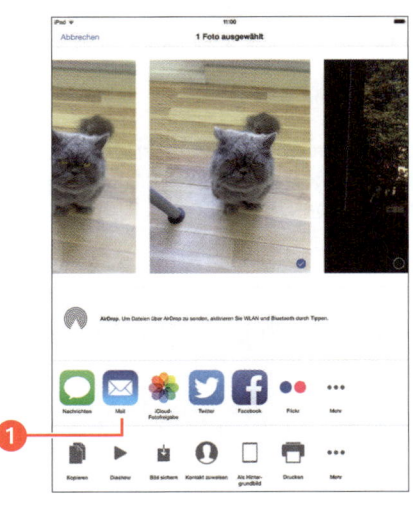

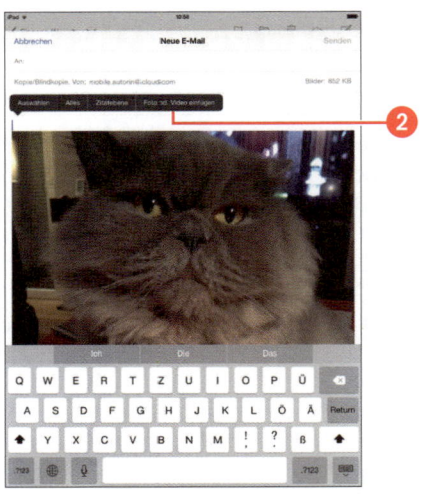

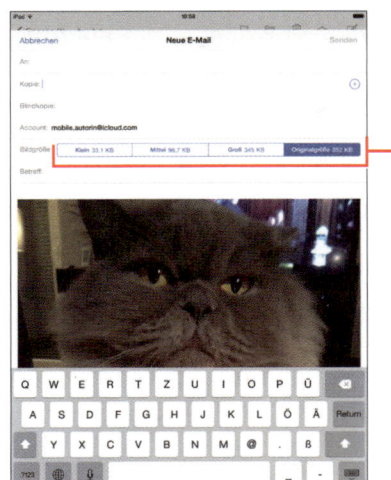

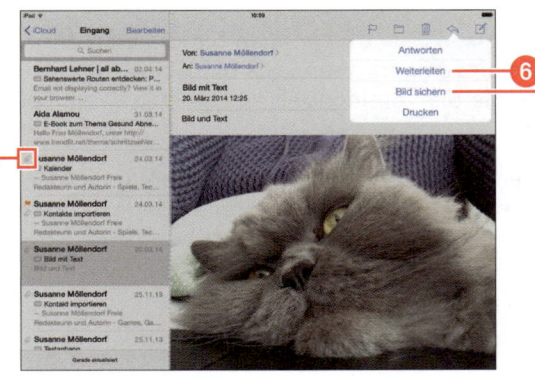

Mit E-Mail-Anhängen richtig umgehen

Wollen Sie eine Datei per E-Mail verschicken? Hier gibt es mehrere Wege zum Ziel: So hat zum Beispiel jede Kontaktkarte eine **Kontakt-Senden-Taste**. Tippen Sie sie an, öffnet sich eine neue E-Mail mit dem Kontakt als Anhang. Auf diesem Weg können Sie jedoch weder mehrere Kontakte gleichzeitig verschicken noch diese zu Antwort-E-Mails hinzufügen. Bei Bildern ist das anders: Öffnen Sie die Foto-App. Oben rechts gibt es die **Auswählen-Taste**. Tippen Sie sie an, können Sie mehrere Fotos hintereinander auswählen und diese oben links über das Teilen-Symbol an eine neue E-Mail anhängen ❶. Wenn Sie Bilder an Antwort-E-Mails anhängen wollen, tippen Sie an die Stelle, an der das Bild auftauchen soll, und drücken so lange, bis das Text-Pop-up erscheint. Wählen Sie **Foto od. Video einfügen** ❷. Bei mehreren Bildern müssen Sie den Vorgang entsprechend oft wiederholen. Füllen Sie nun alle anderen Felder in der E-Mail in gewohnter Weise aus und senden Sie die Nachricht ab. Bevor diese losgeschickt wird, müssen Sie bei angehängten Bildern entscheiden, ob der Anhang **in Originalgröße oder verkleinert** mitgesendet werden soll ❸. **Achtung:** Nicht alle E-Mail-Postfächer unterstützen große Dateien. Die E-Mail kommt dann entweder gar nicht oder ohne Anhang an. Bei anderen Apps funktioniert das Anhängen von Dateien ähnlich und wird oft über das **Teilen-Symbol** markiert (mehr dazu auf Seite 149).

Sollten Sie selbst eine E-Mail mit Anhang bekommen, erkennen Sie das an der kleinen **Büroklammer** ❹ neben dem Empfänger im Posteingang. Es ist allerdings möglich, dass Sie die Datei nicht öffnen können, da eine entsprechende Anwendung dafür fehlt. Halten Sie die Datei gedrückt, um ihre Optionen herauszufinden. Anders ist es, wenn Sie ein Bild erhalten. Dieses wird direkt in der E-Mail angezeigt – oft auch dann, wenn es nicht als Anhang eingefügt wurde – und dann auch direkt heruntergeladen. Ausnahmen beschreibe ich auf Seite 107 unter ❻. Bilder, die tatsächlich Anhänge sind, werden erst heruntergeladen, nachdem Sie die Datei angetippt haben. Wenn Sie auf das Antworten-Symbol tippen, können Sie das Bild direkt in den Fotoalben abspeichern ❺. Halten Sie das Bild gedrückt, um es zu teilen. Wählen Sie die **Weiterleiten-Option**, wird Sie die E-Mail-App fragen, ob auch der Anhang weitergeleitet werden soll ❻.

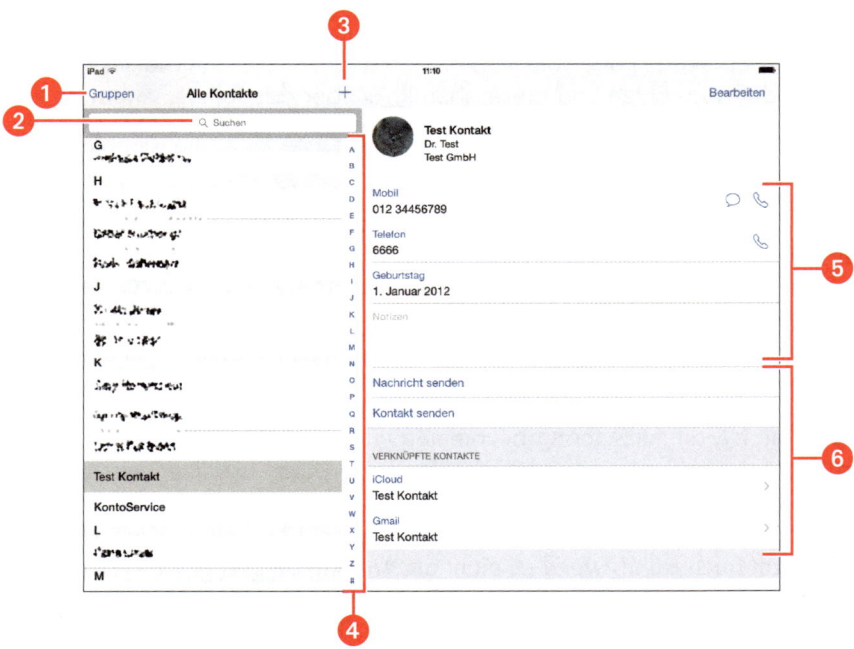

Die Kontakte optimal verwalten und nutzen

Auf Ihrem Home-Bildschirm finden Sie die Kontakte-App, in der Sie Adressen, Telefonnummern etc. Ihrer Freunde, Verwandten und Kollegen notieren können:

1 Bei den **Gruppen** handelt es sich im Endeffekt um den Herkunftsort der Kontakte. Sie können Kontakte von mehreren Accounts oder direkt aus einer Datei importieren. Stellen Sie hier ein, welche Kontaktgruppen angezeigt werden sollen.

2 Hier **durchsuchen** Sie alle Ihre Kontakte.

3 Über das Pluszeichen erstellen Sie einen **neuen Kontakt**.

4 Die Buchstaben sind zu klein, um wirklich ganz gezielt zu einem hinzuspringen, aber wenn Sie die Leiste gedrückt halten, können Sie besonders schnell **hindurchscrollen**.

5 Sie können einem Kontakt **sehr viele Daten** zuordnen – sogar wer mit wem wie verwandt ist (hilfreich für Siri, siehe Seite 289) – sowie jeweils ein Bild aus den Fotoalben hinzufügen.

6 Aus dem Kontakt heraus können Sie zum Beispiel eine **FaceTime-Sitzung** starten, per **E-Mail** oder **iMessage** (siehe Seite 137) verschicken oder FaceTime-Favoriten hinzufügen – für eine besonders schnelle Kontaktaufnahme.

Unter **Einstellungen → Mail, Kontakte, Kalender** haben Sie die Möglichkeit, die Anzeige- und Sortierreihenfolge einzustellen. Bei **Meine Infos** können Sie einen Kontakt hinterlegen, der Ihre eigenen Daten beinhaltet. Das ist ebenfalls hilfreich für Siri und einige andere Apps. Diesen Kontakt können Sie verschicken, wenn Sie jemandem Ihre Kontaktdaten zukommen lassen wollen. Außerdem können Sie hier den Standardaccount, unter dem neue Kontakte abgespeichert werden sollen, festlegen.

Wenn sich auf Ihrer **SIM-Karte** Kontakte befinden, können Sie diese hierüber importieren. Generell handelt es sich bei SIM-Kontakten aber um eine aussterbende Gattung, die oft nicht mehr so ganz mit aktuellen Kontaktformaten kompatibel ist.

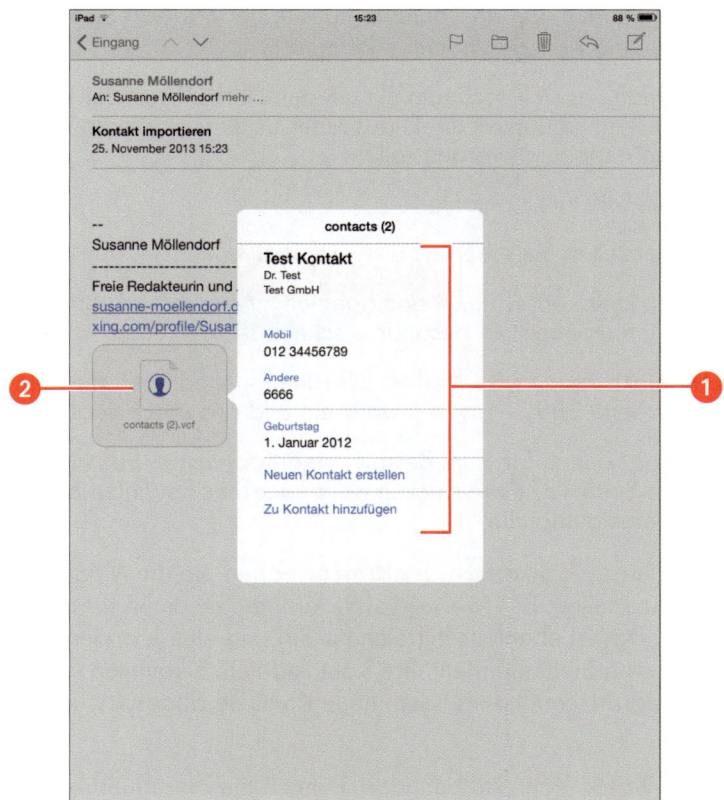

Kontakte importieren

Sollten Sie Kontakte besitzen, die sich nicht über einen Account synchronisieren lassen, können Sie diese bei fast allen E-Mail-Anbietern und -Programmen als vCard exportieren. Diese VCF-Datei können Sie sich zum Beispiel per E-Mail zuschicken. Wenn Sie den Anhang ❶ antippen, haben Sie die Möglichkeit, einen neuen Kontakt aus den Daten zu erstellen oder diese zu einem bestehenden Kontakt hinzuzufügen ❷. Das funktioniert, egal ob sich in der VCF-Datei nur einer oder mehrere Kontakte befinden. Diese Daten können Sie während des Vorgangs anpassen und erweitern. Die Kontakte befinden sich dann aber nur auf Ihrem iPad und werden mit keinem Account synchronisiert.

Es müssen nicht immer Apple-Apps sein

Im App Store finden Sie natürlich auch gute Lösungen, die Anwendungen von Apple ersetzen und Ihnen weitere Möglichkeiten bieten. Bedenken Sie dabei aber immer, dass Funktionen wie das Erstellen von Kontakten und Terminen aus E-Mails meist nur mit den Apps von Apple zusammenarbeiten.

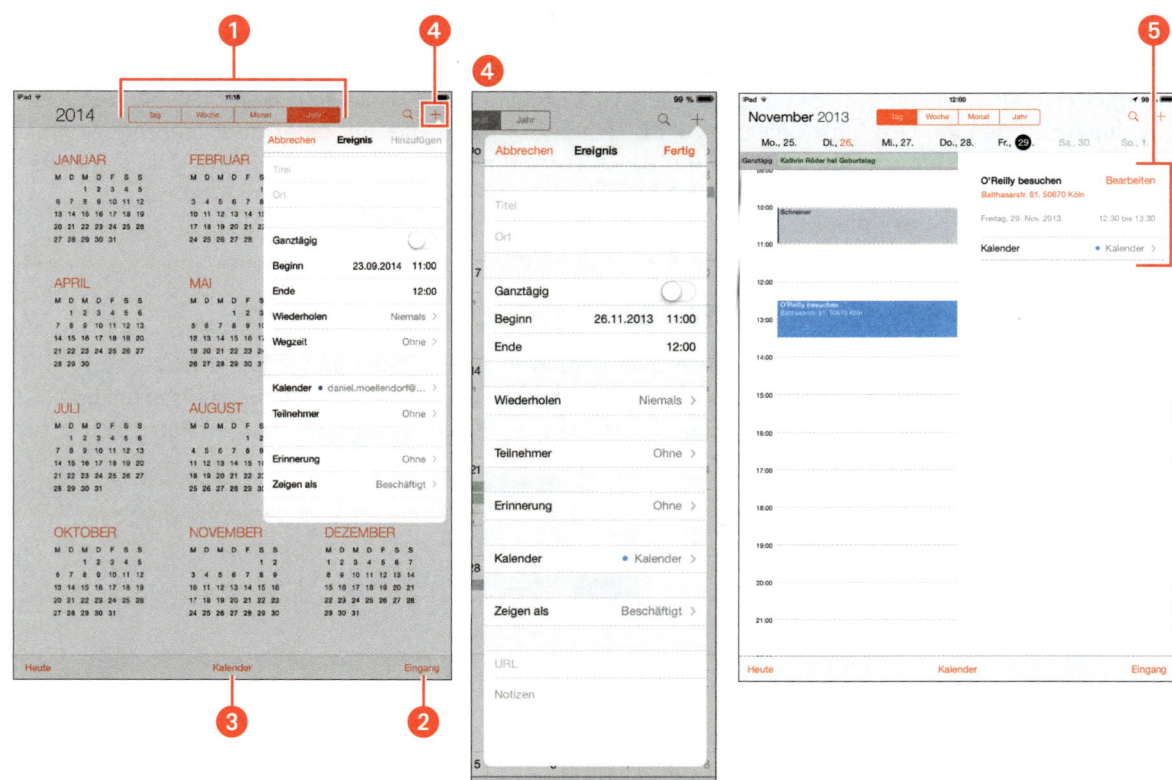

Den Kalender gekonnt verwenden

Egal ob Sie einen bestehenden Kalender benutzen, der zu Ihrem E-Mail-Konto gehört, den iCloud-Kalender von Ihrer Apple-ID oder die offizielle Kalender-App – die Funktionen sind meist ähnlich:

❶ Hier können Sie die **Ansicht** des Kalenders ändern. Bei einem erneuten Öffnen hat sich die Anwendung diese Einstellung gemerkt.

❷ Wenn Sie einen iCloud-, CalDAV- oder Exchange-Kalender nutzen, haben Sie die Möglichkeit, **Einladungen** von Kollegen zu erhalten. Die Taste zeigt dann die Anzahl der Einladungen an, die Sie dort auch annehmen (oder ablehnen) können.

❸ Tippen Sie auf die Kalender-Taste zur **Verwaltung** mehrerer Kalender. Die Einstellungen des iCloud-Kalenders beschreibe ich auf Seite 133.

❹ Wollen Sie einen neuen **Termin** hinzufügen, tippen Sie das Pluszeichen an. Je nach Kalenderart beziehungsweise Anbieter des Kalender-Accounts werden Ihnen jetzt Felder präsentiert, die Sie nach Belieben füllen können.

Geburtstage und andere Jahrestage: Tippen Sie auf die Zeiteinstellungen und wählen Sie dort **Ganztägig** aus. Unter **Wiederholen** können Sie dann noch **Jährlich** einstellen.

❺ Wenn Sie eine vollständige Adresse angeben, können Sie über den Termin die Anwendung **Karten** aufrufen – zum Beispiel zur Orientierung oder gleich für eine Routenplanung. Die Eingabe einer Webadresse führt direkt zu Safari. Das ist besonders praktisch, wenn Sie zum Beispiel einen Termin für mehrere Leute erstellen, mit denen Sie sich beispielsweise in einem Restaurant treffen wollen. Verlinken Sie die Speisekarte und die Adresse direkt mit.

Sie können Termine mit dem Finger verschieben oder antippen und dann über die **Bearbeiten-Taste ändern beziehungsweise ergänzen**. Im Bearbeiten-Modus ist es ebenfalls möglich, den Termin zu **löschen**. Bei Terminen, die sich wiederholen, können Sie entweder einzelne Ereignisse löschen – wenn zum Beispiel ein wöchentliches Treffen einmal ausfällt – oder auch den ganzen Termin und damit alle zukünftigen Daten für den Fall, dass ein regelmäßiges Ereignis wegfällt.

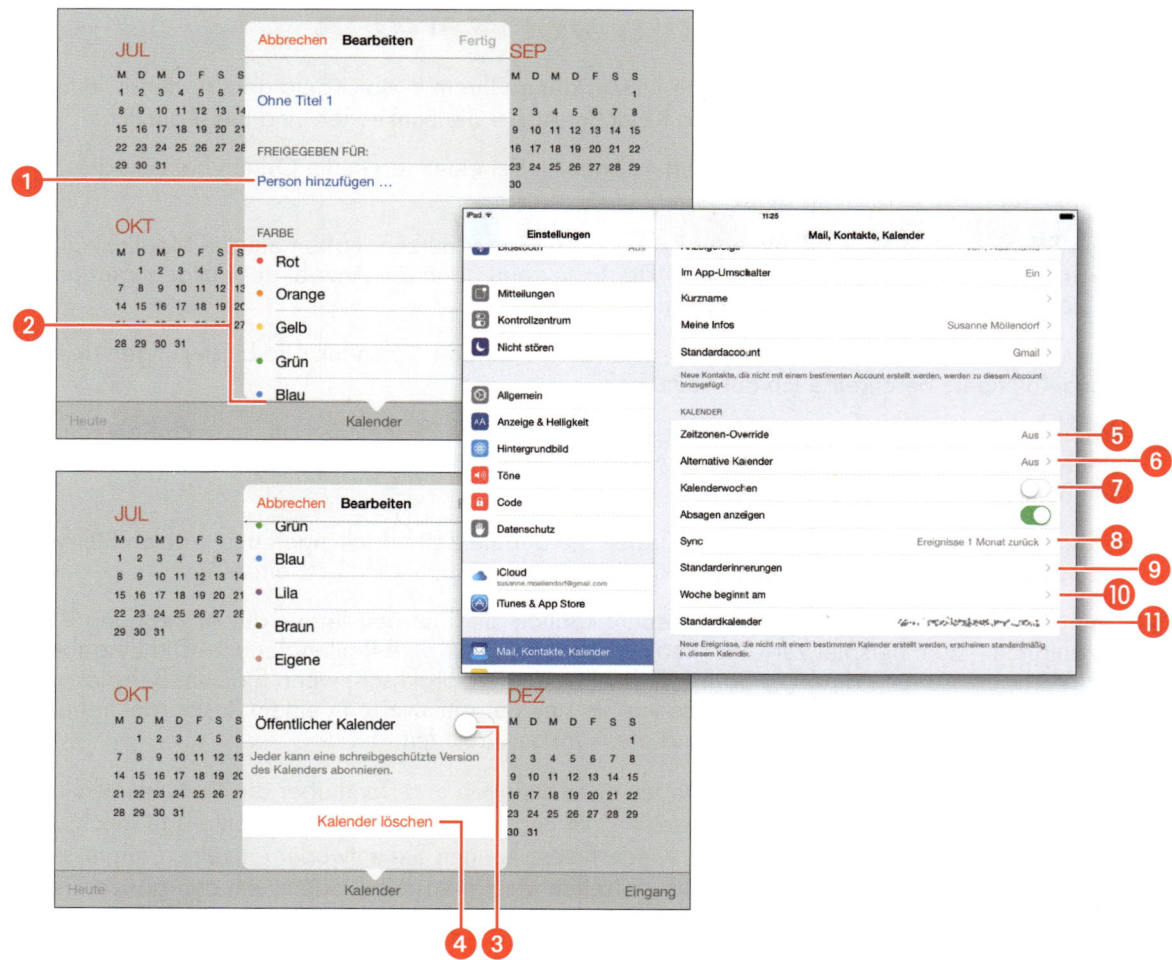

Die Kalendereinstellungen verstehen

Wenn Sie in der unteren Spalte auf **Kalender** tippen, können Sie einige weitere Einstellungen vornehmen:

1 Sie können Ihren iCloud-Kalender allein nutzen oder mit anderen iOS-Nutzern **teilen**.

2 Wenn Sie mehrere Kalender nebeneinander nutzen, können Sie hier eine Farbe vergeben, anhand deren Sie dann die **Termine identifizieren** können, die zu den jeweiligen Kalendern gehören.

3 Stellen Sie diesen Kalender als **öffentlich** ein, kann ihn jeder **abonnieren**. Das bedeutet, jeder kann die Termine sehen, aber nicht bearbeiten.

4 Über Ihre Apple-ID können Sie beliebig viele Kalender besitzen. Wenn einer unnötig geworden ist, löschen Sie ihn hier. Über **icloud.com** erstellen Sie neue Kalender. Dort finden Sie auch weitere Einstellungsmöglichkeiten, die Ihnen die Handhabung des iCloud-Kalenders erleichtern.

5 Unter **Einstellungen** → **Mail, Kontakte, Kalender** finden Sie weitere Optionen. Hier können Sie festlegen, ob Sie die Zeitzone des Ortes, in dem Sie sich gerade befinden, nutzen wollen oder eine fest eingestellte Zone.

6 Sollten Sie den hebräischen, chinesischen oder islamischen Kalender bevorzugen, können sie das jeweils hier einstellen.

7 Aktivieren Sie diese Option, um in der Wochenansicht des Kalenders die jeweilige Kalenderwoche angezeigt zu bekommen.

8 Sollten Sie vergangene Termine häufig einsehen müssen, stellen Sie hier den Zeitrahmen dafür ein.

9 Hier können Sie separat einstellen, wann Sie an **Geburtstage** und andere ganztägige Ereignisse standardmäßig erinnert werden wollen. Sie können für solche Ereignisse aber auch in jedem Termin manuell separate Erinnerungen setzen.

10 Wenn für Sie die Woche nicht am Montag, sondern am Sonntag beginnt, ändern Sie das hier.

11 Stellen Sie hier ein, zu welchem Kalender ein neuer Termin standardmäßig hinzugefügt werden soll. Das können Sie bei jedem Termin aber auch immer wieder ändern.

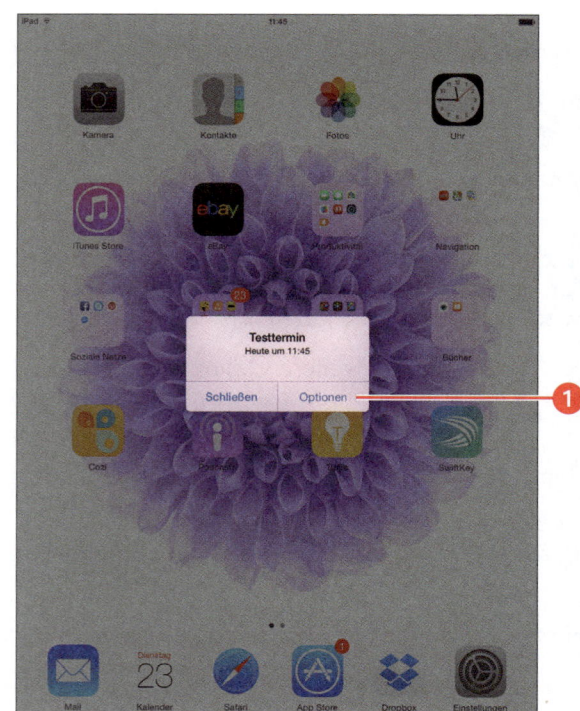
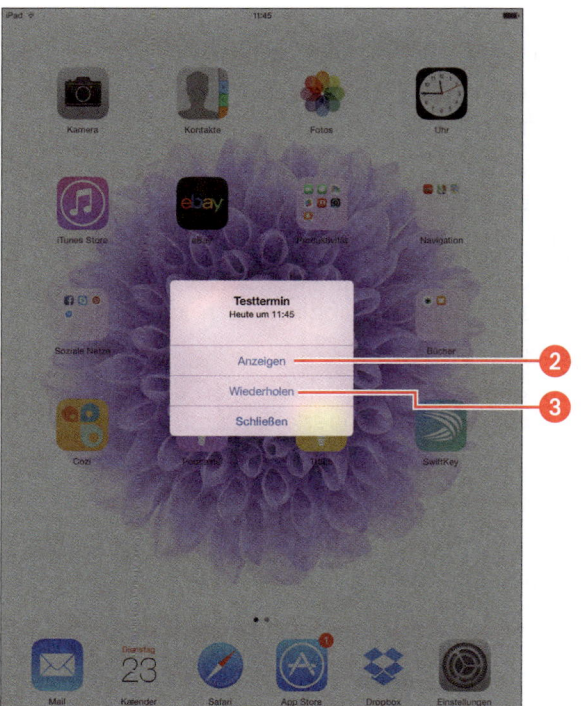

Nie mehr einen Termin verpassen

Jetzt haben Sie zwar Termine in Ihrem Kalender stehen, aber wie richten Sie ihn am besten ein, damit Sie diese nicht vergessen? Wie auf den letzten beiden Seiten beschrieben, können Sie ganz gezielt Erinnerungen einstellen. Besonders vergessliche Zeitgenossen können sich sogar mehrmals über Tage und Wochen verstreut erinnern lassen. Wie so oft, hängt das mal wieder vom Anbieter ab. Wenn dann die Erinnerung fällig ist, erscheint ein Pop-up-Fenster, und es erklingt – so nicht anders eingestellt (siehe Seite 87) – ein Ton. Sofern Sie sich nicht gerade im Sperrbildschirm befinden, können Sie das Fenster schließen oder über **Optionen ❶ öffnen ❷** beziehungsweise den Hinweis nach einigen Minuten **wiederholen ❸** lassen. Ansonsten rufen Sie die Mitteilungszentrale (siehe Seite 85) auf, um schnell auf den Termin zugreifen zu können. Dort werden übrigens auch immer anstehende Termine für die nächsten Tage angezeigt – es sei denn, Sie haben diese Option deaktiviert.

Feiertage und Schulferien schnell zum Kalender hinzufügen

Für allgemeine Termine eignet sich das Datenformat iCalendar, mit dem Sie Termine abonnieren, aber nicht anpassen können. Das ist perfekt für Feiertage, Schulferien, Konzerttermine und vieles mehr. Hinter dem QR-Code verbergen sich Feiertage, die Sie ganz schnell und einfach nach Bundesländern zusammenstellen können. Weitere iCalendar-Termine finden Sie per Websuche. Wenn Sie einen privaten iCalendar in Ihren Kalender laden wollen, können Sie sich die entsprechende ICS-Datei per E-Mail zuschicken lassen, und diese wird mit einem Klick aus der Nachricht heraus direkt in den Kalender importiert.

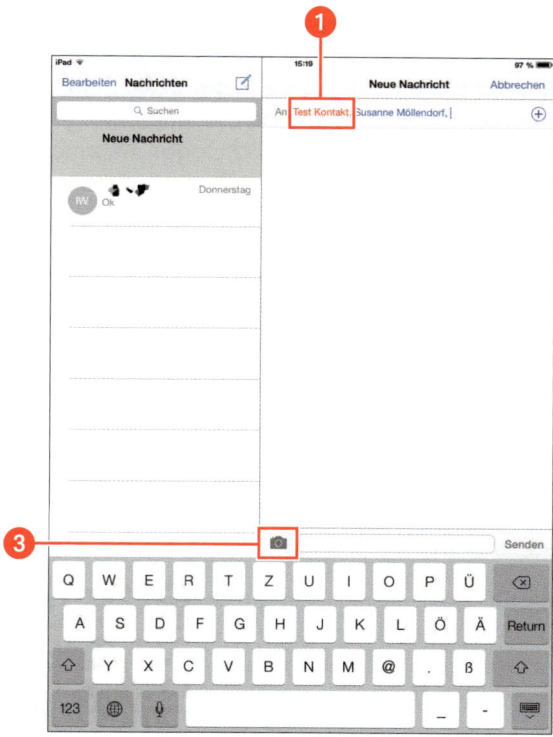

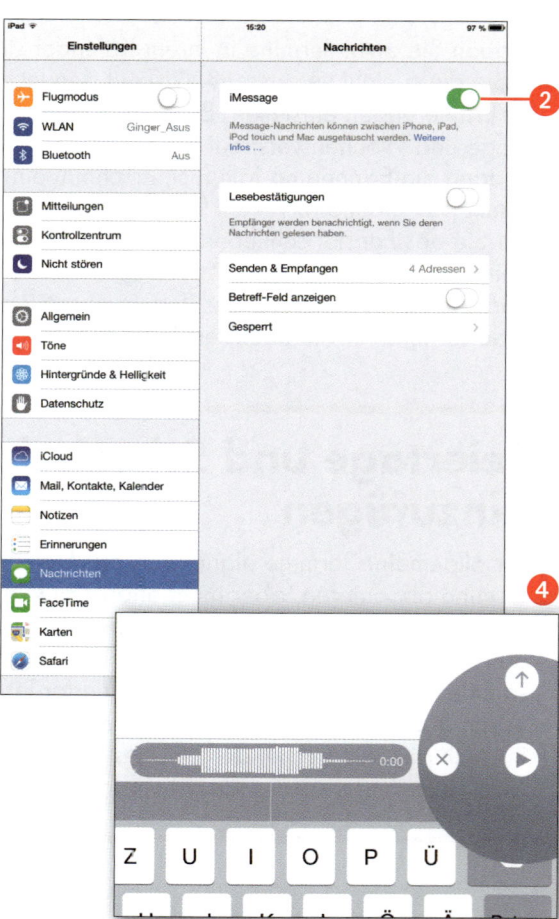

Mit iMessage Kurznachrichten schreiben

Wenn Sie auch ein iPhone besitzen, wissen Sie bereits, dass es sich bei iMessage um den kostenlosen Apple-Kurznachrichtendienst handelt. Ähnlich wie bei einer normalen SMS beziehungsweise MMS können Sie hier Nachrichten und Bilder austauschen. Allerdings gibt es keine Größenbeschränkung, und Sie können nur mit anderen iOS- oder Mac OS-Nutzern darüber kommunizieren. Sofern Sie iMessage noch nicht aktiviert haben, tippen Sie auf das Symbol auf Ihrem Home-Bildschirm, unter dem **Nachrichten** steht, und legen Sie fest, mit welchen E-Mail-Adressen (und eventuell auch Handynummern, sofern Sie iMessage auch auf dem iPhone nutzen) Sie Nachrichten erhalten wollen. Wenn Sie dann eine neue Nachricht erstellen, erkennen Sie an der Farbe des Kontakts, ob der Empfänger ebenfalls iMessage nutzt ❶. Ein roter Kontakt wird Ihre Nachricht nicht erhalten. Unter **Einstellungen** → **Nachrichten** ❷ können Sie die Funktion wieder deaktivieren oder ändern, über welche Kontaktdaten Sie erreicht werden wollen. Wenn Sie ein Bild per iMessage verschicken möchten, können Sie es über das Kamerasymbol ❸ neben dem Texteingabefeld entweder direkt aufnehmen oder aus den Alben heraussuchen.

Über das kleine Mikrofon neben der Textzeile können Sie durch Gedrückthalten den Text, den Sie senden wollen, auch einsprechen und mit einem Wischen nach oben sofort absenden. Mit dem Pfeil können Sie die Audiodatei vorher anhören und über X wieder löschen ❹. Wenn Sie sich die Nachrichten bei Erhalt per Sofortmitteilung anzeigen lassen und schnell antworten wollen, stellen Sie dies wie auf Seite 81 beschrieben ein. Sobald die Nachricht erscheint, können Sie diese antippen und die Antwort sofort schreiben beziehungsweise sprechen, ohne die dazugehörige App öffnen zu müssen.

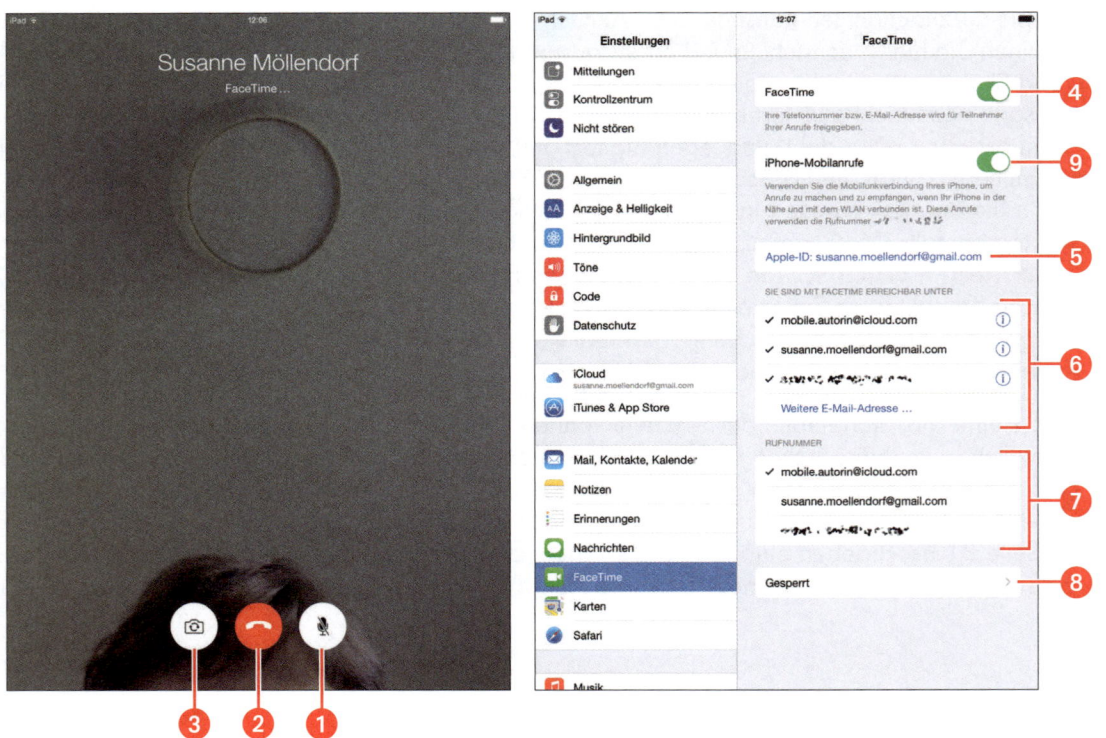

Videotelefonie mit FaceTime

Um FaceTime für **Videotelefonie** zu nutzen, braucht Ihr Gegenüber ebenfalls ein iOS-Gerät mit einer Frontkamera. Die ist verfügbar ab dem iPhone 4, dem iPad 2 oder auch an einem entsprechenden Mac. Sie starten FaceTime entweder direkt über die App auf dem Home-Bildschirm oder aus einem Kontakt heraus (mehr auf Seite 127). Sofern Ihr Gesprächspartner ein FaceTime-fähiges Gerät benutzt, bekommt er eine Anfrage. Sobald die Verbindung zustande gekommen ist, sehen Sie Ihr Gegenüber im Vollbild, und oben links wird die Ansicht gezeigt, die Sie Ihrem Gesprächspartner schicken. Sie können auf **stumm** schalten ❶, den Anruf **beenden** ❷ oder, um etwas Bestimmtes zu zeigen, die Ansicht auf die **Rückkamera** Ihres Tablets umstellen ❸. Standardmäßig ist FaceTime aktiviert. Zur **Deaktivierung** ❹ gehen Sie zu **Einstellungen** → **FaceTime**. Hier können Sie bestimmen, mit welcher Apple-ID Sie es verwenden wollen ❺. Nutzen Sie FaceTime auch auf dem iPhone, können Sie hier neben diversen E-Mail-Adressen, über die Sie per FaceTime kontaktiert werden wollen, auch die Telefonnummer angeben, mit der das Smartphone verknüpft ist ❻. Das größere Display des iPads eignet sich natürlich besser für Videotelefonie als das des iPhones. Die **Rufnummer** ❼ ist das, was vor dem Zustandekommen des Anrufs an Ihr Gegenüber übermittelt wird, wenn Sie einen Anruf starten. Ist Ihr iPad UMTS-fähig, haben Sie hier die Möglichkeit, abzustellen, dass FaceTime über Mobilfunkdaten nutzbar ist. Ganz unten können Sie festlegen, von welchen Kontakten Sie nicht per FaceTime kontaktiert werden möchten ❽.

Ganz neu ist die Option, mit der man Anrufe per Mobilfunk vom iPhone auf das iPad übertragen kann ❾. Aktivieren Sie hierfür die Funktion iPhone-Mobilanrufe. Nun können Sie mit dem iPad in Ihre Kontakte gehen und dort Nummern über das Telefonsymbol anrufen – sofern iPhone und iPad im selben WLAN sind und jeweils iOS 8 installiert ist.

Für noch mehr Videotelefonie – zum Beispiel mit Personen, die keine Apple-Produkte nutzen – lesen Sie auf Seite 141 weiter, wo ich den Onlinedienst **Skype** erkläre.

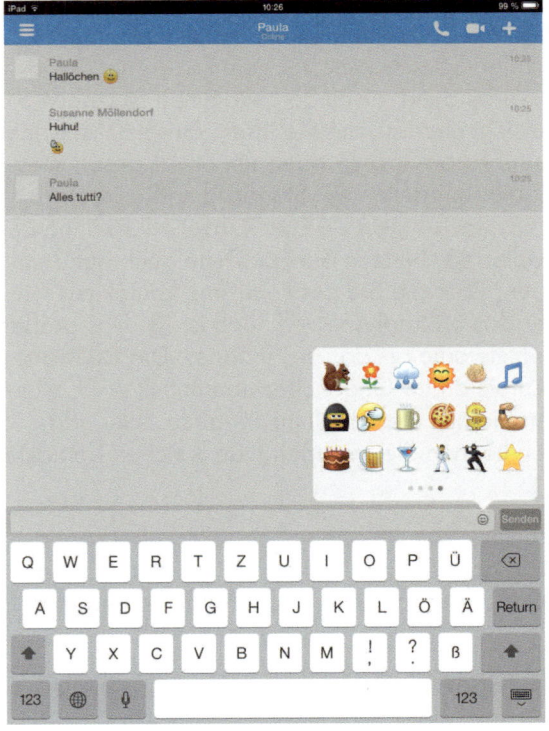

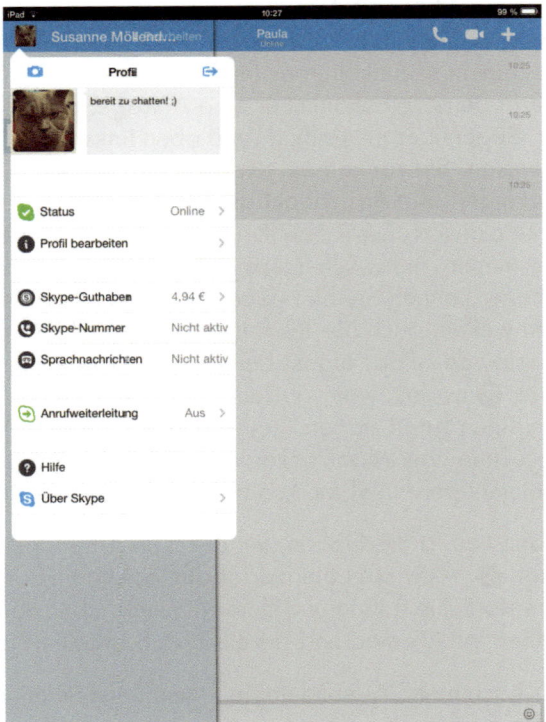

Mit Skype chatten und telefonieren

Skype vereint viele nützliche Funktionen: Sie können mit anderen Skype-Mitgliedern kostenlos chatten und telefonieren (mit und ohne Video) sowie gegen Gebühr auf Handys und Festnetztelefonen weltweit anrufen. Damit wird Ihr iPad zum vollwertigen Telefon. Das lohnt sich besonders, wenn Sie viel im Ausland unterwegs sind. Sie können nämlich Anrufpakete für einzelne Länder, Ländergruppen oder die ganze Welt buchen. Separat gibt es die Möglichkeit, eine Onlinenummer inklusive Anrufbeantworter zu buchen, mit der Sie in aller Welt von Handys und Festnetznummern aus erreichbar sind. Zudem ist Skype mit Windows, Mac OS, Linux, Android, Windows Phone und mehr kompatibel. Selbst wenn Ihnen Ihr iPad verloren geht, können Sie auf anderen Geräten Ihr Guthaben oder Abo weiterhin nutzen. Weltweit bietet Skype über eine Million WLAN-Hotspots an, die Sie mit Ihrem Guthaben nutzen können. Damit Sie mitbekommen, dass jemand Sie per Skype kontaktiert, ist es wichtig, dass Sie, wie auf Seite 81 beschrieben, die richtigen Mitteilungseinstellungen vornehmen und unter **Einstellungen → Skype** festlegen, dass Sie nie **Offline gehen** wollen.

Persönlich nutze ich Skype sehr gern zum Chatten. Die verfügbaren Emoticons sind klasse, und ich kann problemlos Bilder in den Chat laden. Das ist im Gegensatz zum Telefonieren kostenlos, und mein Gegenüber kann jedes der oben genannten Betriebssysteme nutzen. Eine tolle und unkomplizierte Möglichkeit, um in Kontakt zu bleiben.

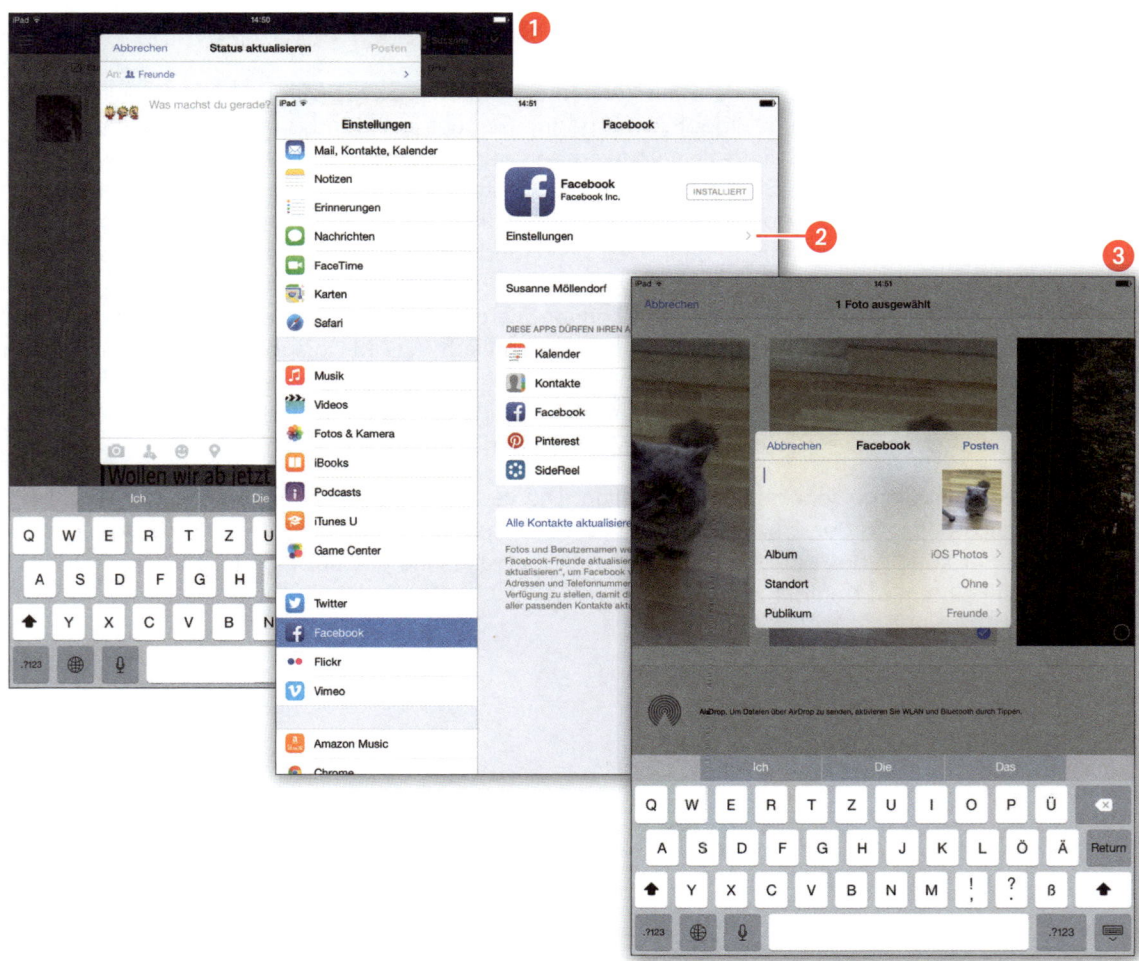

Per Facebook Bilder, Webseiten und mehr teilen

Man kann an Facebook und seiner schlechten Bedienbarkeit sowie seinen Einstellungen viel aussetzen, aber beim Posten von Bildern ❶ und Statusmeldungen per iPad macht es sich ganz hervorragend. Das soziale Netzwerk verdankt diese hohe Kompatibilität dem Umstand, dass es fest in iOS integriert ist. Öffnen Sie **Einstellungen → Facebook** ❷, installieren Sie die App und loggen Sie sich ein. Hier können Sie noch einige Einstellungen vornehmen. Weitere Optionen finden Sie in der App selbst. Sie können die App natürlich auch direkt aus dem App Store installieren und die Einstellungen hier ignorieren, aber dann können Sie keine Bilder ❸, Texte und Webseiten direkt über die Teilen-Funktion posten. Dafür müssen Sie sich, wie bei ❷ beschrieben, dort eingeloggt haben. Wie das Teilen genau funktioniert, erkläre ich auf Seite 149. Die App selbst lässt sich im Endeffekt genauso bedienen wie die Webseite. Achten Sie aber darauf, dass Ihre Facebook-Kontakte automatisch in der Kontakte-App erscheinen, wenn Sie das nicht unter **Einstellungen → Facebook** deaktivieren.

Den Facebook-Account für die Anmeldung in Apps nutzen

Es empfiehlt sich, einen Facebook-Account einzurichten, da Sie sich mit diesem bei vielen heruntergeladenen Apps anmelden können. Das geht schnell und hilft Ihnen, die Übersicht über eigene Konten zu behalten. Es ist auch nicht nötig, dass Sie mit dem Facebook-Account etwas anderes machen, als Ihre Log-ins damit zu verwalten.

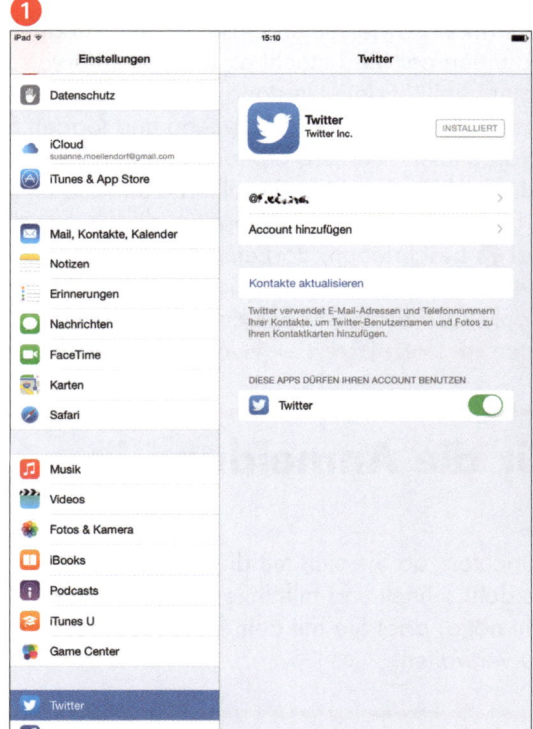

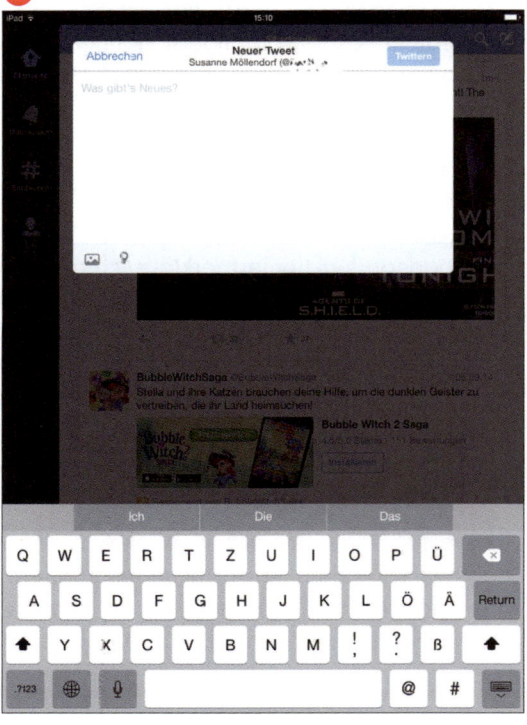

Per Twitter Statusmeldungen posten

Ähnlich wie Facebook ist auch die Twitter-App fest in iOS 8 eingebunden. Sie können unter **Einstellungen** → **Twitter** ❶ Ihre Log-in-Daten eingeben, damit Sie zum Beispiel Bilder aus den Alben posten können. Die App selbst bietet alle Funktionen der Webseite gut strukturiert an ❷. Bedenken Sie, dass Sie sich hier sowohl über die Einstellungen als auch über die App einloggen müssen, um alle Möglichkeiten des iPads in Verbindung mit Twitter nutzen zu können.

Videos mit YouTube Capture hochladen

Wenn Sie einen Google-Account besitzen, können Sie die offizielle Google-App **YouTube Capture** herunterladen und sich dort anmelden. Alternativ ist es natürlich auch möglich, sich in der App einfach ein Konto zu erstellen. Danach sind es von der Aufnahme eines Videos bis zum Hochladen auf YouTube nur noch zwei Schritte und wenige Sekunden. Wenn Sie wollen, können Sie noch einen Zwischenstopp einlegen und das Video in der App grob zuschneiden. Das Ganze ist für Laien entwickelt und könnte von der Bedienbarkeit kaum einfacher sein. Aber Achtung: Je nachdem, welches iPad Sie nutzen, wird die Qualität des Videos wahrscheinlich nicht sehr gut sein – siehe auch Seite 15, wo ich die Unterschiede zwischen den einzelnen Geräten erkläre.

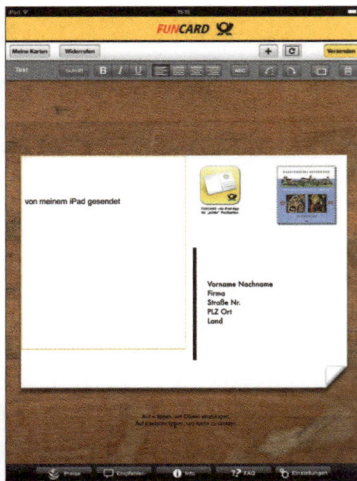

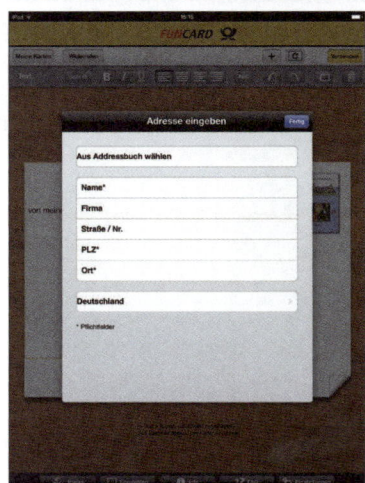

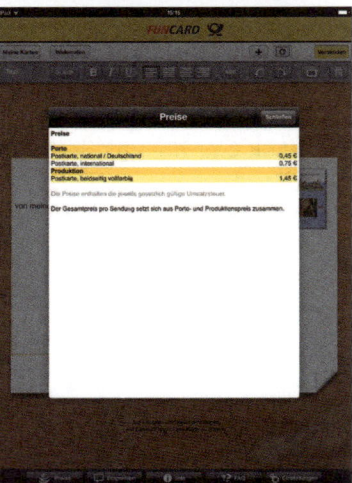

Postkarten und E-Cards schreiben

Mit der Anwendung **Funcard** von der Deutschen Post können Sie Postkarten gestalten und diese weltweit als reale Karten verschicken. Dabei lassen sich selbst geschossene Bilder in Vorlagen, die Sie je nach Anlass gestalten können, einfügen und mit Zeichnungen oder Sprechblasen versehen. Anschließend verfassen Sie ein paar Grußworte und geben – idealerweise direkt aus den Kontakten – Absender und Empfänger ein. Die Produktion der Postkarte kostet immer 1,45 Euro, und zum Versenden kommt das Porto für Deutschland (0,45 Euro) oder das Ausland (0,75 Euro) hinzu. Außerdem können Sie ein Versanddatum festlegen und damit nie mehr die Weihnachtspost vergessen! Bezahlt wird per Kreditkarte, PayPal oder ClickandBuy.

Ganz umsonst: E-Cards!

Kostenlos sind hingegen digitale Postkarten, die Sie per E-Mail verschicken. Suchen Sie dafür im App Store einfach mal nach **ecards** und installieren Sie sich eine der kostenlosen Anwendungen. Sie können natürlich auch die ab Seite 233 beschriebenen Bildbearbeitungsprogramme nutzen, aber E-Card-Apps sind im Zweifelsfall schneller zugänglich.

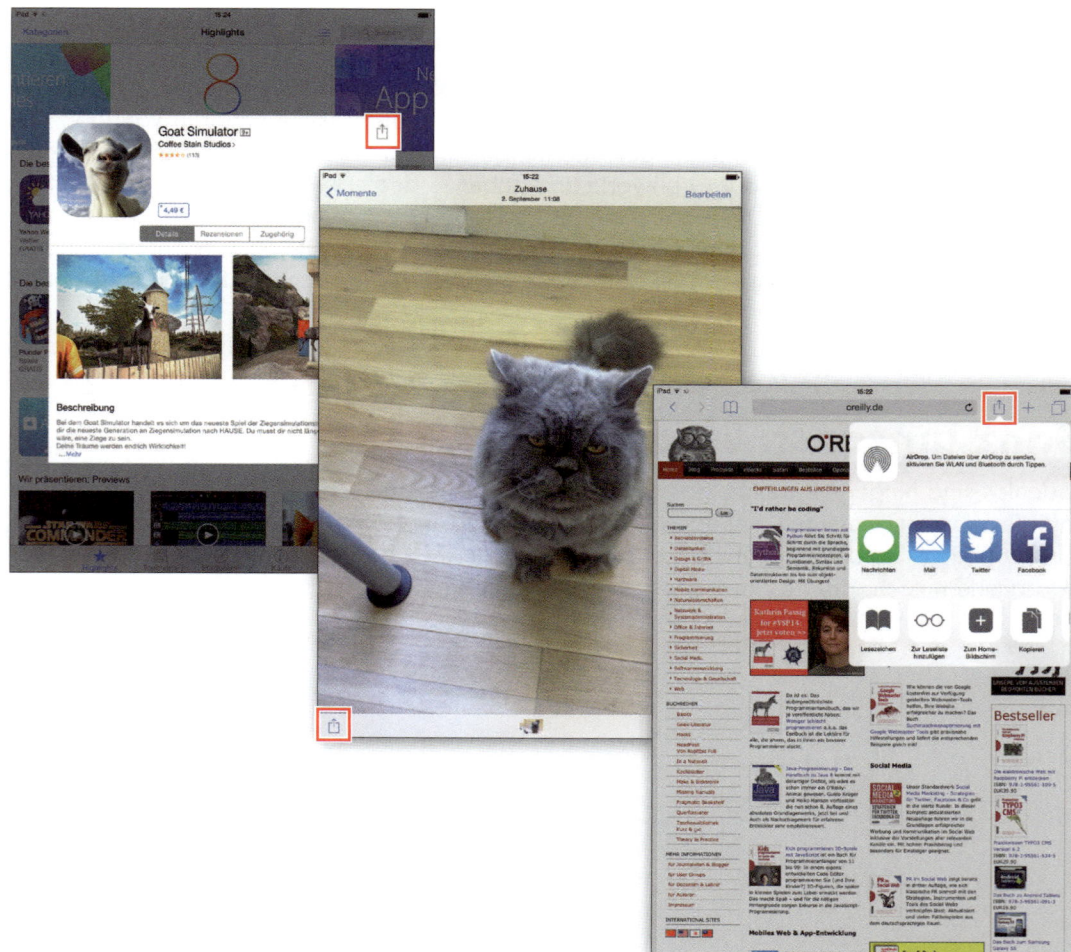

Andere teilhaben lassen: So teilen Sie Inhalte

Mit Ihrem iPad können Sie Freunde, Verwandte und den Rest der Welt an fast allem, was Sie tun, teilhaben lassen. Diesen Teilen-Vorgang starten Sie üblicherweise über das Pfeilsymbol (siehe Kästen in den Abbildungen). Das bedeutet, dass Sie Fotos, Webseiten, Orte und vieles mehr über E-Mail, Kurznachricht oder zum Beispiel Facebook (siehe Seite 143) verbreiten können. Wenn Sie im App Store eine tolle App finden, die perfekt ist für jemanden, den Sie kennen, teilen Sie den Link einfach per E-Mail. Ich »beglücke« meine Facebook- und Skype-Freunde zum Beispiel oft mit Fotos meiner Katzen, die ich soeben aufgenommen habe, oder verschicke gleich ganze Alben per Fotostream (Seite 153) an meine Verwandten. Einen Schritt weiter geht man mit einem aufgenommenen Foto, das man per iPad auf eine reale Postkarte drucken lässt (siehe Seite 147), oder einem Zitat aus einem E-Book, das man auf Twitter postet (Seite 145). Aber Achtung: Nicht jeder möchte ständig mit Tierfotos oder Aufnahmen Ihres Abendbrots bombardiert werden. Überlegen Sie daher immer gut, was Sie wo und wie dem Internet zur Verfügung stellen – zumal jeder, der Zugriff darauf hat, Ihre Bilder etc. kopieren und unkontrolliert verbreiten kann.

Hinter dem Teilen-Symbol finden Sie auch die **AirDrop-Funktion**, auf die ich als Nächstes eingehe.

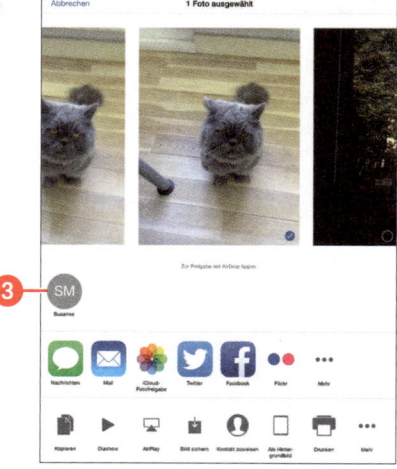

Von iOS zu iOS: mit AirDrop Inhalte tauschen

Wenn Sie mit jemandem, der ebenfalls ein iOS-Gerät besitzt und sich damit in direkter Nähe befindet, ein Bild, einen Kontakt, eine Webseite oder Ähnliches teilen wollen, können Sie dafür nun AirDrop nutzen. Diese Technik funktioniert nur mit iOS, und während des Tauschens müssen WLAN und Bluetooth aktiviert sein.

❶ Sie aktivieren **AirDrop** über das Kontrollzentrum (siehe Seite 43). Legen Sie hier fest, ob Sie nur von Ihren Kontakten darüber kontaktiert werden möchten oder von allen, die Ihr Signal empfangen können.

❷ Wenn Sie nun zum Beispiel ein Foto auswählen und anschließend auf das Teilen-Symbol (siehe Seite 149) tippen, wird das **AirDrop-Symbol** blau dargestellt.

❸ Sobald sich jemand anderer in der Nähe befindet, bei dem AirDrop aktiviert ist, ersetzt dieser das AirDrop-Symbol. Tippen Sie den richtigen Namen an, und Ihr Foto wird auf das Gerät des anderen gesendet und dort angezeigt ❹. Er kann das Foto annehmen, dann wird es in den eigenen Aufnahmen gespeichert, oder ablehnen.

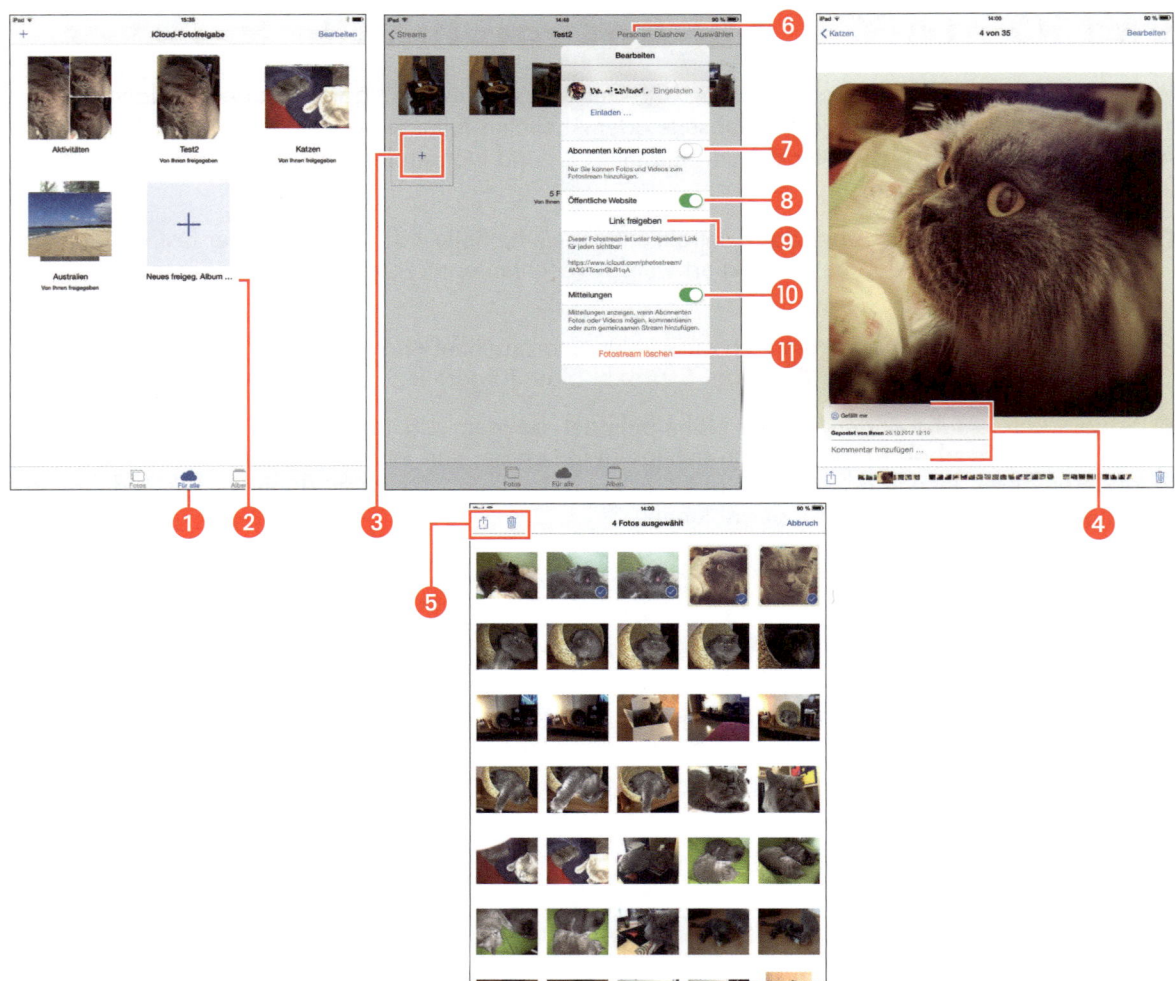

Freigegebene Streams zum Teilen von Fotos nutzen

In der **Fotos**-App von Apple gibt es ganz unten in der Mitte die Rubrik **Für alle** ❶, in der Sie die **iCloud-Fotofreigabe** finden – nicht zu verwechseln mit **Mein Fotostream**, das ich auf Seite 241 erkläre. Hier können Sie Bilder und Videos, die sich auf dem iPad befinden, einem neuen ❷ oder bestehenden Stream hinzufügen, indem Sie auf das Pluszeichen im Anschluss an das letzte Bild tippen ❸. Wenn Sie nun ein einzelnes Bild antippen, können Sie es als Favoriten markieren und einen Kommentar hinzuschreiben sowie später die Anmerkungen anderer sehen ❹. Zusätzlich besteht die Möglichkeit, mehrere Bilder auf einmal zu teilen oder zu löschen ❺.

Wenn der Stream fertig ist, können Sie über das Feld **Personen** ❻ entweder andere iOS-Nutzer hinzufügen oder Ihnen erlauben, Fotos oder Videos zu ergänzen ❼. Für Nicht-iOS-Nutzer besteht die Möglichkeit, den Stream im Internet zu veröffentlichen ❽ und über **Link freigeben** ❾ die entsprechende Webadresse zu teilen. Hier können allerdings keine Kommentare abgegeben werden, und die Bilder sind für jeden, der den Link hat, sichtbar und damit auch kopierbar.

Ganz unten können Sie die **Mitteilungen** aktivieren, damit Sie wissen, wenn ein eingeladener Abonnent des Streams kommentiert oder selbst etwas hochgeladen hat ❿. Außerdem können Sie den kompletten Stream hier löschen ⓫.

Dropbox nutzen, um Dateien zu teilen

Dropbox ist eine absolute Must-have-App, die zu großen Teilen kostenlos ist. Mit diesem Cloud-Speicherdienst haben Sie von allen Geräten (PC, Mac, Linux, Android, iOS und mehr) Zugriff auf alle Daten, die sich in Ihrem Dropbox-Ordner befinden. Den kostenlosen Speicherplatz von 2 GByte können Sie durch bestimmte Aktionen auf 18 GByte und mehr erweitern. Einfacher geht es natürlich, diesen für eine monatliche Gebühr ab 10 Dollar zu erwerben. Sie können hier aber nicht nur Daten verwalten, sondern auch mit Freunden teilen – egal ob Sie jemandem eine einzelne Datei oder einen ganzen Ordner mit Urlaubsfotos zukommen lassen möchten. Außerdem können Sie Dropbox so einstellen, dass alle neuen Fotos automatisch hochgeladen werden.

❶ In der Übersicht aller Dateien und Ordner, die sich in Ihrer Dropbox befinden, haben Sie Zugriff auf weitere Optionen, indem Sie eine Datei antippen. Diese können Sie dann per E-Mail, Kurznachricht oder kopierten Link mit anderen **teilen**. Wenn Sie ganze Ordner freigeben möchten, müssen Sie sich dafür an einem Rechner über einen Browser einloggen.

❷ Dateien, die Sie als **Favoriten** markieren, werden physisch auf das iPad geladen und sind dann auch ohne Internet zugänglich. Auf diese Weise können Sie zum Beispiel Videos und Bilder in den Fotoalben abspeichern. Sind die Videos zu groß, kann es allerdings schon mal passieren, dass die Dropbox-App abstürzt. Wenn Sie solche Videos auf das Tablet kopieren möchten, versuchen Sie es, wie auf Seite 191 beschrieben, über die iTunes-Mediathek. Allerdings können Sie sich diese Videos dann nur in der App **Videos** anschauen und nicht über die **Fotoalben**, deswegen ist auch eine Bearbeitung zum Beispiel mit iMovie (Seite 237) nicht möglich.

❸ Hier **löschen** Sie die angezeigte Datei.

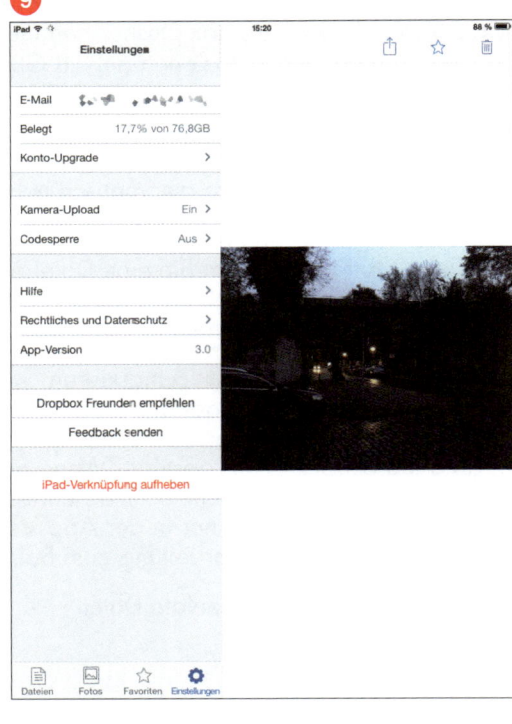

Dropbox nutzen (Fortsetzung)

❹ Wenn Sie Fotos, Screenshots oder andere sich auf dem iPad befindende Dateien in Ihre Dropbox laden möchten, tippen Sie oben rechts auf die drei Punkte und dann auf **Upload**. Das ausgesuchte Bild wird anschließend in den Ordner hochgeladen, der gerade angezeigt wird.

❺ Hiermit können Sie den Link zum angezeigten Ordner mit anderen Personen per E-Mail & Co. **teilen**.

❻ Über **Dateien** geht es zurück zur Dateiübersicht und immer einen Ordner weiter zurück.

❼ Hinter diesem Symbol finden Sie alle **Fotos**, die sich in der Dropbox befinden. Sie können sie auch mit anderen teilen.

❽ Hier finden Sie alle Dateien, die Sie als **Favoriten** markiert haben (siehe ❷ auf der vorherigen Seite).

❾ Hier geht es zu den **Einstellungen** und dem automatischen Hochladen von Bildern: Um neue Fotos direkt hochzuladen, aktivieren Sie die Option **Kamera-Upload**. So sind Ihre Freunde, denen Sie den entsprechenden Ordner freigegeben haben, zum Beispiel über Ihren Urlaub stets auf dem Laufenden.

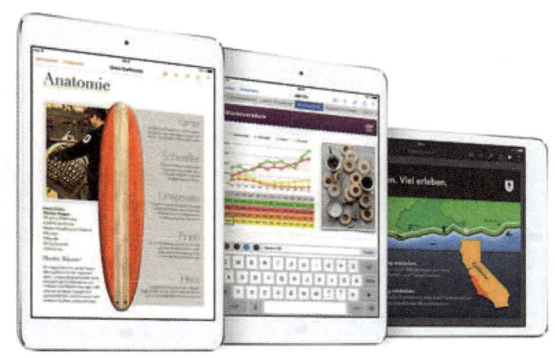

Bildquelle: apple.com

Kapitel 6 | Den App Store nutzen

Bei Apps handelt es sich um einzelne Programme, die auf Ihrem iPad die unterschiedlichsten Funktionalitäten anbieten. Die vorinstallierten Apps decken bereits einen Großteil der Fähigkeiten des Tablets ab. Darüber hinaus können Sie im App Store Tausende weiterer Anwendungen herunterladen, die dem iPad dann auch in den abwegigsten Situationen das letzte bisschen Funktionalität entlocken. Ich erkläre hier, wie Sie sich im App Store orientieren, worauf Sie vor dem Download achten müssen und wie Sie die installierten Anwendungen immer aktuell halten.

Eine iTunes-Karte oder einen App-Code einlösen

Wenn Sie auf der Startseite von App Store, iTunes oder iBook Store ganz nach unten wischen, finden Sie in der Mitte die Einlösen-Taste. Hier können Sie die Codes eingeben, die sich hinten auf Karten mit iTunes-Guthaben befinden. Download-Codes, wie man Sie oft in Magazinen als Beilage findet, kommen hier ebenfalls rein. Damit der entsprechende Inhalt installiert wird, müssen Sie dann nur noch Ihr Apple-ID-Passwort angeben.

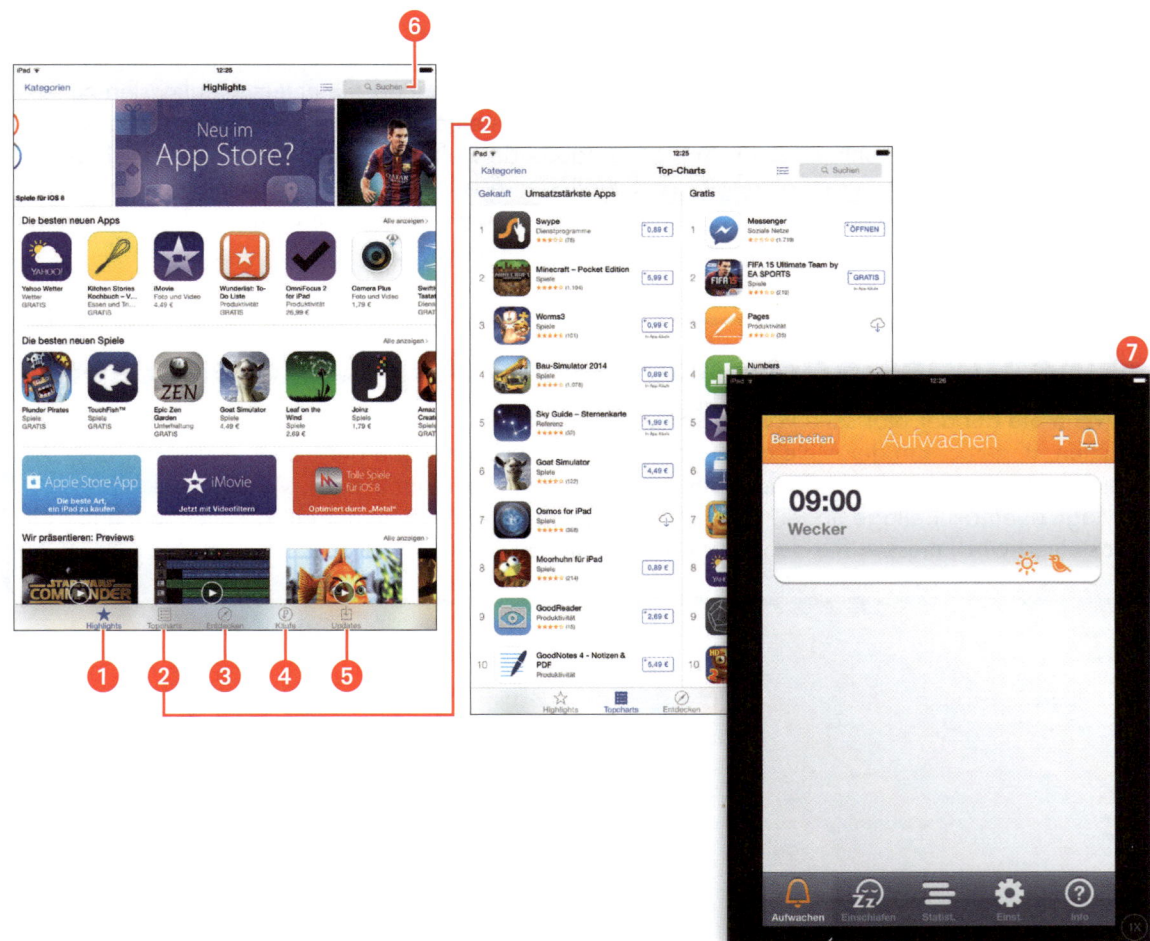

Sich im App Store zurechtfinden

Der App Store bietet so viele Anwendungen zum Kaufen oder kostenlosen Download an, dass es gar nicht so einfach ist, einerseits die Übersicht zu bewahren und andererseits die passende App zu finden.

❶ Wenn Sie den Store das erste Mal öffnen, landen Sie bei den Highlights. Es handelt sich hierbei um eine Auswahl von aktuellen, beliebten und neuen Apps, die nach bestimmten Kriterien sortiert sind: **Neu und beachtenswert**, **Apps für dein neues iPad** und so weiter. Sowohl die prominenten Empfehlungen ganz oben als auch die einzelnen Kategorien können Sie mit dem Finger nach rechts und links wischen. Noch mehr Apps sehen Sie, wenn Sie das entsprechende **Alle anzeigen** auswählen. Ganz oben können Sie sich die Highlights weiterer Kategorien anzeigen lassen, indem Sie auf **Mehr** tippen.

❷ Tippen Sie auf **Topcharts**, wird Ihnen eine Liste der meistverkauften Apps sowie der beliebtesten Gratis-Apps angezeigt. Diese können Sie sich ebenfalls ganz oben nach Kategorien anzeigen lassen.

❸ In der Rubrik **Entdecken** finden Sie in der Regel nur Apps der öffentlichen Verkehrsdienste und örtlichen Tageszeitungen.

❹ Über Ihre **Käufe** (die auch die kostenlos heruntergeladenen beinhalten) erzähle ich auf Seite 181 mehr.

❺ Wie Sie Ihre Apps immer auf dem neuesten Stand halten, erfahren Sie auf Seite 169.

❻ Oben rechts finden Sie fast immer das **Durchsuchen**-Feld. Wenn Sie nicht lange im App Store herumwischen wollen, geben Sie hier einfach ein entsprechendes Suchwort ein.

❼ Die Suchergebnisse sind sortiert nach Apps, die für das iPad angepasst sind, und solchen, die zwar auf dem iPad laufen, aber für das kleinere iPhone-Display entwickelt wurden. Solche Apps können Sie zwar bedenkenlos installieren, sie werden aber auf die Größe des iPad-Bildschirms hochgerechnet und sind dementsprechend unscharf. Daher empfehle ich, Apps fürs iPad wenn möglich immer zu bevorzugen.

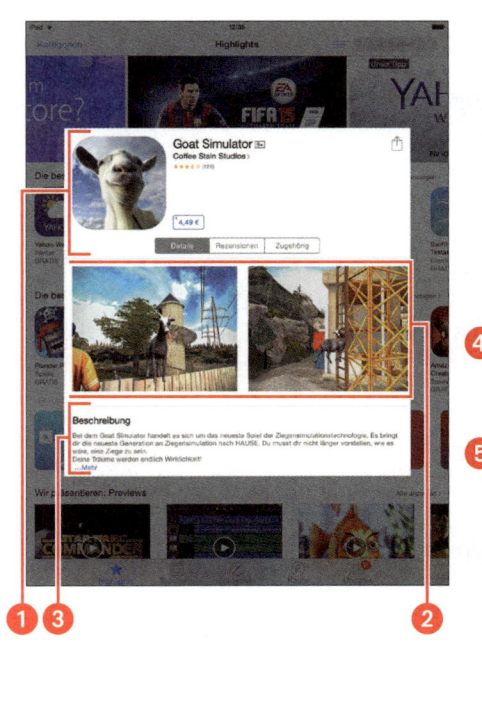

App-Details und Bewertungen verstehen

Bevor Sie eine App herunterladen, ist es besonders bei kostenpflichtigen Anwendungen empfehlenswert, sich zunächst die Details und Bewertungen anzuschauen. Was die einzelnen Informationen bedeuten, beschreibe ich hier:

➊ Ganz oben werden Ihnen Name, Entwickler, Logo, durchschnittliche Bewertungen und Preis angezeigt. Ein kleines **Pluszeichen beim Preis** bedeutet übrigens, dass die App für das iPad, aber auch für das iPhone konzipiert wurde. Manchmal kann es jedoch sein, dass eine App, die Sie für das iPad kaufen, für das iPhone noch einmal separat bezahlt werden muss.

➋ Darunter können Sie mit dem Finger durch Screenshots der App wischen. Hier bekommen Sie meistens schon einen recht guten Eindruck von der Qualität und dem Inhalt der App. Oft gibt es hier auch kurze Videos

➌ Wenn die **Beschreibung** gut ist, erfahren Sie Hilfreiches über den Inhalt der App und in welchen **Sprachen** sie verfügbar ist. Sollte es die App in mehreren Sprachen geben, wird sie in der Systemsprache installiert.

➍ Unter **Neues** erfahren Sie, was sich mit dem letzten Update geändert hat. Was sich bei den früheren Versionen geändert hat, können Sie weiter unten einsehen.

➎ Hier finden Sie wichtige **Informationen**, unter anderem wie viel Speicherplatz die App auf Ihrem iPad einnehmen wird.

➏ Wenn der Bereich **In-App-Käufe** angezeigt wird, bedeutet das, dass einige Bereiche der App nur gegen Bezahlung nutzbar sind. In diesem Fall können Sie hier weitere Level für das Spiel kaufen. Tippen Sie diese Rubrik an, werden Ihnen die zehn beliebtesten In-App-Käufe angezeigt.

➐ Hinter **Apps des Entwicklers** finden Sie eine Liste weiterer Apps desselben Herstellers. Tippen Sie auf **Webseite des Entwicklers**, öffnet sich die entsprechende Webseite in Safari.

➑ Unter **Datenschutzrichtlinie** können Sie die entsprechenden rechtlichen Informationen abrufen.

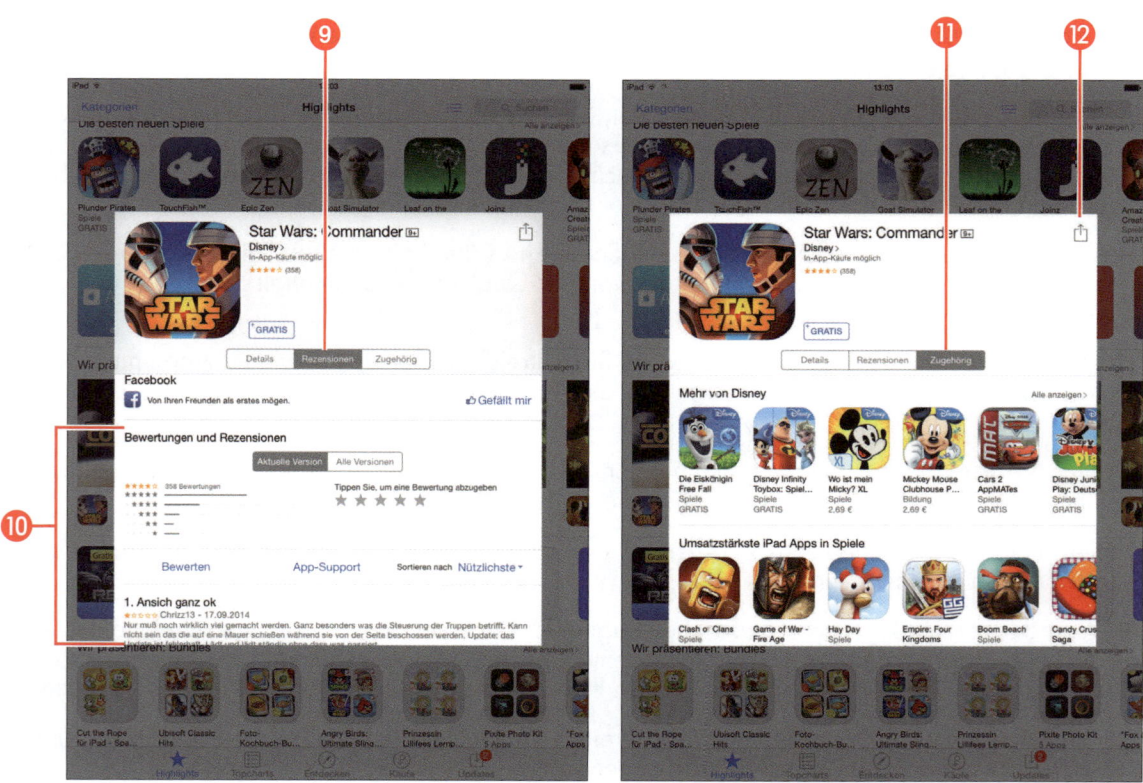

App-Details und Bewertungen verstehen (Fortsetzung)

❾ Tippen Sie nun oben neben **Details** auf **Rezensionen**, kommen Sie in den Bereich, in dem andere Nutzer der App meistens sehr ehrlich Pro und Kontra der Anwendung aufführen. Sie können hier ebenfalls Ihre Meinung sagen oder die Webseite für den **App-Support** aufrufen. Dorthin können Sie sich wenden, wenn es Probleme mit der App gibt. Die Chance, dass man Ihnen hilft, ist gut, denn schlechte Bewertungen sind virtuelle Todesstöße für Apps.

❿ **Bewertungen und Rezensionen** sollten Sie sich besonders dann anschauen, wenn Sie überlegen, für eine App Geld auszugeben. Denn hier werden mögliche Fehlfunktionen der App erwähnt. Häufig sind die abgegebenen Bewertungen aber auch einfach nur sehr lustig.

⓫ Im Bereich **Zugehörig** finden Sie weitere Apps desselben Entwicklers oder ähnliche Apps. Das ist vor allem dann nützlich, wenn die aktuelle App irgendwie noch nicht das Richtige für Sie ist.

⓬ Apps, die Ihnen besonders gut gefallen, können Sie per E-Mail, Kurznachricht, Facebook und Twitter Freunden empfehlen.

Keine Angst vor schädlichen Apps

Abgesehen davon, dass es sich bei der App-Entwicklung für iOS nicht gerade um ein Kinderspiel handelt, prüft Apple auch jede App auf Funktionalität und Sicherheit. Des Weiteren müssen die Apps gewisse Standards erfüllen, damit sie sich in das Betriebssystem gut einfügen. Daher ist es eher selten, dass Sie eine App erwischen, die gar nicht funktioniert, während es sich über den Nutzen einiger Apps schon eher streiten lässt.

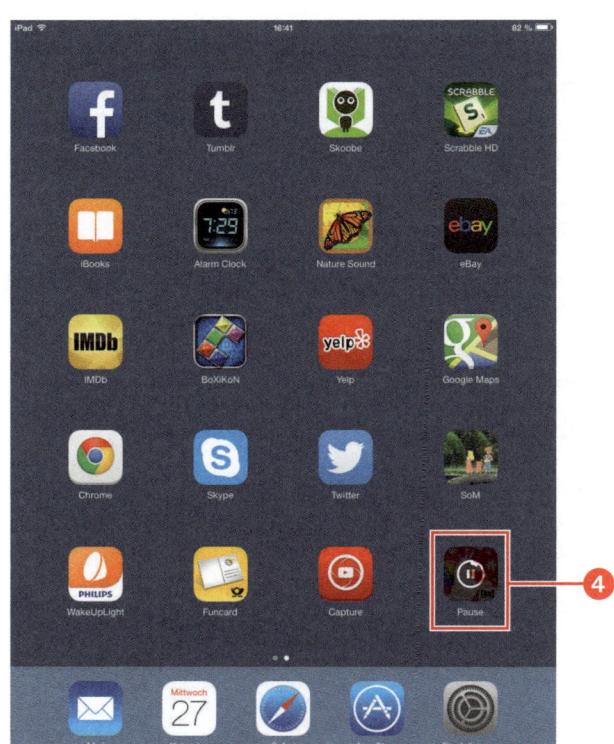

Apps herunterladen

Wenn Sie sich für eine App entschieden haben, tippen Sie einfach auf den **Preis** ❶. Wie Sie bezahlen, erkläre ich Seite 181. Ist die Anwendung kostenlos, steht an derselben Stelle das Wort **Gratis** ❷. Geben Sie als Nächstes Ihr Apple-ID-Passwort ein. Die Installation startet sofort, und das App-Symbol wird auf dem nächsten freien Platz des Home-Bildschirms erscheinen – mit Ausnahme des zentralen/ersten Home-Bildschirms. Apps von Drittanbietern, die dort auftauchen sollen, müssen Sie, wie auf Seite 27 beschrieben, selbst platzieren. Haben Sie die App bereits auf einem anderen Gerät installiert, finden Sie dort anstelle des Preises die **iCloud**-Wolke vor ❸, in diesem Fall ist eine Passworteingabe nicht notwendig. Handelt es sich bei der App um eine Anwendung mit potenziell jugendgefährdenden Inhalten (Browser, Videos etc.), müssen Sie bei jeder Installation lediglich bestätigen, dass Sie erwachsen sind.

Es ist möglich, mehrere Anwendungen gleichzeitig zu installieren. Wenn Sie möchten, dass eine App vor einer anderen App fertig ist, tippen Sie das Symbol der App einmal an, um die Installation vorzuziehen, oder zweimal, um die Installation der unwichtigeren Anwendung pausieren zu lassen ❹. Ein drittes Antippen setzt den Vorgang fort. Pausierte Installationen können, wie auf Seite 27 beschrieben, auch gelöscht werden.

Inhalte oder Gutscheine verschenken

Über die Teilen-Funktion können Sie in iTunes oder im App Store Filme, Serien, Musik und mehr verschenken. Dafür müssen Sie nur die E-Mail-Adresse des Beschenkten angeben, und bei Ihrem Account müssen Zahlungsdaten hinterlegt sein. Außerdem haben Sie die Möglichkeit, Geschenkgutscheine zu verschicken, mit denen sich der Beschenkte dann selbst Inhalte aussuchen kann. Diese Gutscheine gelten auch im iBook Store.

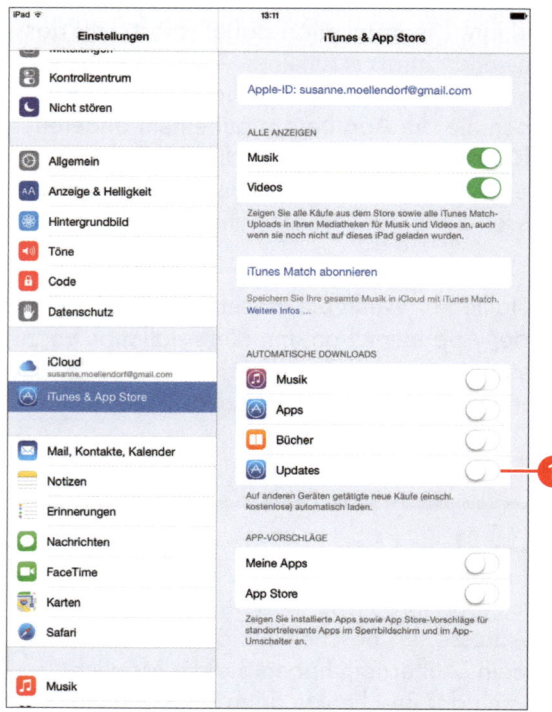

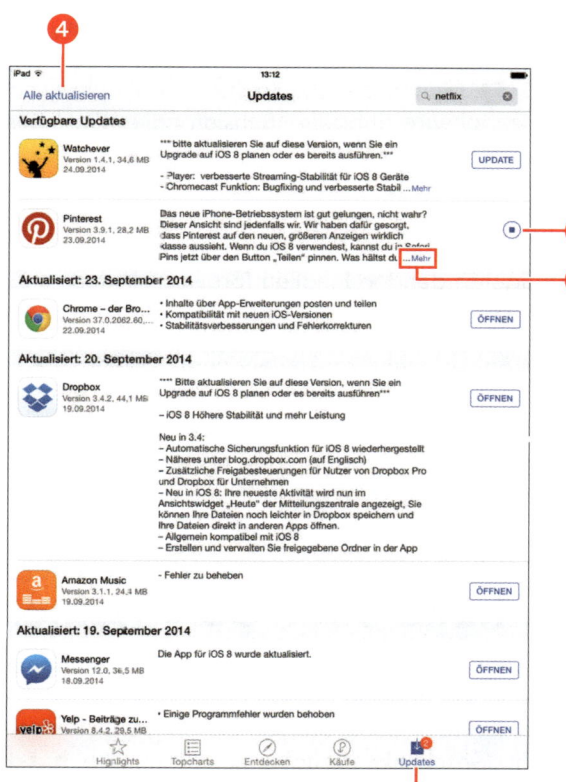

Apps updaten

Analog zu den Softwareupdates für Ihren Rechner gibt es auch für die Anwendungen auf Ihrem iPad regelmäßige Updates. Hier werden Fehler behoben, neue Funktionen implementiert, oder die Apps werden an die aktuelle iOS-Version angepasst. Standardmäßig werden diese automatisch installiert. Wenn Sie das nicht wollen, öffnen Sie **Einstellungen** → **iTunes & App Store** und …

❶ … deaktivieren ganz unten die Option **Updates**.

❷ Sind für eine oder mehrere Ihrer Apps Updates verfügbar, taucht über dem App Store-Symbol auf dem Home-Bildschirm eine kleine rote Zahl auf. Öffnen Sie den App Store und wählen Sie unten rechts **Updates** aus, um Aktualisierungen durchzuführen.

❸ Tippen Sie auf **Mehr**, können Sie sich anzeigen lassen, was das Update mitbringt. Sie können jede App einzeln updaten …

❹ … oder oben auf **Alle aktualisieren** tippen, um alle verfügbaren Updates auszuführen.

❺ Rechts können Sie dann den Fortschritt der Updates einsehen.

Täglich kostenlose Apps

Installieren Sie sich die App **App des Tages**, um dort täglich eine App geschenkt zu bekommen, die an anderen Tagen etwas kostet. Nicht immer sind es echte Knaller, aber die eine oder andere Anwendung kann man durchaus gebrauchen. Im Zweifelsfall herunterladen und direkt löschen. Neu installieren können Sie sie ja immer!

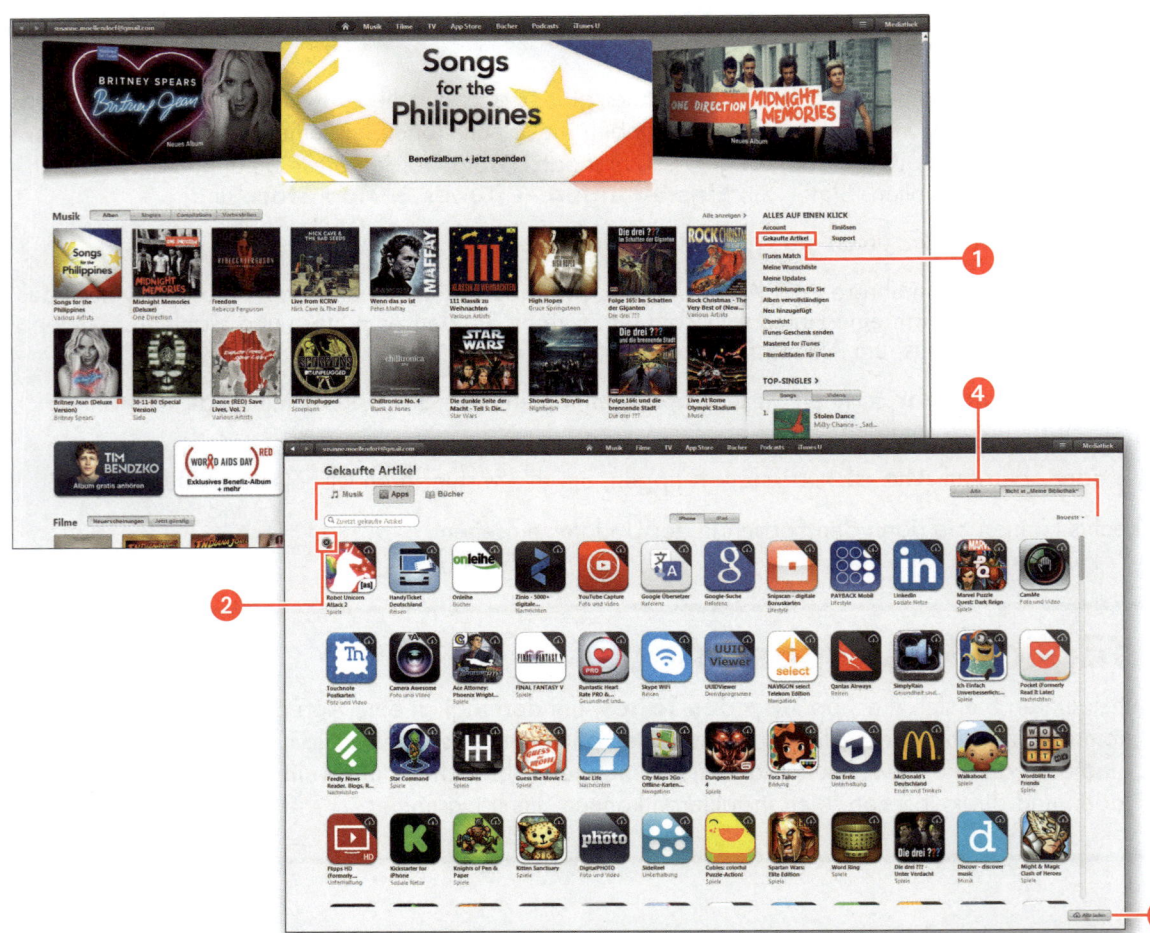

Apps verwalten und ausblenden

Im App Store von Apple gilt: Gekauft ist gekauft! Darum gibt es auch den Unterbereich **Gekaufte Artikel**, der Ihnen zwei Übersichten über Ihre Apps bietet:

- **Alle:** Hier finden Sie alle Apps, die Sie jemals heruntergeladen haben (gekauft und gratis).
- **Nicht auf iPad:** Apps, die Sie zwar heruntergeladen haben, aber die gerade nicht auf dem Tablet installiert sind, können Sie hier durch Tippen auf die kleine iCloud-Wolke auf das iPad laden.

Das Gute ist, dass Ihnen in dieser Übersicht alle Apps angezeigt werden, die Sie jemals installiert haben. Wer jedoch mehrere iOS-Geräte besitzt und gerne mal die eine oder andere App ausprobiert, stellt auch häufiger fest: Diese ist nicht das Richtige für mich. Die Anwendung bleibt aber trotzdem in der Liste, die dementsprechend irgendwann unübersichtlich wird. Das kann man leider nur über iTunes am Rechner korrigieren. Gehen Sie dafür wie folgt vor:

Öffnen Sie den iTunes Store und loggen Sie sich gegebenenfalls mit Ihrer Apple-ID ein.

❶ Wählen Sie **Gekaufte Artikel** an.

❷ Gehen Sie in den Apps-Bereich und fahren Sie mit dem Cursor über die zu entfernende App, bis oben links über dem Symbol ein **kleines Kreuz** erscheint. Klicken Sie darauf, um die App auszublenden. Es dauert einige Minuten, bis diese Änderung auch auf Ihrem iPad ankommt.

❸ Unten rechts können Sie nicht etwa mehrere Apps gleichzeitig auf Ihrem iPad installieren, sondern lediglich Kopien aller Ihrer Apps auf den Rechner **herunterladen**. Da Sie aber, wie beschrieben, auf alle Apps auch nach der Deinstallation erneut von Ihrem iPad aus zugreifen können, ist das nur bei Apps sinnvoll, die nicht mehr im App Store verfügbar sind – als Backup sozusagen.

❹ Hier können Sie Anwendungen durchsuchen und nach verschiedenen Kriterien sortieren.

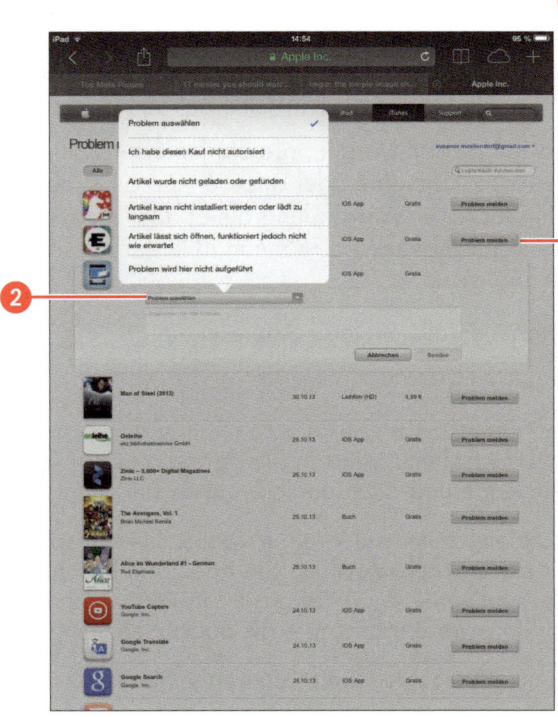

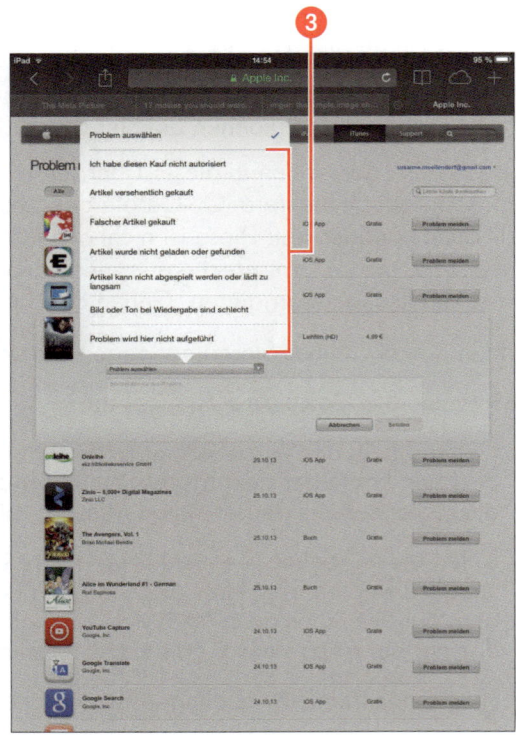

Apps und mehr zurückgeben

Sie haben eine App gekauft, die nicht so funktioniert, wie Sie es sich vorgestellt haben? Der geliehene Film bricht einfach ab, sodass Sie ihn nicht weiterschauen können? Unter *reportaproblem.apple.com* können Sie sich mit Ihrer Apple-ID anmelden und nicht nur Probleme kundtun, sondern auch Ihr Geld zurückverlangen. Dies geht mit dem iPad (scannen Sie hierfür den QR-Code ein), aber etwas komfortabler noch am Rechner.

Tippen Sie bei dem entsprechenden Kauf auf **Problem melden** ❶ und dann auf **Problem auswählen** ❷. Es erscheint eine Liste, aus der Sie den **Grund für die Rückgabe** auswählen können ❸. Wenn Sie hier eine Auswahl getroffen haben, müssen Sie den Grund noch kurz erläutern und abschließend auf Senden tippen. Beim ersten Mal klappt die Rückerstattung noch automatisch. Wenn Sie von dieser Möglichkeit häufiger Gebrauch machen, wird Apple die beschriebenen Probleme überprüfen und sich die Rückerstattung des Kaufbetrags eventuell vorbehalten. Sie werden per E-Mail benachrichtigt, ob Sie den Betrag wiederbekommen oder nicht.

Die Familienfreigabe: Mehr Sicherheit und besserer Kostenüberblick

Wenn Sie nicht der Einzige in der Familie sind, der ein iOS-Gerät nutzt, lohnt es sich, einen Blick auf die Familienfreigabe zu werfen, die Sie unter **Einstellungen → iCloud** finden. Hier können Sie sich als Familienoberhaupt registrieren und die Accounts der restlichen Familie (bis zu fünf weitere Personen) als dazugehörig eintragen. Wenn Kinder darunter sind, können Sie das Alter festlegen, damit diese nur auf geprüfte Inhalte (Musik, Videos, Bücher und Apps) für die entsprechende Altersgruppe zugreifen können. Zusätzlich bekommen Sie im Hauptaccount jedes Mal eine Anfrage, wenn etwas gekauft oder heruntergeladen werden soll, und müssen dieser dann zustimmen – oder eben nicht. Alle Käufe gehen zudem von einer Kreditkarte ab und können mit jedem zugehörigen Account heruntergeladen werden. Des Weiteren bietet die Familienfreigabe eine Standortsuche für alle Mitglieder an (besonders praktisch für Kinder) sowie einen Familienkalender, der besser zugänglich ist als die allgemeinen iCloud-Kalender, und einen Bereich, in dem Sie alle Familienbilder sammeln können.

Mit Prepaid-Kreditkarten und iTunes-Gutscheinen sind Sie auf der sicheren Seite

Sie können Ihr iTunes-Konto, auf das mit der Familienfreigabe ja auch der Rest der Familie zugreifen kann, zwar mit einer normalen Kreditkarte betreiben aber vielen ist das nicht sicher genug. Alternativ dazu bekommen Sie inzwischen fast überall iTunes-Gutscheine zum Aufladen des Kontos (siehe Seite 159) oder Prepaid-Kreditkarten, die Sie mit einem Festbetrag aufladen, der dann nicht überschritten werden kann.

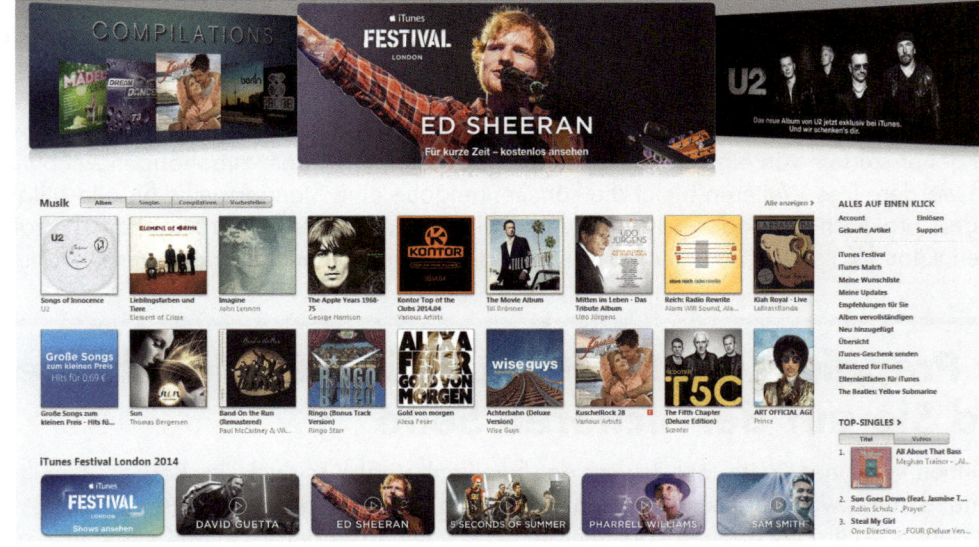

Kapitel 7 | Das iPad mit iTunes am Rechner verbinden

Auf der Webseite von Apple können Sie sich für Ihren Rechner iTunes herunterladen, um auf weitere iOS-Funktionen zugreifen zu können. Die Software bietet zwei Bereiche:

- Backup und Synchronisierung für das iPad
- Verwalten der Apple-ID und der darüber gekauften Artikel aus dem ebenfalls enthaltenen iTunes-Shop

Für die erste Grundfunktion müssen Sie das iPad mindestens einmal über das mitgelieferte Kabel mit dem Rechner verbinden. iTunes erkennt das Tablet dann automatisch, und Sie haben Zugriff auf diverse Optionen (siehe nächste Seite). Allerdings ist iTunes nicht sonderlich komfortabel und übersichtlich, denn in der Praxis werden Geräte teilweise nicht erkannt, die Software stürzt hin und wieder ab, oder Befehle werden nicht durchgeführt – Dinge, die auch alte Apple-Experten regelmäßig in den Wahnsinn treiben. Hinzu kommt, dass durch iCloud die Nutzung von iTunes in vielen Fällen gar nicht mehr notwendig ist. Auf Seite 191 erkläre ich, wie Sie mit der iTunes-Software Medien, die Sie nicht bei Apple gekauft haben, auf Ihr iPad kopieren.

Für das **Verwalten der Apple-ID** und der damit verbundenen Einkäufe kann ich iTunes allerdings sehr empfehlen, denn hier verbirgt sich der eine oder andere Trick, auf den Sie auf dem iPad keinen Zugriff haben. Das iPad muss dafür auch nicht mit dem Rechner verbunden werden. Lesen Sie dafür ab Seite 181 weiter.

Auf Seite 171 erkläre ich, wie Sie über iTunes am Rechner App-Symbole aus den **Gekauften Apps** im App Store ausblenden. Dieser Kniff lässt sich auch auf Bücher und Musik anwenden.

Achtung: Verbinden Sie Ihr iPad nie mit einem anderen iTunes als dem, mit dem die erste Verbindung hergestellt wurde. Ansonsten kann es Ihnen ganz schnell passieren, dass Sie aus Versehen alle Inhalte auf dem Gerät löschen.

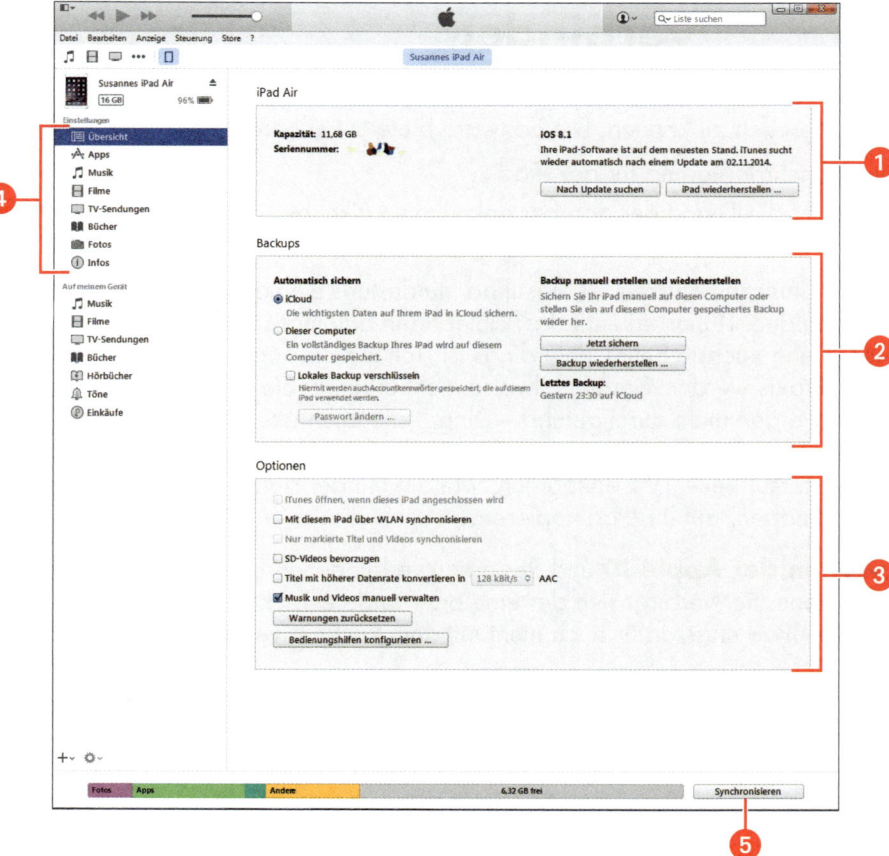

Die Grundeinstellungen

Sobald Ihr iPad mit dem Rechner verbunden ist, wird es Sie fragen, ob es dem Rechner vertrauen soll. Wenn Sie das bejahen, kann es passieren, dass iTunes fälschlicherweise der Meinung ist, Sie wollten das iPad jetzt neu einrichten (siehe auch Seite 21). Versuchen Sie, es dann abzuziehen und neu an den Rechner anzustecken, bis Sie Zugriff auf die Grundeinstellungsoptionen haben.

❶ Ganz oben können Sie **Nach Updates suchen**, aber das erledigt Ihr iPad auch ganz automatisch (siehe Seite 115).

❷ Darunter sehen Sie Ihre **Backup-Optionen**. Sie können hier ein physisches Backup auf Ihrem Rechner erstellen. Das ist tendenziell aber umständlicher und unsicherer als das iCloud-Backup (siehe Seite 309). Die Wahrscheinlichkeit, dass Ihre Festplatte kaputtgeht, ist höher als die, dass Apple Ihr Backup verliert.

❸ Die **Optionen** hier sind wichtig, wenn Sie Videos oder Musik vom Rechner auf Ihr iPad übertragen wollen. Die Einstellung **Mit diesem iPad über WLAN synchronisieren** muss zum Beispiel aktiviert sein, wenn Sie Videos und Musik vom Rechner aus auf Ihr iPad übertragen wollen, ohne dass es per Kabel verbunden wurde.

❹ In der Seitenleiste haben Sie die Möglichkeit, E-Mails, Kontakte und mehr zu synchronisieren (**Infos**), Ihre **Apps** auf den Home-Bildschirmen mit der Maus statt mit dem Finger anzuordnen sowie Ihre Medien zu synchronisieren. Sie können auch ein Backup Ihrer Apps auf dem Rechner erstellen, aber auch das ist überflüssig, da sich der App Store Ihre Käufe merkt. Was Sie nur hier machen können, ist das Ausblenden von gekauften Apps aus der Liste Ihrer Apps. Mehr dazu erfahren Sie auf Seite 171.

❺ Alle Einstellungen werden angewendet, wenn Sie auf **Synchronisieren** klicken.

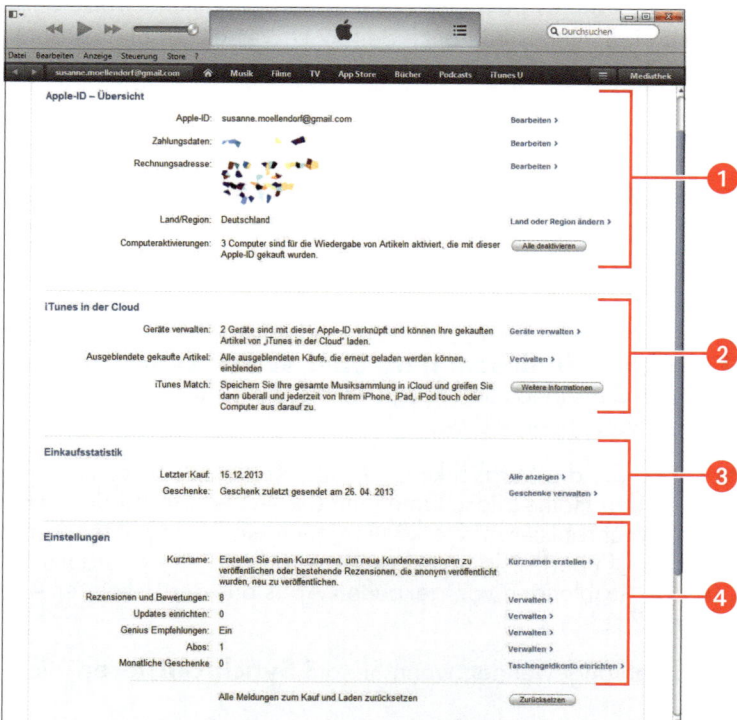

So verwalten Sie Ihre Einkäufe und mehr

Über die iTunes-Software an Ihrem Rechner können Sie einige Aspekte Ihrer Apple-ID verwalten – in erster Linie alles, was mit Einkäufen zu tun hat. Hierfür brauchen Sie Ihr iPad nicht mit dem Rechner zu verbinden. Öffnen Sie oben rechts den iTunes Store und klicken Sie in der rechten Leiste ganz oben auf **Account**.

❶ Hier können Sie Ihr Passwort, die Art, wie Sie bei iTunes, im App Store und im iBook Store bezahlen, sowie Ihre Rechnungsadresse ändern.

❷ Verwalten Sie hier alle Geräte (Rechner und iOS-Geräte), die jemals mit Ihrer Apple-ID verbunden waren. Sie können ausgeblendete Artikel anzeigen lassen (wie Sie Artikel ausblenden, lesen Sie auf Seite 171) und wieder einblenden sowie **iTunes Match** aktivieren.

❸ Hinter dem Punkt **Einkaufsstatistik** können Sie nicht nur eine Übersicht aller Downloads (kostenlose und bezahlte) einsehen, sondern haben außerdem die Möglichkeit, Probleme mit Einkäufen zu melden und diese sogar zurückzugeben: Klicken Sie hierfür ganz unten auf **Ein Problem melden** und dann bei dem entsprechenden Produkt noch mal auf **Problem melden**. Wenn Sie nun angeben, dass Sie es aus Versehen gekauft haben, stehen die Chancen gut, dass Sie Ihr Geld zurückbekommen. Aber Achtung: Diese Rückgaben werden manuell bearbeitet. Wenn Sie diese Option zu oft nutzen, wird die Rückgabe möglicherweise irgendwann verweigert. Eine einfachere Art, einen Artikel zurückzugeben, finden Sie auf Seite 173.

❹ Geben Sie hier ein, welcher Name neben Ihren Rezensionen stehen soll. Diese können Sie an dieser Stelle einsehen und auch löschen. Unter **Updates einrichten** können Sie einstellen, dass Sie per E-Mail benachrichtigt werden, wenn zum Beispiel ein Sänger, dessen Musik Sie in Ihrer Mediathek haben, neue Songs bei iTunes veröffentlicht. Hier können Sie auch Ihre Abos verwalten und gegebenenfalls verlängern.

Bequem durch den iTunes Store bummeln

Die iTunes-Software auf Ihrem Rechner enthält auch einen iTunes Store, der sich ein wenig bequemer bedienen lässt als der auf Ihrem iPad und darüber hinaus zusätzliche Funktionen bietet. Wenn Sie am Rechner etwas kaufen, das sich dann auch auf Ihrem iPad befinden soll, aktivieren Sie vor dem Kauf unter **Einstellungen** → **iTunes & App Store** die automatischen Downloads. Für die Bedienung des iTunes Store ist es nicht notwendig, dass das iPad an den Rechner angeschlossen ist.

Unter **Account** verwalten Sie Ihre Einkäufe. Wenn Sie keine Kreditkarte hinterlegt haben, können Sie bei **Einlösen** Gutscheincodes oder Produktcodes eingeben. Mehr dazu erfahren Sie auf Seite 159. Die Rubrik **Übersicht** zeigt Ihnen ohne Bilder die Inhalte der einzelnen Kategorien sortiert nach Datum, Namen oder Preis. **iTunes-Geschenk senden** ist eine tolle Sache, wenn Sie jemandem eine Freude machen wollen oder wenn Sie zum Beispiel ein Kind mit einem iOS-Gerät haben, auf dem die Einschränkungen so eingestellt sind, dass es nichts kaufen kann (mehr dazu auf Seite 97). Sie gelangen zu dieser Funktion, indem Sie, statt ein Produkt direkt zu kaufen, auf den kleinen Pfeil rechts neben dem Preis klicken – siehe ❶.

Über dasselbe Menü fügen Sie Produkte auch Ihrer **Wunschliste** hinzu. Auf diese Weise können Sie sich Filme, Songs etc. merken, ohne sie direkt kaufen zu müssen. Hinter dem Menüpunkt **Meine Updates** verbergen sich Informationen zu neuen Produkten von Interpreten, die Sie bereits früher über den iTunes Store gekauft haben. Hinter **Empfehlungen für Sie** steckt der Apple-Dienst **Genius** (siehe auch nächste Seite). Hier können Sie ähnliche Produkte wie die, die Sie bereits haben, erwerben sowie die Empfehlungen bewerten, um passendere Angebote zu erhalten. Der Punkt **Staffeln vervollständigen** ist prima, wenn Sie zum Beispiel einzelne Folgen oder Songs, die zu einer ganzen Staffel beziehungsweise einem Album gehören, gekauft haben. Möchten Sie nun den Rest auch noch kaufen, wird der bereits bezahlte Preis auf den Gesamtpreis angerechnet.

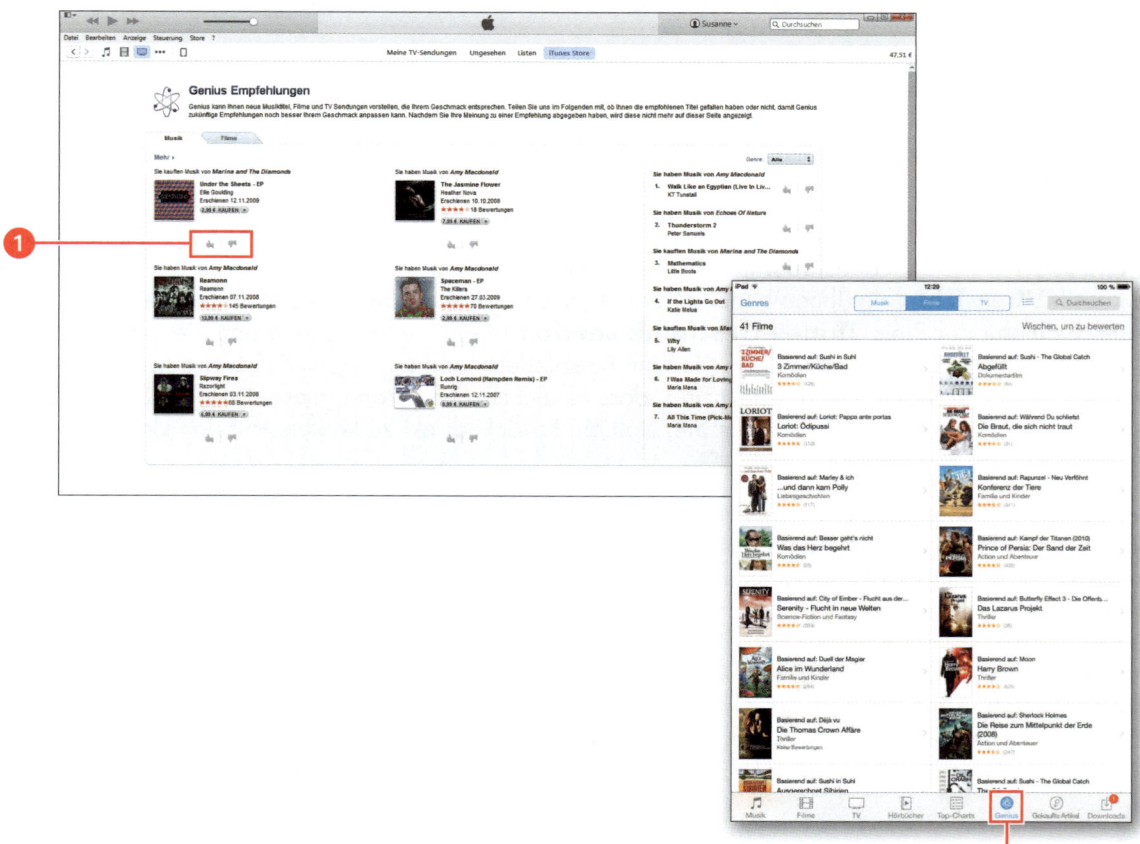

Genius nutzen

Wenn Sie, wie auf Seite 183 beschrieben, auf **Empfehlungen für Sie** klicken, gelangen Sie zu der Genius-Funktion von iTunes. Hier werden Ihnen ähnliche Titel (Musik, Filme und Serien) ange-zeigt wie die, die Sie bereits gekauft haben, die Sie nun ebenfalls direkt kaufen können. Zudem können Sie die Empfehlungen bewerten ❶, damit sie mit der Zeit noch besser an Ihren Geschmack angepasst werden. Sie finden Genius auch auf Ihrem iPad im iTunes Store ❷. Wischen Sie über den jeweiligen Film, um die Empfehlung positiv oder negativ zu bewerten.

Kapitel 8 | Das iPad als mobiler Entertainer

Egal ob es in der Studentenbude Fernseher, Anlage und Konsole ersetzt oder man es sich damit einfach nur auf dem Sofa gemütlich macht: Das iPad ist der perfekte Unterhalter. Ich gehe in diesem Kapitel auf mehrere Möglichkeiten ein, um Filme und Videos zu schauen, Musik abzuspielen und zu verwalten sowie Fotos schnell und eindrucksvoll wiederzugeben, und gebe außerdem Tipps für tolle Spiele und andere Apps, mit denen man sich die Zeit vertreiben kann.

iTunes Match – die komplette Musiksammlung immer dabeihaben

Bei iTunes Match handelt es sich um einen Service, der es Ihnen erlaubt, Ihre Musiksammlung (egal ob über iTunes gekauft oder nicht) zu verwalten und mit allen iOS-Geräten und Ihren Rechnern zu synchronisieren. Ähnlich, aber noch besser, funktioniert der Amazon Cloud Player, den ich auf Seite 195 vorstelle.

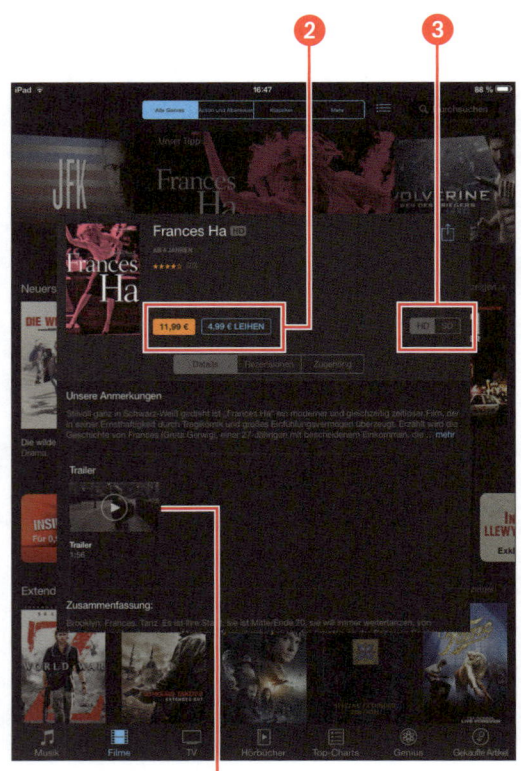
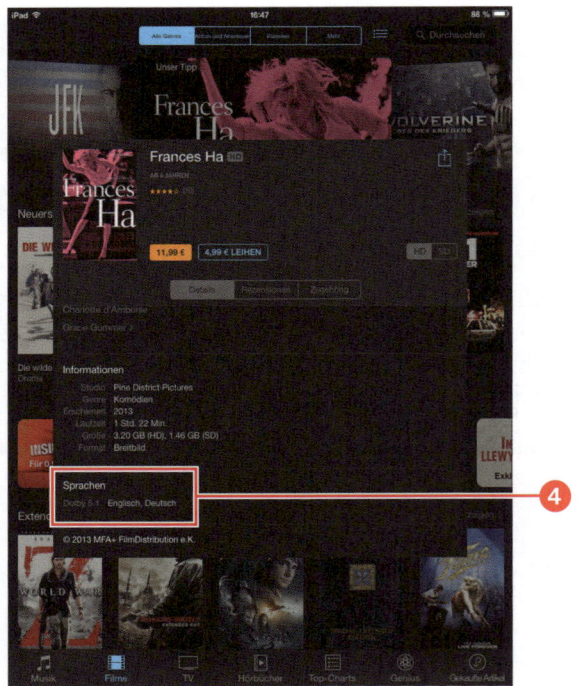

Mit iTunes Filme und Musik kaufen

Über die iTunes-App können Sie Filme leihen oder auch kaufen, aber von Letzterem möchte ich aufgrund der unverhältnismäßig hohen Preise abraten. Wenn Sie den Film leihen und dann später die DVD oder Blu-Ray kaufen, ist dies meistens billiger, als wenn Sie sich den Film in iTunes kaufen. Den können Sie ja zudem nur auf Geräten schauen, auf denen iTunes läuft – also am PC und auf allen Produkten von Apple. Serien können leider nur gekauft und nicht geliehen werden. Auch hier sind die Preise deutlich zu hoch.

❶ Bevor Sie sich für ein Video entscheiden, schauen Sie sich vielleicht erst einmal den **Trailer** an, um zu sehen, ob es das Richtige für Sie ist. Der ist fast immer verfügbar und kostet nichts. Die weiteren Angaben, wie Zusammenfassung, Besetzung und Sprachen, sind nicht immer vorhanden.

❷ Oben können Sie sich entscheiden, ob Sie **leihen** oder **kaufen** möchten. Bei beiden Optionen müssen Sie, bevor der Download beginnt und Geld abgezogen wird, erst mal Ihr Apple-ID-Passwort eingeben.

❸ Ihnen wird immer erst die teurere, aber schärfere **HD-Version** des Videos angeboten. Die macht sich besonders gut auf dem Retina-Display des großen iPads. Allerdings kostet ein Film in HD auch mehr, und es braucht aufgrund der Dateigröße länger, bis Sie ihn starten können.

❹ Achten Sie darauf, dass das Video in der richtigen **Sprache** für Sie vorliegt. Gerade im Serienbereich gibt es viele Angebote auf Englisch.

Wenn Sie den Film gekauft oder geliehen haben, können Sie nach etwa einer Minute oft schon damit beginnen, das Video anzuschauen, während der Rest geladen wird. Um den Film zu sehen, müssen Sie auf den Home-Bildschirm zurückgehen und dort die Anwendung **Videos** starten. Dort finden Sie dann Ihren Film oder die Serie.

Achtung: Geliehene Filme sind nach dem ersten Start 48 Stunden verfügbar und können nicht auf einem anderen Gerät weitergeschaut werden, es sei denn, Sie besitzen ein Apple TV (Seite 211). Als gute Alternative zu dem teuren iTunes empfehle ich Video-on-Demand. Mehr dazu lesen Sie ab Seite 199.

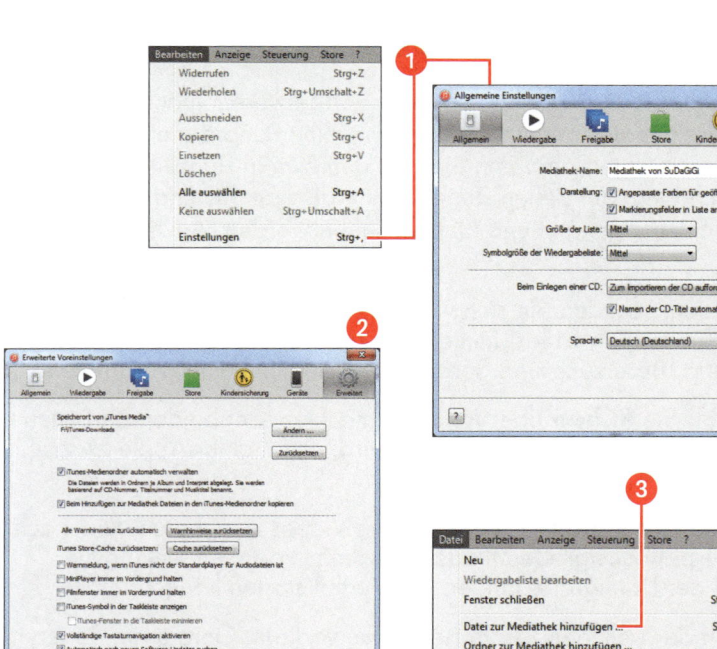

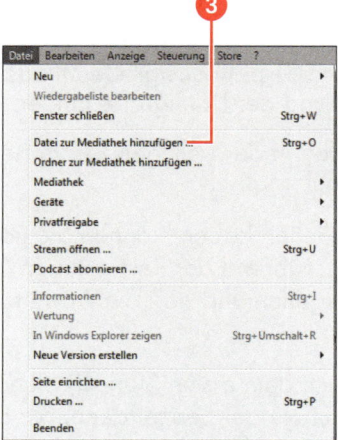

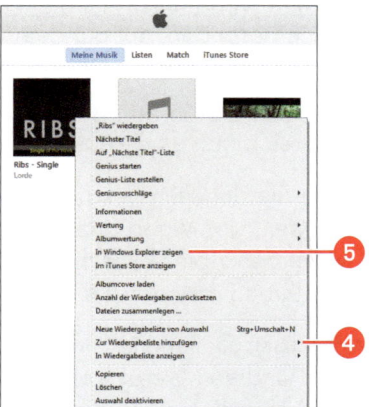

Mit iTunes Filme und Musik auf das iPad kopieren

Deutlich komplizierter ist es, vom Rechner aus Filme und Musik auf das iPad zu übertragen, die Sie nicht auch darauf gekauft haben. Dafür müssen Sie allerdings das Tablet unter den richtigen Voraussetzungen nicht einmal an den Rechner anschließen.

❶ Bevor Sie mit der Übertragung anfangen, nehmen Sie unter **Bearbeiten → Einstellungen** einige Änderungen vor. iTunes kann nämlich eine Kopie der Songs von Ihren CDs auf Ihrem Rechner anlegen. Wenn Sie diese Kopien nicht nur über iTunes nutzen wollen, ist es wichtig, über den Menüpunkt **Allgemein** bei **Importeinstellungen MP3** als Format auszuwählen. Außerdem ist es praktisch, die Namen der CD-Titel und -Cover direkt aus dem Internet laden zu lassen. Aktivieren Sie dafür die entsprechend benannten Optionen.

❷ Gehen Sie dann oben rechts auf **Erweitert** und stellen Sie sicher, dass die beiden oberen Optionen aktiviert sind. Hier sehen Sie auch, wo auf Ihrem Rechner iTunes die Songs ablegt, und können den Speicherort gegebenenfalls ändern.

❸ Befinden sich die Songs bereits (zum Beispiel als MP3) auf dem Rechner, nutzen Sie die Option **Datei zur Mediathek hinzufügen**.

❹ Klicken Sie jetzt das gewünschte Album oder einen einzelnen Song mit der rechten Maustaste an, wählen Sie die Option **Zur Wiedergabeliste hinzufügen** aus und bestimmen Sie dann das Gerät, auf das übertragen werden soll. Die Songs erscheinen direkt auf dem iPad, sofern es sich in einem WLAN befindet und, wie auf Seite 179 beschrieben, die Option **Mit diesem iPad über WLAN synchronisieren** aktiviert wurde. Dafür muss das iPad natürlich mindestens einmal in der Vergangenheit an den Rechner angeschlossen worden sein.

❺ Wenn Sie die Datei nicht mehr auf Ihrem Rechner finden, nutzen Sie die Option **In Windows Explorer zeigen**. Befindet sich die Datei nicht auf Ihrem Rechner, sondern nur in Ihrer iCloud, erkennen Sie das an der kleinen Wolke rechts oben im Cover.

Das Übertragen von Filmen funktioniert im Grunde genauso – siehe ab ❸.

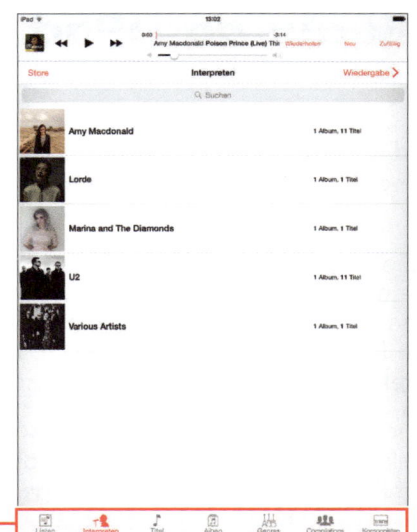

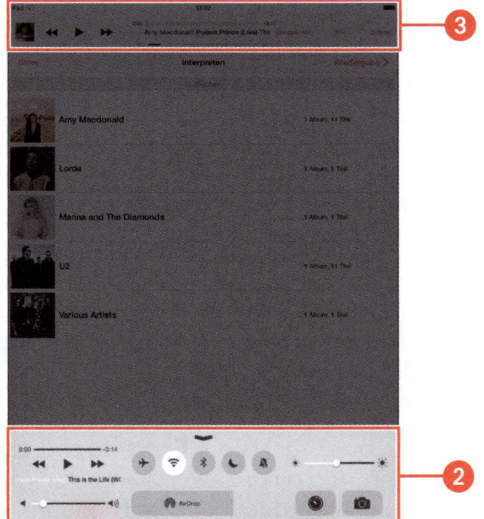

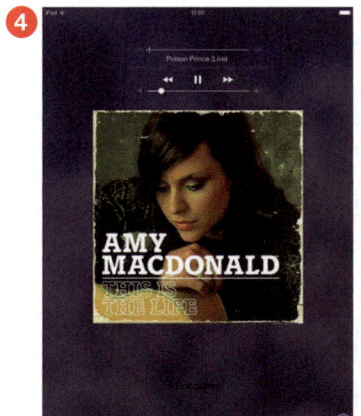

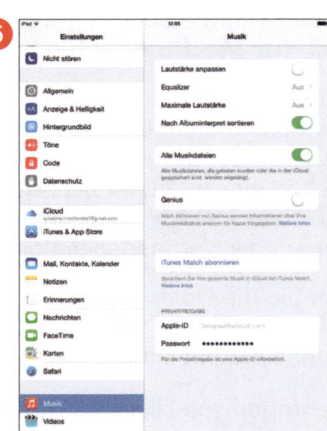

Das iPad als iPod verwenden

Der Erwerb von Musik über iTunes erfolgt nach dem gleichen Prinzip, das auf Seite 189 anhand von Filmen erklärt wurde. Sie können wie bei Serien sowohl einzelne Songs kaufen als auch ganze Alben, wobei Letzteres meistens im Vergleich günstiger ist. Damit neue Einkäufe automatisch auf jedes Ihrer Apple-Geräte heruntergeladen werden, aktivieren Sie dort jeweils unter **Einstellungen → iTunes & App Store** die automatischen Downloads. Wenn Sie alte Musikkäufe synchronisieren wollen, öffnen Sie **iTunes → Gekaufte Artikel** und laden die Songs oder Alben von dort aus auf das iPad.

❶ Um Songs abzuspielen, öffnen Sie die App **Musik** und wählen unten in der Leiste eine der Kategorien aus. Sie werden merken, dass davon die Reihenfolge der abgespielten Songs abhängt – es sei denn, Sie haben die zufällige Wiedergabe aktiviert.

❷ Wenn Sie vom unteren Rand nach oben wischen, rufen Sie das Kontrollzentrum auf, mit dem Sie die Musik steuern können – mehr dazu auf Seite 43.

❸ Befinden Sie sich im Player-Modus, können Sie die Musik ebenfalls steuern, aber auch die Lautstärke separat von den übrigen Einstellungen des Tablets einstellen.

❹ Die Musik läuft natürlich auch im Hintergrund weiter. Wenn sich Ihr iPad im Ruhezustand befindet, können Sie sie direkt auf dem Sperrbildschirm bedienen.

❺ Die Musik-App ist eigentlich eine sehr umfangreiche Anwendung, die aber in ihrer Aufteilung eher unübersichtlich ist. Unter **Einstellungen → Musik** können Sie einige Einstellungen vornehmen. Die Option **Lautstärke anpassen** reguliert automatisch den Lautstärkepegel bei unterschiedlichen Audioinhalten. Unter **Maximale Lautstärke** legen Sie hingegen fest, wie laut Ihr iPad über die Lautstärketasten maximal eingestellt werden kann.

Wenn Sie sich im iTunes Store (siehe Seite 189) **Hörbücher** kaufen, finden Sie diese auch in der Musik-App. Leider sind die hierzu angebotenen Funktionen sehr spartanisch.

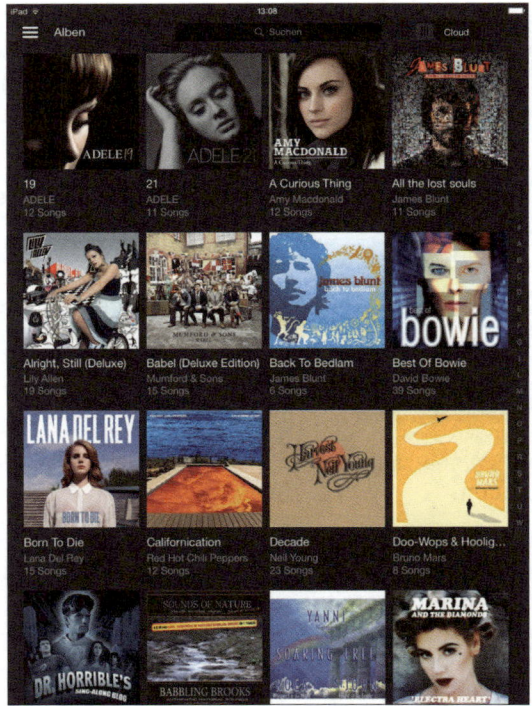

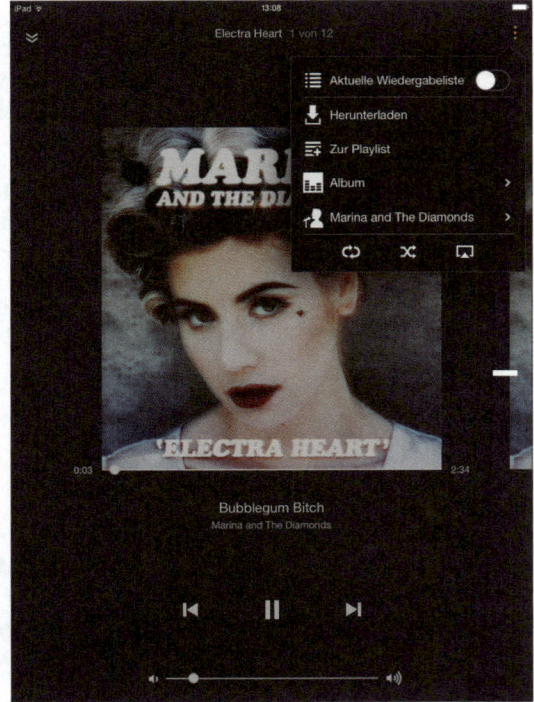

Mit dem Amazon Cloud Player die Musik-Bibliothek verwalten

Im direkten Vergleich mit **iTunes Match** (siehe Seite 187) halte ich den **Amazon Cloud Player** für die derzeit beste Lösung, um die Musik-Bibliothek zu verwalten. Dieser Dienst ist auf Android-, iOS- und Kindle-Geräten sowie Rechnern verfügbar, und Sie können ihn im Gegensatz zu iTunes Match zunächst mal testen, denn die ersten 250 Songs sind kostenlos. Danach kostet er 25 Euro im Jahr, und Sie können bis zu 250.000 Songs damit verwalten. Dabei ist es egal, woher Sie sie haben. Haben Sie zum Beispiel Musik bei iTunes gekauft, laden Sie sie auf dem Rechner in Ihre Mediathek. Lassen Sie sich dann anzeigen, wo sich die Songs befinden (mehr dazu auf Seite 191). Mit der gleichnamigen PC-Software laden Sie sie nun auf Ihrem Rechner in Ihren Amazon Cloud Player-Account. Von da aus können Sie Ihre Musik über die App auf Ihr iPad, sofern Sie online sind (idealerweise per WLAN), streamen oder herunterladen, um sie ohne Internetverbindung zu hören. Sie können die Musik löschen und erneut herunterladen, sooft Sie wollen. Damit haben Sie immer die richtigen Songs dabei. Die Preise bei Amazon sind unschlagbar, und es gibt auch kostenlose Musik. Die können Sie derzeit zwar nicht über die App selbst kaufen, aber es reicht, wenn Sie sich am iPad im Browser auf der Amazon-Webseite einloggen und die Musik dort erwerben. Sie können per Lastschrift, Kreditkarte oder Gutschein bezahlen – so wie bei allen anderen Amazon-Käufen. In den Einstellungen der Amazon Cloud Player-App können Sie dann die Cloud-Mediathek aktualisieren, um Ihre Käufe direkt anhören oder herunterladen zu können.

Tipp: Viele Kauf-CDs bei Amazon enthalten die AutoRip-Funktion: Die sich darauf befindenden Songs werden automatisch Ihrem Amazon Cloud Player Account hinzugefügt und müssen somit nicht mehr von der CD auf den Rechner kopiert werden.

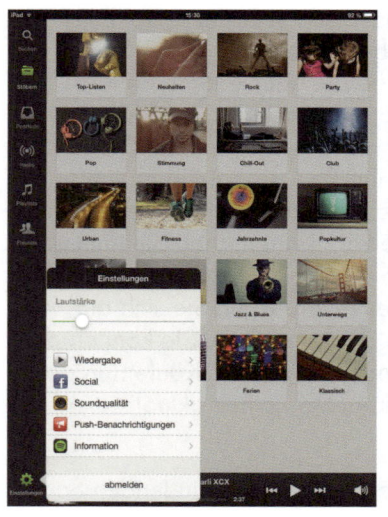

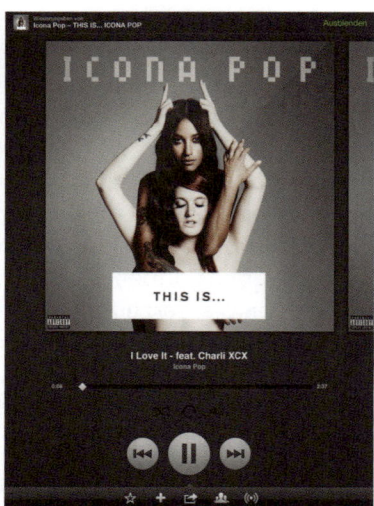

Besser leihen als kaufen: Spotify nutzen

Es ist aber gar nicht notwendig, viel Musik zu besitzen, um musikalische Abwechslung zu genießen. Es gibt Dienste, die gegen eine monatliche Gebühr verleihen und auf das iPad streamen oder für die Offlinenutzung zur Verfügung stellen.

Mit **Spotify** zum Beispiel stehen Ihnen zurzeit etwa 20 Millionen Songs zur Verfügung. Wenn Ihnen Werbung nichts ausmacht, ist der Dienst gratis, ansonsten kostet er auf dem iPad knapp 10 Euro pro Monat. Damit können Sie beispielsweise Musik für den Offline-Betrieb herunterladen und die Soundqualität ist besser als bei der kostenlosen Version. Das Abo ist immer zum Monatsende kündbar.

Die **Vorteile** des Musikleihens: eine riesige Auswahl. Dazu nimmt die Musik keinen Platz auf dem iPad ein, sofern gestreamt wird, und ist auch auf anderen Geräten (Rechner, Android etc.) verfügbar. Sie können außerdem über die Radiosender Musik entdecken, die Ihrem Geschmack entspricht. Dabei handelt es sich nicht um Radio im klassischen Sinne. Suchen Sie sich einen Künstler aus, und Ihnen werden neben dessen Songs noch ähnliche Musik präsentiert. Diese können Sie dann bewerten und so den Sender für sich weiter verbessern.

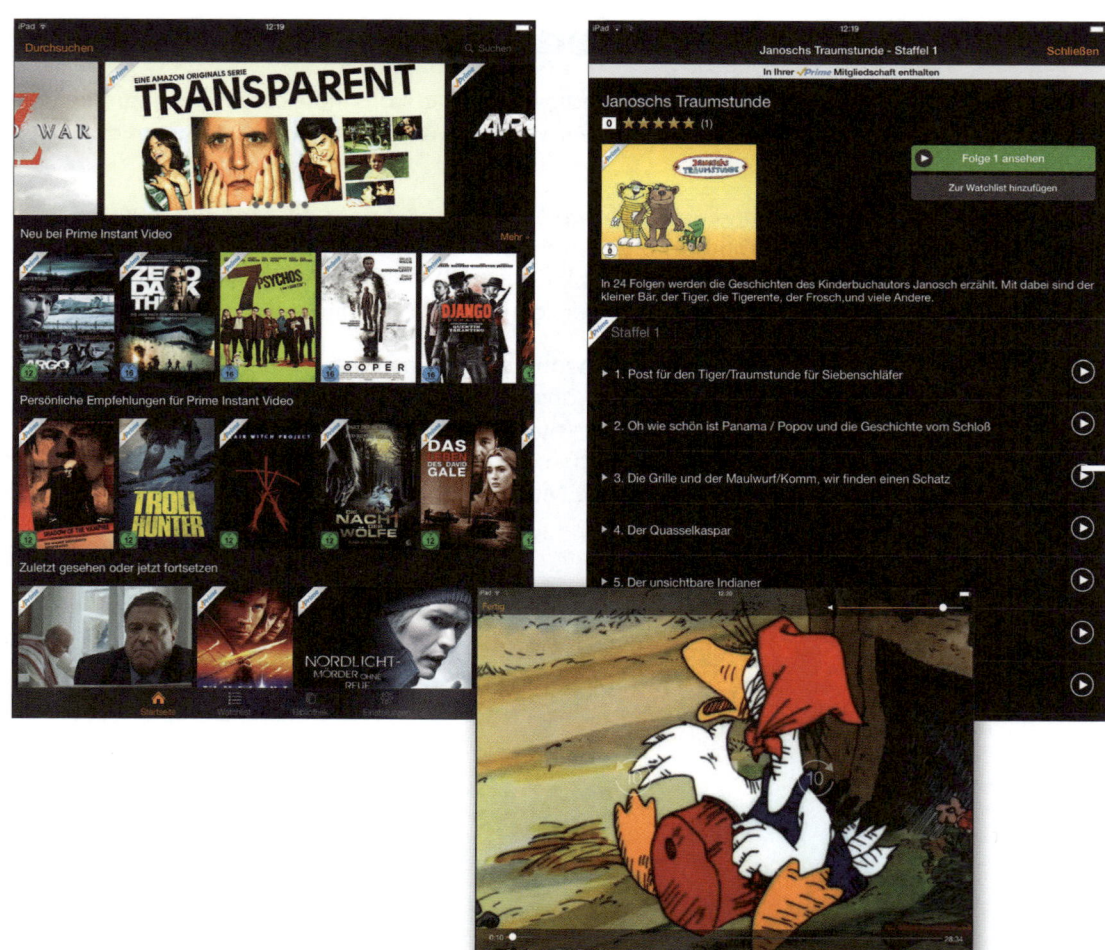

Bei Amazon Instant Videos leihen und streamen

In ein paar Jahren wird das reguläre Fernsehprogramm zugunsten von **Video-on-Demand** viele Zuschauer verlieren. Dann können Sie jederzeit aussuchen, was Sie wann und auf welchem Gerät schauen wollen. In den USA gibt es bereits mehrere Anbieter, die zu fairen Preisen ein sehr großes Angebot zur Verfügung stellen. In Deutschland fängt das gerade erst an. Bedenken Sie bei der Nutzung von Video-on-Demand aber immer, dass die Videos **gestreamt** oder teilweise auch **heruntergeladen** werden. Wie schnell sie dann zur Verfügung stehen, hängt von Ihrer Internetgeschwindigkeit ab. Daher ist es empfehlenswert, auf diese Dienste zuzugreifen, wenn Sie per WLAN und nicht nur über Mobilfunk verbunden sind. Zudem werden die Inhalte durchgewechselt. Wenn Sie also eine Serie sehen, kann es sein, dass diese irgendwann nicht mehr da ist, sodass Sie nicht weiterschauen können. Wann die Inhalte verschwinden, steht allerdings auch immer dabei.

Wenn Sie **Amazon-Prime-Kunde** sind, ist Amazon Instant Video als Flatrate inklusive und Sie können sich mit Ihren Log-in-Daten in der App anmelden und sofort damit beginnen, darüber Videos auf Ihrem iPad zu schauen. Die Auswahl ist vielfältig und groß, und einige Inhalte liegen sogar mit Originalton vor. Des Weiteren gibt es hier einen Sportbereich mit umfangreichen Angeboten sowie eine Kinderecke. Letztere können Sie mit einer PIN sperren, damit der Nachwuchs nicht heimlich in das Erwachsenenprogramm wechselt. Besitzen Sie ein Apple TV, können Sie die Videos per **AirPlay** auch darüber abspielen (mehr dazu auf Seite 211). Einziges Manko: Die Inhalte der App sind ein wenig unübersichtlich angeordnet und nicht alle Amazon-Instant-Inhalte gehören zur Flatrate. Da die Bedienung aber ganz einfach ist, werden Sie sich trotzdem schnell zurechtfinden.

Sollten Sie kein Amazon-Prime-Kunde sein, können Sie sich entweder mit Ihrem Amazon-Account anmelden oder ein neues Konto anlegen und die Filme und Serien einzeln leihen oder gleich kaufen.

Pures Video-on-Demand: Watchever

Bei dem Video-on-Demand-Service von BILD kostet die Aktivierung von bis zu fünf Geräten (iPad, iPhone, Android, PC, Apple TV und mehr) 8,99 Euro im Monat, nachdem die ersten vier Wochen kostenlos waren. Zu dem günstigen Preis kommt die Möglichkeit, **Watchever** immer zum Ende des Monats zu kündigen. Während das Abo besteht, bekommen Sie eine breite Auswahl an US-Serien und Filmen geboten, die größtenteils auf Deutsch und auf Englisch vorliegt. Die angebotenen Serien fangen zudem immer bei der ersten Staffel an. Sie müssen lediglich darauf achten, wie lange diese im Angebot sind, denn das ändert sich regelmäßig. Was Bedienung und Umfang betrifft, handelt es sich hier um das beste in Deutschland derzeit verfügbare Angebot. Sollten Sie ein Apple TV besitzen (siehe Seite 211), werden Sie dort Watchever bereits fest integriert vorfinden. Sie können aber auch einfach AirPlay nutzen, um Filme und Serien vom iPad auf das Apple TV zu projizieren. Des Weiteren arbeitet Watchever mit Googles Chromecast zusammen, der nicht nur günstig ist, sondern auch erlaubt, das iPad während der Übertragung anderweitig zu nutzen. Das ist mit AirPlay leider nicht möglich.

Netflix: Next-Generation-Video-Streaming

Seit Herbst 2014 gibt es das amerikanische Video-Streaming-Portal Netflix auch in Deutschland. Entgegen den allgemeinen Befürchtungen ist das Angebot sehr gut und wird täglich erweitert. Besonders Serienfans werden hier fündig. Je nachdem, auf wie vielen Geräten Sie es nutzen wollen beziehungsweise wie viele aus Ihrer Familie oder Wohngemeinschaft gleichzeitig unterschiedliche Sendungen gucken möchten, zahlen Sie zwischen 8 und 12 Euro im Monat. Sie können das Abo aber auch jederzeit kündigen und neu starten. Innerhalb der App finden Sie je nach Titel die Möglichkeit auf Deutsch oder Originalton umzustellen und einen Untertitel einzublenden. Des Weiteren unterstützt Netflix auf dem iPad den Apple TV und den ChromeCast und bietet viele deutsche Filme und Serien.

Wer streamt es?

Das Angebot an Video-On-Demand wird immer größer. Wenn Sie sich nicht sicher sind, welcher der passende Dienst für Sie ist, können Sie einerseits die von den meisten Anbietern angebotenen Probemonate nutzen oder sich auf *www.werstreamt.es* einen Überblick verschaffen. Hier können Sie nach Filmen und Serien suchen und bekommen als Ergebnis angezeigt, wo diese (innerhalb Deutschlands) für wie viel Geld oder per Flatrate verfügbar sind.

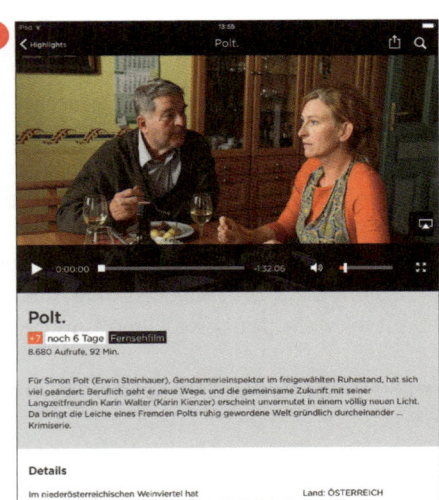

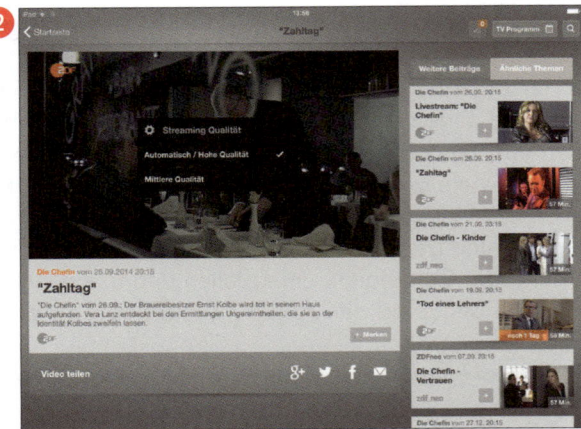

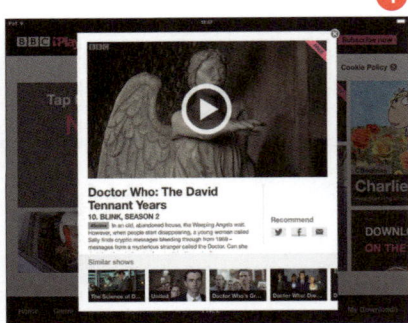

Fernsehen auf dem iPad

Video-on-Demand ist nicht die einzige Möglichkeit, Fernsehfilme und -serien auf dem iPad zu empfangen. Es gibt diverse Apps, die gute Sendungen liefern. Die hier vorgestellten Anwendungen sind nur die Spitze des Eisbergs. Suchen Sie im App Store einfach mal nach Ihrem Lieblingssender.

❶ **arte:** Die App bietet neben ausgewählten Sendungen auch die Möglichkeit, das gerade live laufende Programm des Senders zu empfangen.

❷ **ZDF:** Die ZDFmediathek ist zwar anders aufgebaut als arte, bietet aber ebenfalls ausgewählte Sendungen und Trailer (auch von Tochtersendern wie 3sat, ZDFinfo und weiteren) sowie einen Live-Modus. Die ARD wartet ebenfalls mit einer Mediathek-App auf, die ähnlich funktioniert.

❸ **7TV:** In dieser App finden Sie Clips und ganze Folgen der Privatsender ProSieben, Sat.1, kabel eins, sixx, ProSieben MAXX und Sat.1 Gold. Diese können Sie auf dem iPad streamen und auch auf Apple TV übertragen – und das ganz ohne Werbung. Allerdings funktioniert es nur innerhalb Deutschlands. Livestreams kosten zudem 2,99 Euro pro Monat.

❹ **BBC iPlayer:** Mein absoluter Favorit, da ich mir hier alte BBC-Serien wie die klassischen Doctor-Who-Folgen anschauen kann – teilweise sogar gratis. Natürlich gibt es auch viel Aktuelles. Das Angebot ist riesig und kostet nur faire 6 Euro im Monat. Leider steht es nur auf Englisch und ohne Untertitel zur Verfügung.

DVB-T: digitales Fernsehprogramm empfangen

Es gibt einige wenige DVB-T-Empfänger für iOS, mit denen Sie richtiges Fernsehprogramm schauen können. Sie brauchen meist nur die dazugehörige App, Internet ist theoretisch nicht nötig.

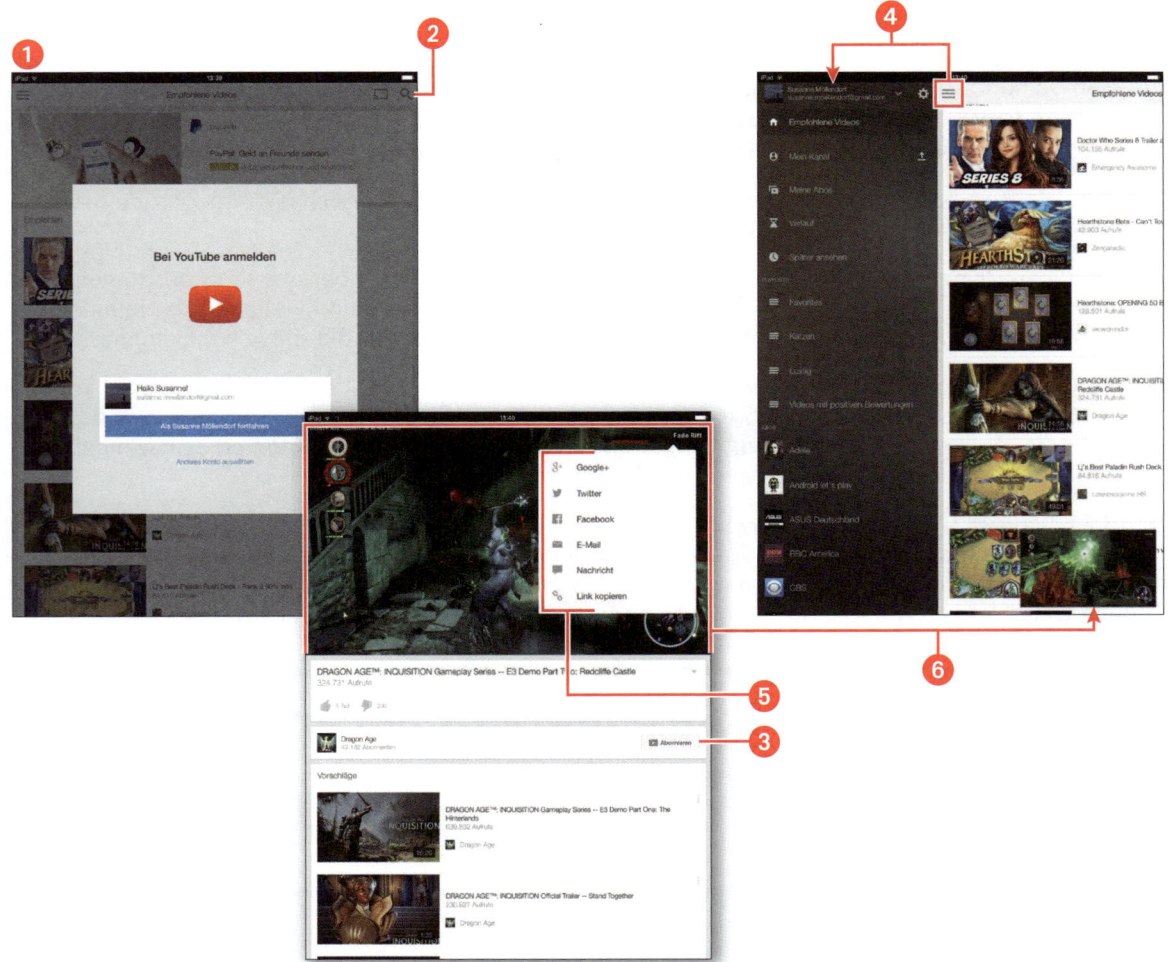

YouTube individualisieren und nutzen

Bei YouTube handelt es sich zwar nicht gerade um den perfekten Ort, um auf Anhieb hochwertige Videos zu finden, Sie können sich hier aber mit einem eigenen Account oder einem Google-Konto anmelden und Kanäle abonnieren, die für Sie interessante Videos beinhalten. Wenn Ihr Englisch gut ist, können Sie aus einer Menge an guten Webserien auswählen. Natürlich gibt es auch gute deutsche Videos: Trailer, Spielereviews, How-to-Anleitungen, Comedy und vieles mehr. Die meisten Videos sind kurz und ideal für zwischendurch geeignet. Wenn Sie Ihr YouTube individualisieren wollen, gehen Sie wie folgt vor:

❶ Registrieren Sie sich oder melden Sie sich mit einem bestehenden **Google-Account** an.

❷ Hier können Sie nach Firmen, Themen oder Filmen **suchen** …

❸ … und entsprechende Kanäle **abonnieren**.

❹ Wenn Sie nun auf der YouTube-Startseite oben links auf das Feld mit den drei Strichen tippen, öffnen sich Ihre Einstellungen. Hier können Sie unter anderem Ihren eigenen Kanal einrichten, in den Sie dann auch Ihre selbst erstellten Videos hochladen. Damit Ihnen aber nur für Sie interessante Videos angezeigt werden, wählen Sie **Meine Abos** oder **Empfohlene Videos** aus – und schon bekommen Sie entweder die neuesten Beiträge Ihrer abonnierten Kanäle oder andere für Sie interessante Videos angezeigt.

❺ Innerhalb eines Videos haben Sie ähnliche Möglichkeiten wie auf der Webseite von YouTube. So können Sie Videos **bewerten**, zum späteren Anschauen **abspeichern** oder mit Freunden **teilen**. Wollen Sie YouTube über Apple TV (siehe Seite 211) nutzen, funktioniert das allerdings am besten direkt am Gerät selbst. Dort finden Sie YouTube als integrierte Software. Vom iPad aus gibt es alternativ noch eine Chromecast-Funktion. Damit projizieren Sie das Video auf einen Fernseher und können dabei das Tablet weiter benutzen.

❻ Wenn Sie bei einem geöffneten Video den Pfeil oben links antippen, werden Sie zur Startseite zurückgeleitet, und das Video läuft als Miniatur unten rechts weiter. Durch Antippen vergrößern Sie die Ansicht wieder, und Sie schließen sie, indem Sie sie nach rechts vom Bildschirm schieben.

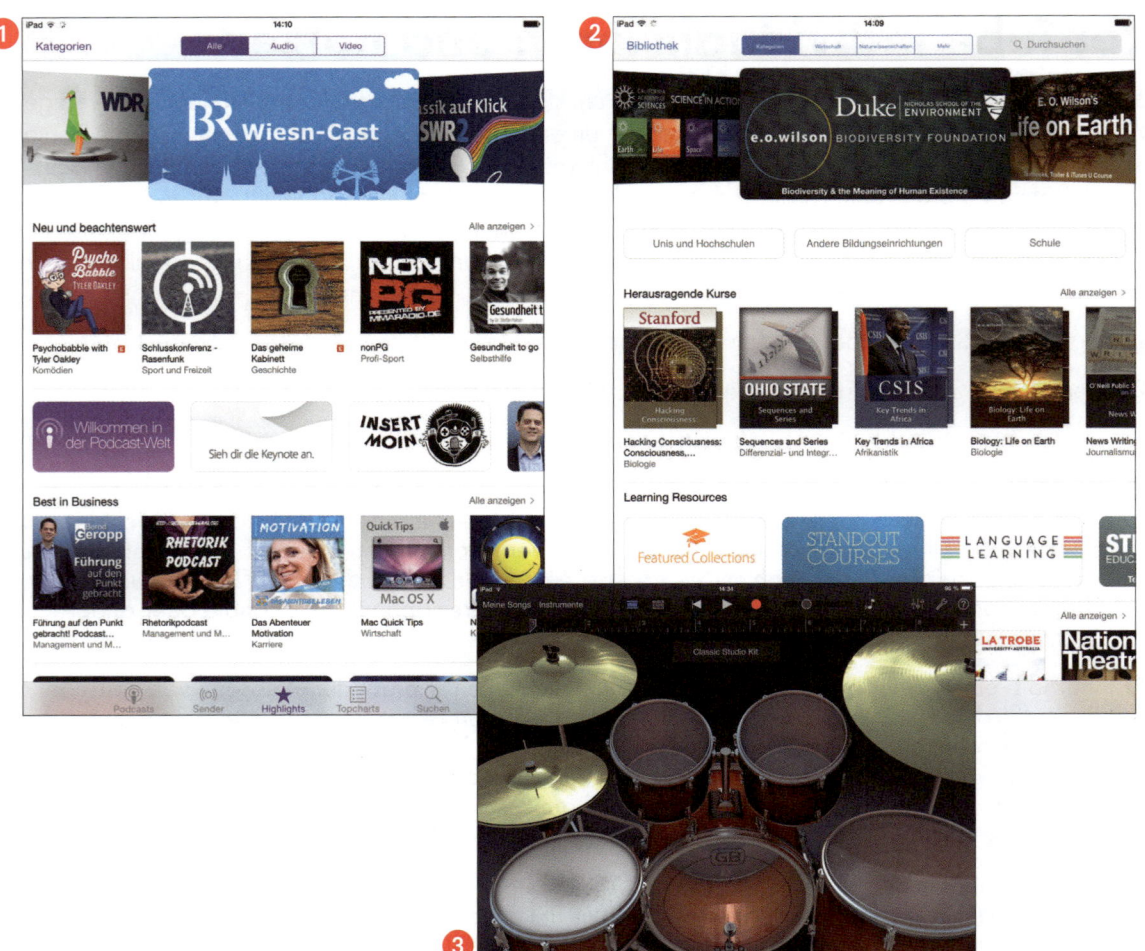

Apple-Podcasts und iTunes U: mit und ohne Video

Im App Store finden Sie die beiden unscheinbar wirkenden Apple-Apps Podcasts und iTunes U. Diese Anwendungen bieten unendlich viele Inhalte, die dazu noch kostenlos sind.

Bei den **Podcasts** ❶ handelt es sich um einen Unterbereich von iTunes, jedoch sind die kurzen Filme und Radiobeiträge, die Sie hier herunterladen können, alle gratis. Man findet zu jedem nur erdenklichen Thema Beiträge und kann sich ein komplettes Radioprogramm zum Beispiel für lange Fahrten zusammenstellen. Die Inhalte laden Sie dann am besten vorher über Ihr WLAN herunter. Sie finden aber auch viele kurze Videos aus den Bereichen Film, Serien, Nachrichten und mehr – perfekt für kurze Arbeitspausen. Sehr beliebt sind Tutorials, egal ob es dabei zum Beispiel ums Kochen oder ums Fotografieren geht. Wenn Ihr Englisch gut ist, stehen Ihnen sogar noch mehr Podcasts zur Verfügung. Dann können Sie auch mal **iTunes U** ❷ ausprobieren. Hier gibt es Hunderte von Unikursen, How-tos und Dokus zum Download, teilweise sogar im Videoformat. Auch an deutschen Kursen wird mittlerweile eine gute Auswahl angeboten.

Eine eigene Mini-Band gründen

Die Apple-App **GarageBand** ❸ gibt es gratis im App Store. Mit dieser Anwendung können Sie allein oder mit Freunden Songs aufnehmen. Nehmen Sie die Instrumente einzeln oder auf mehreren Geräten zusammen auf, singen Sie dazu und verfeinern Sie den Sound mit Effekten. Fertige Stücke können Sie natürlich ganz bequem im Internet mit anderen teilen. Drums, Keyboard und Smart Guitar sind umsonst, für weitere Instrumente müssen Sie 4,49 Euro investieren, es sei denn Sie besitzen ein iPad Baujahr 2013 oder neuer. In diesem Fall ist alles kostenlos.

Mit Apple TV das iPad auf dem Fernseher nutzen

Bei Apple TV handelt es sich um eine kleine, unscheinbare Box (99 Euro über den Apple Store), die Sie an Ihren Fernseher und Ihr Internet klemmen. Damit können Sie dann iTunes-Serien und -Filme schauen (kaufen oder leihen) sowie weitere Videodienste wie YouTube (siehe Seite 207) und Watchever (siehe Seite 201) sowie Netflix (Seite 203) und mehr nutzen. In Verbindung mit Ihrem iPad ist Apple TV aber besonders für den AirPlay-Service interessant. Denn damit können Sie **Musik, Filme und Bilder** von Ihrem Tablet direkt auf dem Fernseher abspielen. Das funktioniert überall dort, wo Sie das **AirPlay**-Zeichen ❶ sehen – vorausgesetzt, Apple TV wurde vorher angestellt. Tippen Sie es an und wählen Sie Apple TV aus. Das Video wird ruck, zuck auf Ihrem Fernseher angezeigt. Sollten Sie das AirPlay-Symbol einmal vermissen, gehen Sie ins Kontrollzentrum (siehe Seite 43). Von dort aus können Sie das Display Ihres iPads jederzeit über Apple TV auf Ihrem Fernseher anzeigen lassen. Allerdings wirkt es dann meistens unscharf, da es hochgerechnet werden muss. Anwendungen, die für AirPlay konzipiert sind, haben dieses Problem nicht.

Generell kann ich Apple TV nur empfehlen. Der einzige Nachteil sind die hohen iTunes-Kosten, dafür funktioniert dieses kleine und im Verhältnis auch günstige Gerät schnell und zuverlässig, und es versteckt jede Menge spannende Features. In Zukunft werden sicher noch mehr Video-on-Demand-Anbieter wie Watchever ihre Dienste in das Apple TV integrieren.

Achtung: Wenn Sie AirPlay nutzen wollen, ist es wichtig, dass dieses am Apple TV auch aktiviert ist. Sonst werden Sie das Symbol nirgendwo auf Ihrem iPad finden.

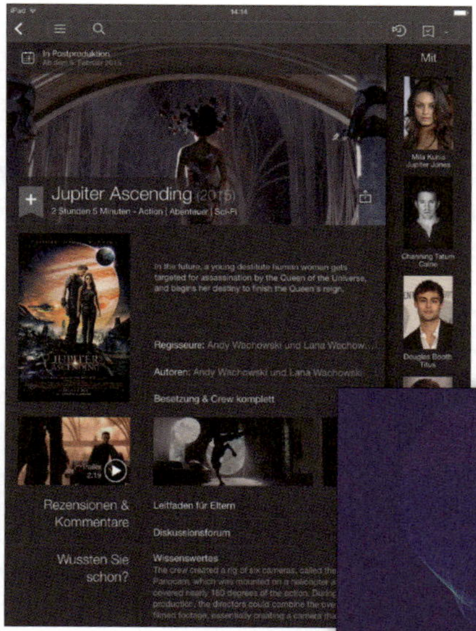

Apps gegen die Langeweile

Manchmal will man sich ja einfach nur kurzweilig die Langeweile vertreiben und hat gerade vielleicht keine Lust zu lesen, zu spielen oder kurze Filmchen auf YouTube zu schauen. Für solche Gelegenheiten bietet das iPad natürlich auch jede Menge toller Apps.

❶ Pinterest: Bei dieser digitalen Pinnwand handelt es sich um ein weltweites Gruppenprojekt. Jeder darf teilnehmen und Bilder und Videos von Webseiten zu jedem (jugendfreien) Thema posten. Diese werden dann von anderen erneut gepinnt und so immer wieder geteilt. Sie können sich mit Ihrem Facebook-Account anmelden, direkt den Pins Ihrer Facebook-Freunde folgen oder auch neue Leute suchen, deren Beiträge Sie interessant finden. Und auch ohne jegliche Interaktion mit anderen Pinnern können Sie aufgrund der vielen Einträge pro Sekunde mit Pinterest stundenlang die Zeit totschlagen.

❷ IMDB – Internet Movie Database: Wenn das Fernsehprogramm mal wieder nichts Interessantes bietet, kann man nebenbei auch in der größten Datenbank für Filme und Serien stöbern. Aus welchen Produktionen kommt einem der Hauptdarsteller so bekannt vor? Wer hat das Drehbuch geschrieben? Gibt es eine Fortsetzung? Diese und mehr Fragen beantwortet die App. Nebenbei gibt es zu jedem Film und jedem Darsteller umfassende Informationen, Trailer und Trivia.

❸ Zeichnen: Es gibt Hunderte von Apps, mit denen Sie mit Fingern oder Stiften kleine Kunstwerke malen können. Probieren Sie doch einfach mal einige durch, wenn Sie gerade nichts zu tun haben. Eine meiner Favoriten und eine absolute Empfehlung: Flowpaper. Mit wenigen Bewegungen können Sie hier tolle Bilder aus farbigen Wellen erstellen.

Mit dem iPad spielen – Empfehlungen

Spieleempfehlungen sind natürlich so eine Sache, da sie immer eine Frage des Geschmacks sind. Ich stelle hier einfach mal meine Lieblingsspiele vor.

❶ **Aufräumspiele:** Wenn Sie gern **Tetris** oder **Bejeweled** spielen, empfehle ich **BoXiKon**, **ChornerChaos** und **Orba**. Bei allen drei Spielen müssen Sie versuchen, Reihen beziehungsweise gleiche Farbgebilde zu bauen, damit das Spielfeld nicht verstopft. Alle drei Spiele können ohne Zeitdruck gespielt werden, was sie perfekt macht für zwischendurch und nebenbei.

❷ **Solitär:** Der Karten-Klassiker ist mehrmals im App Store vertreten in jeder nur erdenklichen Variante. Suchen Sie sich einfach die Anwendung raus, die Ihnen von der Optik und der Handhabung her am besten gefällt.

❸ **Breakout:** Nicht nur Retrofans wird dieser Klassiker zusagen. Hier steuern Sie einen Ball durch immer schwerer werdende Level von zu zerstörenden Ziegelsteinen. Dieses Spiel erfordert schnelle Reaktionen und viel Konzentration.

❹ **King of Opera:** Zwar ein englisches Spiel, aber man muss nicht viel lesen. Suchen Sie sich einen Tenor und schubsen Sie mit ihm die anderen Tenöre von der Bühne, um ins Rampenlicht zu kommen. Urkomisch und sehr hübsch, aber auch richtig knifflig.

❺ **Puzzle Craft:** Bauen Sie sich Ihr eigenes Dorf und verwandeln Sie es in eine Stadt. Das alles findet auf einem einzigen Screen statt. Die Baumaterialien erhalten Sie durch kurzweilige Minispiele. Klingt ganz einfach und ist auch schnell erlernbar, fesselt aber von Anfang an, und man kann weiter und weiter spielen, wenn man möchte.

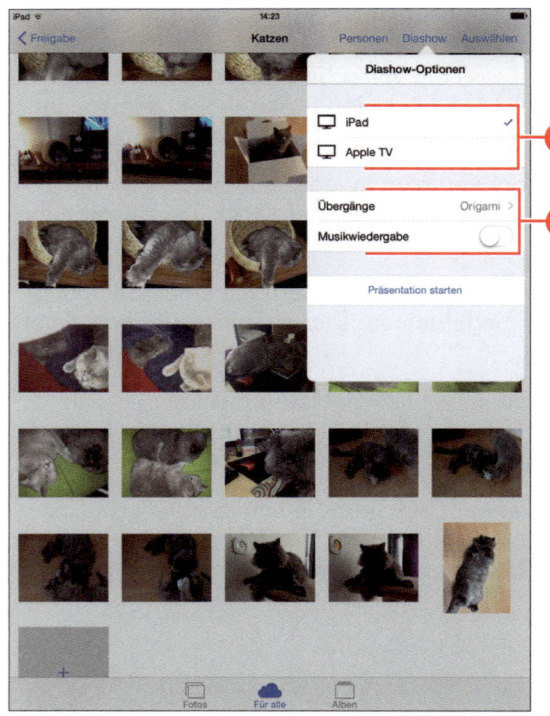

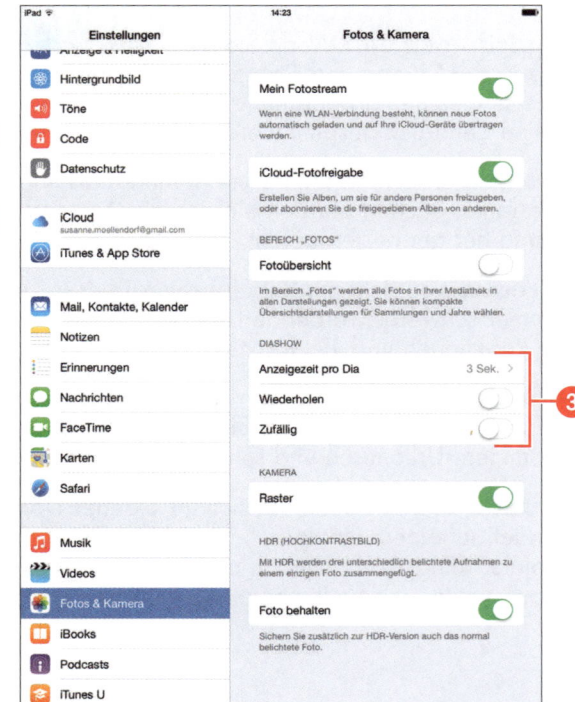

Das iPad als digitalen Bilderrahmen und für Diashows verwenden

Wenn Sie Ihre Bilder jemandem präsentieren wollen, schauen Sie sich die Funktion **Diashow** mal in der App Fotos an. Damit können Sie Bilder in ausgewählten Ordnern zeigen – sowohl auf dem iPad als auch auf dem Apple TV (siehe Seite 211) ❶, es stehen lustige Überblendungsanimationen zur Verfügung, und Sie können das Ganze mit Musik Ihrer Wahl hinterlegen ❷. Wenn Sie **Einstellungen** → **Fotos & Kamera** öffnen, können Sie die Zeitintervalle zwischen den Bildern einstellen, die Häufigkeit der Wiederholung aller Bilder und die zufällige Wiedergabe ❸.

Im App Store finden Sie weitere Anwendungen, die noch schönere Diashows mit noch mehr Anpassungsmöglichkeiten bieten. Wenn das iPad an eine Stromquelle angeschlossen ist, eignet es sich mit einer Diashow sogar als digitaler Bilderrahmen.

Kapitel 9 | Bild- und Videobearbeitung mit dem iPad

Die integrierte Kamera des iPads mag nicht ganz so gut sein wie die des iPhones, dafür eignet sich das Tablet besser zur kreativen Bearbeitung von Fotografien und Videos. Ich gehe in diesem Kapitel kurz darauf ein, wie die Kamera funktioniert, und erkläre neben den Bearbeitungsmethoden auch, wie Sie Bilder auf das Tablet bekommen, die Sie mit einem anderen Gerät aufgenommen haben.

DSLR-Kameras per iPad bedienen

Besitzen Sie eine digitale Spiegelreflexkamera (DSLR) z. B. von Nikon oder Canon? Es gibt im App Store Anwendungen, die Ihnen besonders bei Porträtfotos oder Studioaufnahmen helfen können. Das iPad ersetzt dann das kleine Display der Kamera und erlaubt Ihnen, Einstellungen vorzunehmen. Fotos werden direkt auf dem Tablet gespeichert, was das Bearbeiten und Teilen einfacher macht. Die Verbindung zum iPad funktioniert kabellos. Diese Apps sind allerdings oft teuer, daher sollten Sie sich vorher vergewissern, dass Ihre Kamera tatsächlich unterstützt wird.

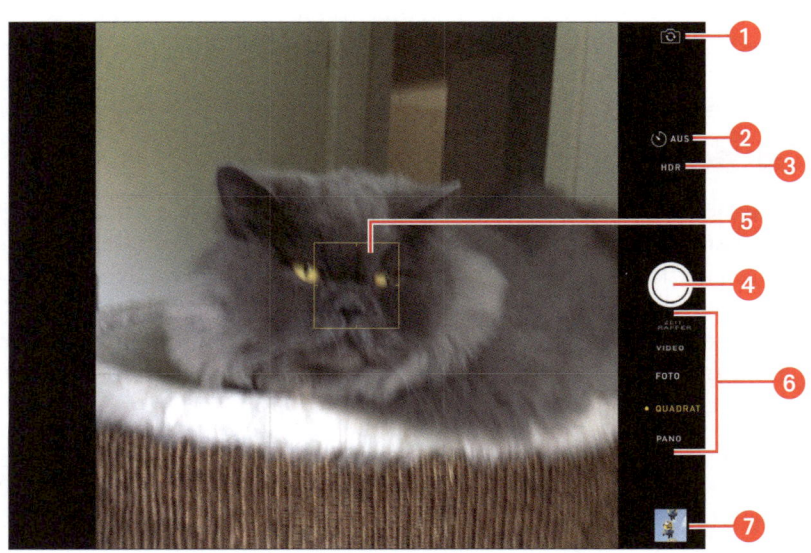

Die Kamera nutzen

Auf Seite 29 habe ich bereits erklärt, wie Sie vom Sperrbildschirm aus auf die Kamera zugreifen, ohne erst umständlich den Sperrcode einzugeben. Auf dem Home-Bildschirm starten Sie einfach die Anwendung, die sich **Kamera** nennt. Die App verbirgt einige Features, die das Fotografieren erleichtern sollen: einen Autofokus, eine Gesichtserkennung und eine Bildstabilisierung für Videoaufnahmen. Sie können schöne Aufnahmen erstellen, aber keine hochwertige Kamera ersetzen.

❶ Hier können Sie zwischen der standardmäßig eingestellten Rückseitenkamera auf die **Frontkamera** (und zurück) wechseln. Die Frontkamera ist in erster Linie für FaceTime (Seite 139) gedacht, eignet sich aber auch gut für Selbstporträts.

❷ Mit dem **Zeitauslöser** bekommen Sie drei oder zehn Sekunden Zeit für eine Portraitaufnahme.

❸ Stellen Sie hier **HDR** an oder aus. Mit HDR (High Dynamic Range – Bild mit hohem Dynamikumfang) werden die dunklen und hellen Bereiche im Foto besser ausbalanciert. Hierfür werden in Sekundenschnelle drei Bilder mit unterschiedlichen Belichtungsfaktoren aufgenommen und zusammengefügt.

❹ An dieser Stelle befindet sich entweder der **Auslöser** zum Fotografieren oder die Start-/Stopptaste für Videos.

❺ Das gelbe Quadrat zeigt den Bereich an, der sich im **Fokus** befindet und damit schärfer als andere Ebenen dargestellt wird. Sie können den Fokus neu setzen, indem Sie vor dem Fotografieren oder während der Videoaufnahme mit dem Finger in den gewünschten Bereich tippen. Halten Sie das Quadrat gedrückt, um den aktuellen Fokus zu sperren. Damit können Sie je nach Situation schlecht ausgeleuchtete Szenen besser aufnehmen. Wenn Sie Personen fotografieren, wird die Kamera automatisch auf jedes Gesicht (bis zu zehn sind möglich) ein solches Fokusquadrat legen.

❻ Wechseln Sie hier zwischen **Kamera** (Fotos) und **Camcorder** (Videos). Außerdem können Sie das **Format** der Fotos auf quadratisch umstellen – zum Beispiel für Bilder, die Sie auf Instagram (siehe Seite 235) posten möchten. Ebenfalls vorhanden sind eine **Panoramasoftware** und ein **Zeitraffer**.

❼ Hier geht es zur letzten Aufnahme in den **Fotoalben**.

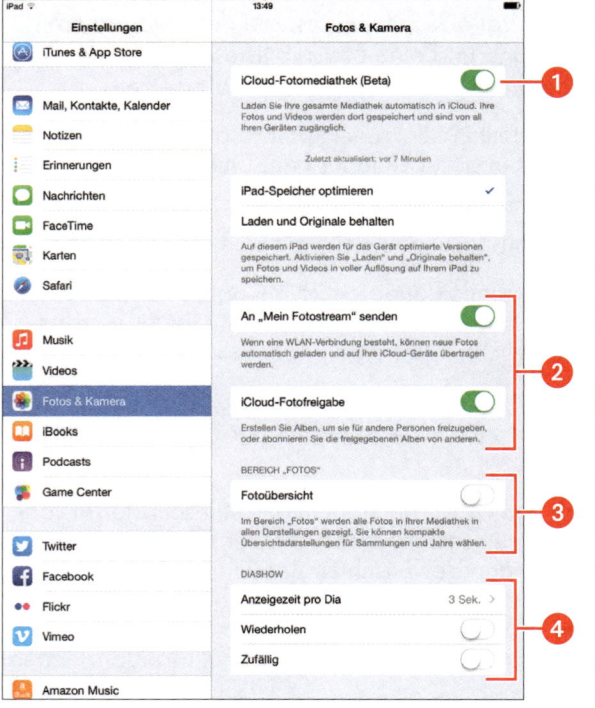
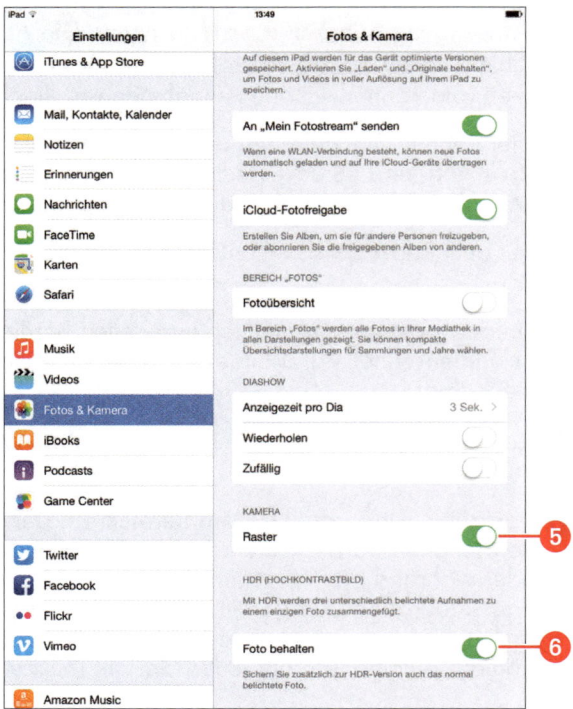

Die Kamera-Einstellungen

Wenn Sie **Einstellungen** → **Fotos & Kamera** öffnen, finden Sie einige Optionen, die den Umgang mit der Kamera-App noch erleichtern.

❶ Durch die Aktivierung der iCloud-Fotomediathek erhalten Sie über iCloud.com Zugriff auf Ihre Fotos und die Möglichkeit, Bilder in optimierter Fassung auf dem iPad abzuspeichern (mehr dazu auf Seite 315).

❷ Den Fotostream und die iCloud-Fotofreigabe erkläre ich auf Seite 153.

❸ Hier können Sie einstellen, dass Ihre Fotos in der Foto-App chronologisch sortiert und dargestellt werden.

❹ Die Diashow-Funktionen erkläre ich auf Seite 217.

❺ Mit einem aktivierten Raster ist es einfacher, einen geraden Horizont aufzunehmen.

❻ Wenn Sie diese Option aktivieren, werden sowohl das HDR-Bild (siehe ❸ auf Seite 221) als auch das normale Bild abgespeichert. Einerseits kann das für die Bearbeitung hilfreich sein, andererseits wird so der interne Speicher schneller voll.

Mit dem iPad Air 2 noch bessere Fotos machen

Im Gegensatz zu allen anderen derzeit verfügbaren iPad-Modellen bietet die Kamera (iSight) auf der Rückseite des iPad Air 2 über 8 Megapixel, also genau wie die aktuellen iPhone-Geräte. Bei den anderen sind es lediglich 5 Megapixel. Das macht einen großen Unterschied bei Fotos sowie bei Serienaufnahmen (mehrere Bilder pro Sekunde), die nur mit dem iPad Air 2 möglich sind. Des Weiteren lassen sich nicht nur Zeitraffervideos (verschnellerte Aufnahmen) mit diesem Modell erstellen sondern auch Zeitlupenvideos (verlangsamte Videos). Ansonsten sind die Kamerafunktionen (inklusive der FaceTime-Kamera vorn) mehr oder weniger bei allen iPad-Modellen gleich.

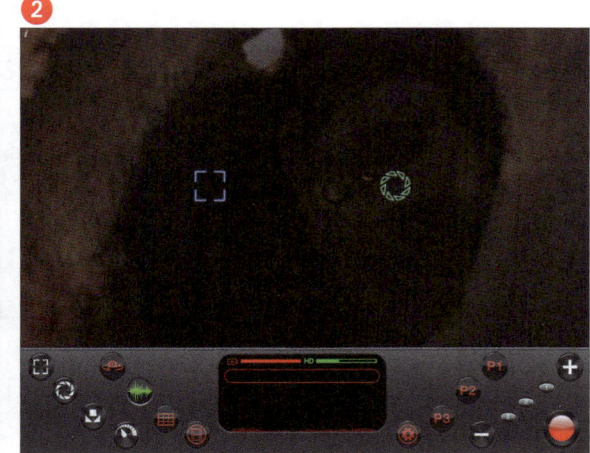

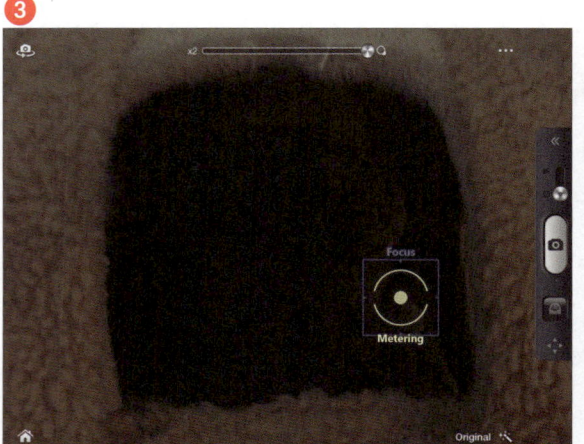

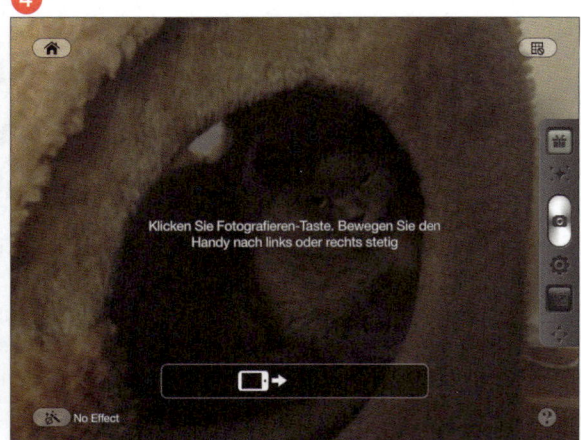

Die besten Kamera-Apps

Auf Seite 233 erkläre ich, wie Sie aufgenommene Fotos bearbeiten und verschönern. Mit den richtigen Kamera-Apps können Sie aber bereits vor der Aufnahme dafür sorgen, dass Ihre Bilder etwas ganz Besonderes werden. Im App Store finden Sie viele Anwendungen, die der Kamera Ihres iPads jede Menge Zusatzfunktionen verpassen:

❶ Mit **ProCam XL 2** kaufen Sie für 0,89 Euro eine Foto- und Video-App, die Ihrem iPad nicht nur den Look eines Profikameradisplays gibt, sondern auch jede Menge Funktionen und Einstellungsmöglichkeiten bietet, die für die Gelegenheitsfotografie allerdings recht anspruchsvoll sind. Sie finden hier unter anderem verstellbare Anti-Verwacklung, Selbstauslöser, einen Speicherplatzzähler während der Videoaufnahme, unterschiedliche Seitenverhältnisse sowie die Möglichkeit, Fokus und Belichtung unabhängig voneinander zu steuern.

❷ Wer mehr an der Erstellung von Videos als an Fotoaufnahmen interessiert ist, dem kann ich **FiLMiC Pro** empfehlen. Die App kostet 4,49 Euro und punktet mit Profitools wie einem Histogramm, einem Audiometer, verschiedenen Bildfrequenzen und vielem mehr. Einziger Nachteil: Die Videos lassen sich nicht in iMovie bearbeiten.

❸ Bei **PowerCam** (1,79 Euro) handelt es sich um eine einfache Kamera-App, die bereits vor dem Fotografieren einen von vielen verfügbaren Effekten zeigt. Sie können sie sogar durch Wischen durchscrollen, bis Sie etwas gefunden haben, das Ihnen gefällt. Oder fotografieren Sie dasselbe Motiv immer wieder mit einer anderen Maske. Perfekt, wenn Sie einfach nur besondere Fotos machen möchten, ohne sich viel mit Einstellungen etc. zu beschäftigen.

❹ Wie auf Seite 221 unter ❻ erwähnt, bietet das iPad inzwischen auch eine Panaromafunktion an. Diese ist allerdings recht rudimentär, weswegen es sich lohnt im App Store nach einer alternativen App zu suchen. Die heißen natürlich fast alle »Panorama«. Meine Empfehlung nennt sich **Panorama™** (0,89 Euro) und bietet neben den Panoramaaufnahmen auch, wie unter ❸ beschrieben, Effekte, die Sie vorher (aber auch hinterher) auswählen können. Während der Aufnahme müssen Sie den Auslöser gedrückt halten und das iPad in die entsprechende Richtung bewegen.

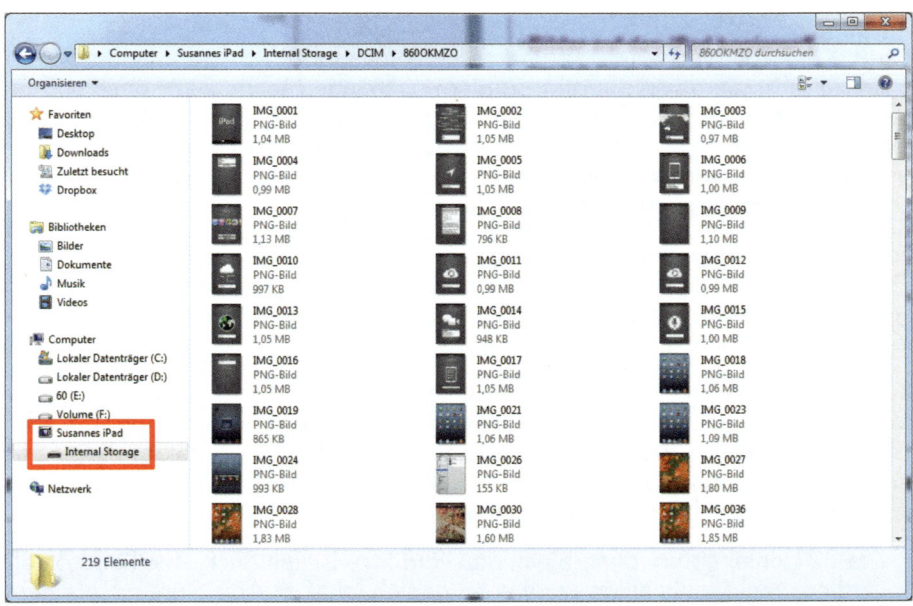

Bilder auf das iPad kopieren

Wenn Sie Ihr iPad mit dem mitgelieferten Kabel an einen Rechner anschließen, können Sie auf die Fotos auf Ihrem Tablet zugreifen und diese auch von dort aus auf den Rechner kopieren. Sie haben allerdings keinen Zugriff auf andere Dateien und auch nicht die Möglichkeit, irgendwelche Dateien auf das iPad zu transferieren. Dafür müssen Sie erst **iTunes** auf Ihrem Rechner installieren. Wie Sie dann vorgehen, erkläre ich ab Seite 177. Allerdings möchte ich von der Benutzung von iTunes abraten, sofern es sich vermeiden lässt, da es nicht besonders intuitiv zu bedienen ist. Des Weiteren landen Videos, die Sie so synchronisieren, auch nicht in den Fotoalben, sondern in der Videoanwendung, von wo aus Sie keine Videobearbeitung vornehmen können. Daher empfehle ich als Alternative **Dropbox** (siehe Seite 155). Dateien, die Sie dort als Favoriten kennzeichnen, werden auf dem iPad gespeichert und können mit den richtigen Apps auch geöffnet werden. Sie können mit entsprechenden Adaptern oder einem **USB-On-The-Go-Kabel** aber auch externe Speichergeräte anschließen, um Fotos auf das iPad zu kopieren. Ihr iPad erkennt jedoch nur Bilder – und auch die nur, wenn sie sich in einem Ordner mit dem Namen **DCIM** befinden. Der taucht dann in der Anwendung **Fotos** auf. Mit den richtigen Adaptern (siehe Seite 327) können Sie auch zwei iOS-Geräte koppeln und so Videos austauschen. Für Fotos, die von einem iOS-Gerät auf ein anderes transferiert werden sollen, nutzen Sie aber besser den **Fotostream** (siehe Seite 241) oder die iCloud-Fotomediathek (Seite 315).

Auf Dokumente, Kontakte, Internetfavoriten und E-Mails können Sie teilweise per **iCloud** zugreifen – mehr dazu ab Seite 277.

Mit PhotoSync Dateien übertragen

Die auf Seite 227 beschriebenen Vorgehensweisen lösen jede für sich das eine oder andere Kopierproblem. Als ich allerdings ein Video von meinem iPhone 5 auf das iPad so übertragen wollte, dass ich es in iMovie bearbeiten konnte, stand ich vor dem Problem, dass die Dropbox zum einen ewig für das Hoch- und dann wieder Herunterladen brauchte und zum anderen bei der über 200 MByte großen Datei abstürzte. Bei der Übertragung per Mediathek wird das Video wiederum nicht in den Alben abgelegt, sodass iMovie nicht darauf zugreifen kann. Mit dem entsprechenden Adapter von Apple (Seite 327) ist es mir dann zwar irgendwann gelungen, aber da diese sehr teuer sind, stelle ich eine weitere Möglichkeit vor, die ich persönlich jedem empfehlen kann, der Bild- und Videobearbeitung mit seinem iPad vornehmen möchte. Die App **PhotoSync** kostet nur 1,79 Euro und überträgt **in Sekundenschnelle große Datenmengen** von iOS-Gerät zu iOS-Gerät, aber auch von und zum Rechner – sofern sich alle Geräte im gleichen Netzwerk befinden. Das Übertragen von Bildern auf Dropbox, Picasa, Facebook und viele andere Dienste wird ebenfalls unterstützt, dauert allerdings deutlich länger.

Um Daten zwischen dem Rechner und Ihrem iPad zu tauschen, installieren Sie die entsprechende Software, die Sie auf der Seite des Herstellers finden (siehe QR-Code). Wenn Sie PhotoSync auf dem Rechner laufen lassen, empfängt dieser automatisch alle Dateien, die Sie dorthin senden. Um Dateien auf das iPad zu senden, starten Sie die App auf dem Tablet ➊ und ziehen am Rechner die Bilder auf das Drag-and-drop-Fenster. Ein Austausch zwischen zwei iOS-Geräten funktioniert ähnlich. Hier ist es wichtig, dass auf beiden Geräten die App installiert und geöffnet ist ➋.

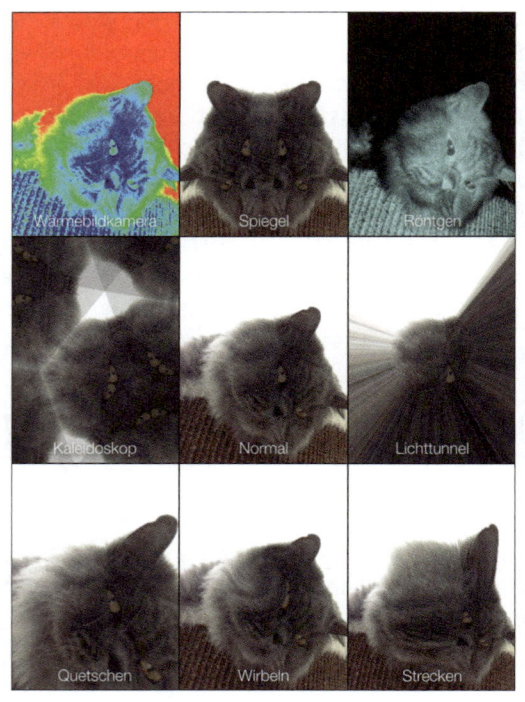

Mit Photo Booth lustige Bilder machen

Die Apple-App Photo Booth ist in erster Linie ein Spaßtool, mit dem Sie lustige Fotos von sich und anderen aufnehmen können. Wenn Sie es öffnen, sehen Sie als Erstes neun Versionen von sich selbst. Sie können jetzt einen Effekt anwählen und hier entweder den **Auslöser** unten in der Mitte betätigen ❶ oder vorher unten rechts auf die **Rückseitenkamera** ❷ wechseln, um ein anderes Motiv als Ihr Gesicht ins Visier zu nehmen. Im App Store finden Sie bei einer Suche nach dem Begriff **Photo Booth** jede Menge ähnliche Anwendungen, die weitere lustige Effekte anbieten.

Einen Screenshot erstellen

Wenn Sie von dem Bild, das gerade auf dem Display Ihres iPads angezeigt wird, einen Screenshot erstellen möchten, halten Sie die Stand-by-Taste und die Home-Taste gleichzeitig gedrückt. Der Screenshot wird dann in der Foto-App abgelegt und kann von da aus wie jedes andere Bild behandelt werden.

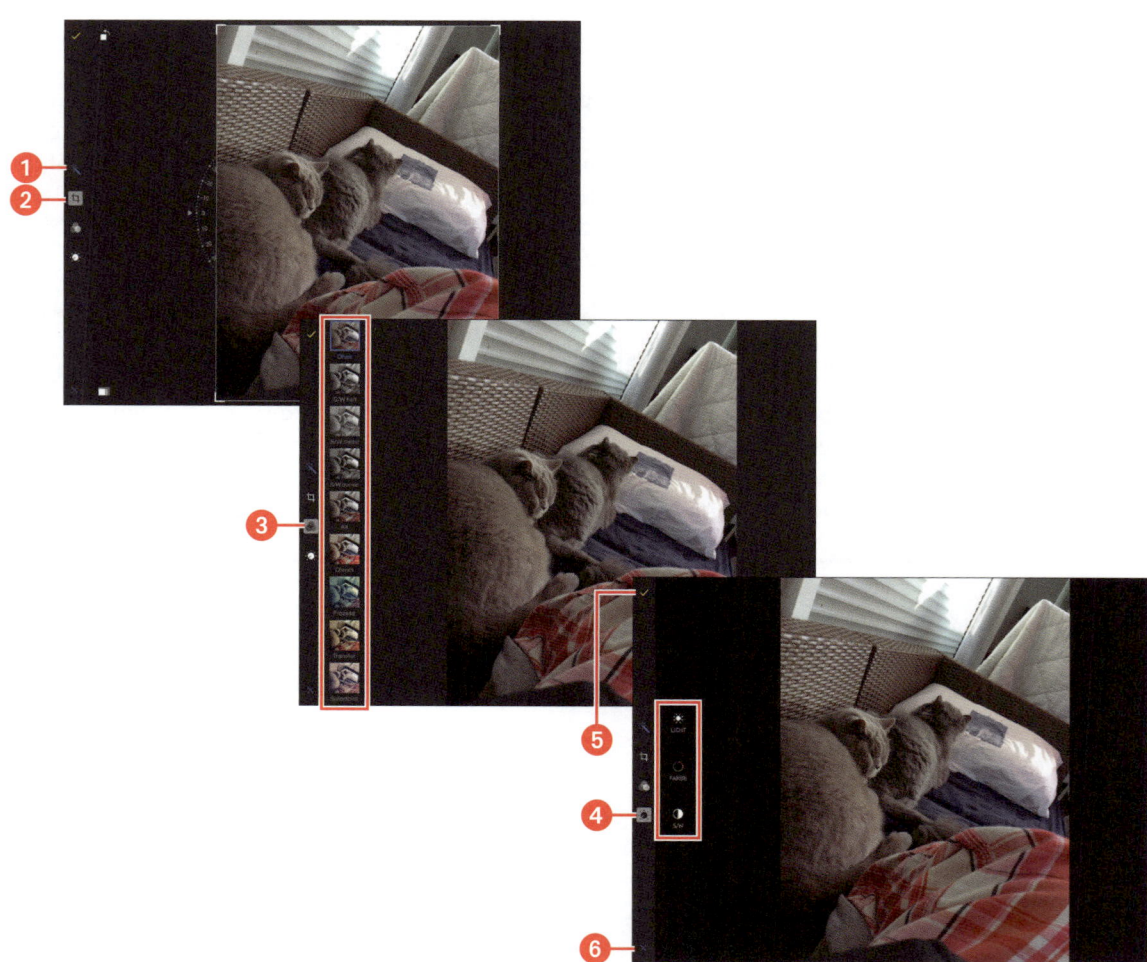

Mit der Foto-App Bilder bearbeiten

Fotos, die sich auf dem iPad befinden und in der Fotos-App angezeigt werden, können Sie rudimentär und ganz einfach mit ein oder zwei Fingern bearbeiten. Tippen Sie hier zunächst das Bild an, um es bildschirmfüllend anzuzeigen, und dann oben rechts auf **Bearbeiten**. Sie haben nun folgende Optionen:

❶ Tippen Sie den Zauberstab an, um Farbe und Licht automatisch zu verbessern.

❷ Über das Schneiden-Werkzeug können Sie ganz oben das Bild um 90 Grad nach links drehen – so oft Sie wollen. Über die Skala, die links vom Bild erscheint, können Sie es mit dem Finger so weit drehen, vergrößern, verkleinern und verschieben, bis der Bildausschnitt passt. Ganz unten finden Sie wiederum vorgegebene Bildgrößen (Quadrat, 16:9 usw.).

❸ Über die Filter können Sie dem Foto einen ganz anderen Look geben, wie zum Beispiel schwarzweiß, retro oder sepia.

❹ Hier gibt es Anpassungsmöglichkeiten für die Farbe (Sättigung, Kontrast und Farbstich) sowie Licht (Glanzlichter, Schatten, Helligkeit und mehr) sowie für die Körnung, den Ton und die Intensität bei Schwarz-Weiß-Aufnahmen.

❺ Wenn Sie alles nach Ihren Wünschen eingestellt haben, können Sie die Änderungen oben bestätigen oder …

❻ … bei Nichtgefallen den Vorgang ungespeichert abbrechen.

Achtung: Wenn Sie Änderungen abspeichern, wird das Bild eventuell überschrieben. Lediglich dort aufgenommene Fotos werden vor dem Bearbeiten auf dem iPad automatisch dupliziert. Wenn Sie Originale behalten wollen, sichern Sie es am besten zum Beispiel in der Dropbox (siehe Seite 155).

Tipp: Wenn Sie Menschen fotografieren, gibt es oft auch eine Funktion, mit der Sie rote Augen korrigieren können. Diese erkennen Sie an dem Augen-Symbol.

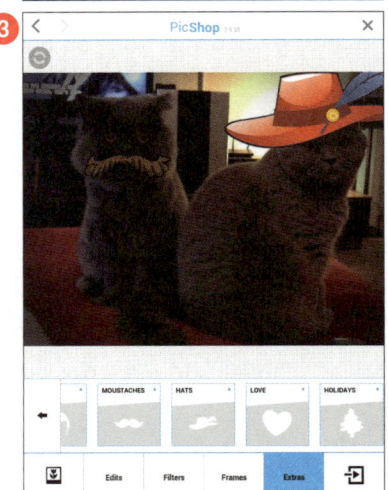

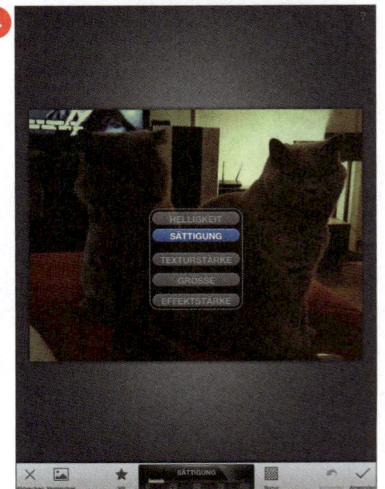

Weitere Bildbearbeitungs-Apps

Der App Store ist natürlich voll von Apps, mit denen Sie Ihre Fotos und Videos bearbeiten können. Ich stelle hier die Apps vor, die mir persönlich am besten gefallen.

❶ **Vintique:** Einfache Programme wie das kostenlose Vintique bieten tolle Effekte und Rahmen, die durch Antippen der Fotos angewandt werden. Zusätzlich finden Sie hier oft simple Werkzeuge, mit denen Sie die Helligkeit, Farben und mehr meist mithilfe von Schiebereglern anpassen können. Fast alle Apps bieten zum Schluss die Möglichkeit, die Bilder per E-Mail oder bei Facebook & Co. zu teilen.

❷ **Instagram:** Diese App funktioniert ähnlich wie Vintique, bietet jedoch weniger Effekte (und eine noch einfachere Handhabung), dafür aber eine vollständige Fotocommunity. Das ist besonders toll für Hobbyfotografen, die gern Feedback zu ihren Bildern bekommen. Außerdem können Sie die Fotos nicht nur auf Ihre Instagram-Seite laden, sondern gleichzeitig auch auf Facebook, Tumblr & Co. teilen (siehe dazu auch Seite 143). Leider gibt es momentan nur eine für das iPhone optimierte App, aber die funktioniert trotzdem einwandfrei und erlaubt neben dem Erstellen von Fotos auch das Drehen kurzer Videos.

❸ **PicShop:** Diese englische App bietet jede Menge Filter und Rahmen, aber auch klassische Bildverbesserungstools für Farben, Schärfe, rote Augen und mehr. Das Besondere an dieser Anwendung: Sie können nicht nur Bilder aus Ihrer Galerie, sondern auch aus Ihrem Facebook-Account zur Bearbeitung auswählen. Die Felder für die Bearbeitung sind hier besonders groß, was sehr praktisch ist, und es gibt eine eigene Kategorie (**Extras**) für **Cliparts**, die Sie in Ihre Fotos einsetzen können.

❹ **Snapseed:** Wenn Sie nicht mehrere Bildbearbeitungs-Apps ausprobieren wollen und kein Geld für iPhoto ausgeben möchten, installieren Sie diese hervorragende Anwendung. Hier haben Sie alles, was Sie brauchen, um loszulegen: Die App ist auf Deutsch, enthält ausführliche Beschreibungen und eine große Auswahl an Werkzeugen. Fertige Bilder können natürlich ebenfalls per E-Mail oder über Facebook etc. geteilt werden.

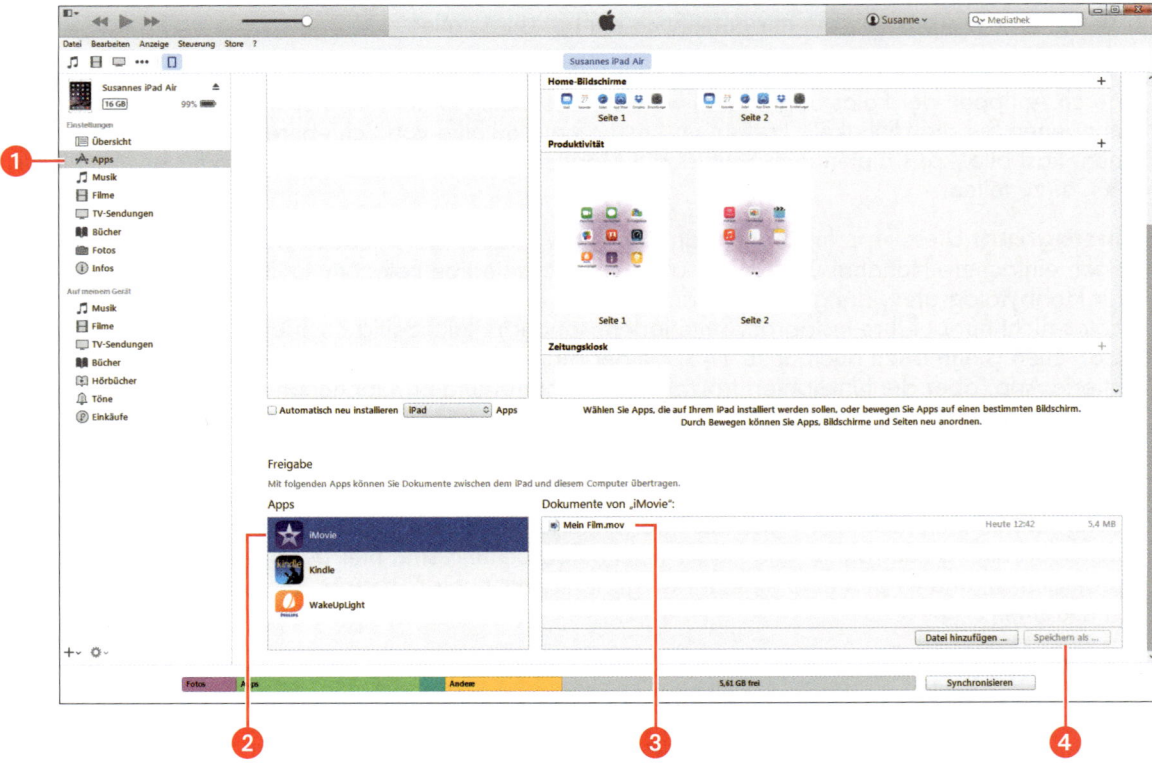

iMovie verwenden, um Videos zu schneiden

Die offizielle Video-App von Apple kostet 4,49 Euro, wenn Sie ein iOS-Gerät von 2013 oder neuer besitzen, ist sie kostenlos. Sie ist ganz einfach mit nur zwei Fingern zu bedienen und daher auch schnell zu erlernen. Sie können hier zum einen ganz rudimentäre Elemente wie Sounds, Bilder, Überblendungen und Text in Ihre Videos einfügen und diese natürlich auch schneiden und neu zusammenfügen. Darüber hinaus können Sie aber auch anhand von Vorlagen Kurzfilme, hier Trailer genannt, gestalten. Jede Vorlage hat ein bestimmtes Thema, wie Märchen, Retro, Romantik etc. Sie können jeweils eine bestimmte Anzahl von Darstellern einfügen und durch Zwischeneinblendungen – ähnlich wie bei Stummfilmen – eine Geschichte mithilfe Ihrer Videos erzählen.

Innerhalb der App wird Ihnen jeder Handgriff ganz genau erklärt, sodass Sie mit ein wenig Übung tolle Filme erstellen und diese im Anschluss auf Facebook oder YouTube hochladen können. Etwas schwieriger wird es, wenn Sie die Datei gern physisch zum Beispiel auf Ihrem Rechner hätten. Dafür müssen Sie sie innerhalb der App an iTunes senden und das iPad im Anschluss mit dem Rechner verbinden. Starten Sie dann das dort installierte iTunes. Tippen Sie auf **Apps ❶**, sobald das iPad erkannt wurde, und dann auf **iMovie ❷**. Wählen Sie nun den entsprechenden Film aus ❸. Zum Schluss öffnen Sie **Speichern als ❹** und wählen den richtigen Ordner aus. Umgekehrt können Sie auch Videos mit iMovie übertragen, aber von diesem Vorgang kann ich nur abraten. Hierfür müssten Sie Ihr iPad an den Rechner anschließen und per iTunes synchronisieren. Warum das keine gute Idee ist, erkläre ich auf Seite 177. Nutzen Sie stattdessen besser PhotoSync (siehe Seite 229) oder iCloud Drive (siehe Seite 321).

Für Hobbyfotografen: Videos und Fotos teilen

Auf Seite 241 beschreibe ich ja bereits, wie Sie per Fotostream Ihre Bilder mit Freunden und Verwandten teilen. Wenn Sie gern auch von fremden Personen Feedback zu Ihren Fotografien hätten, schauen Sie sich doch mal die drei größten Fotocommunitys an:

❶ **Tumblr:** In dieser Community können Sie nicht nur Fotos, sondern auch Videos, Links, Zitate oder Texte auf Ihre eigene Seite hochladen. Diese ist für jeden zugänglich – perfekt zum Beispiel für ein Urlaubstagebuch. Die Tumblr-App ist gratis, sehr übersichtlich und leicht zu bedienen. Hier können Sie nicht nur eigene Werke veröffentlichen, sondern auch die Blogs von anderen Kreativen verfolgen.

❷ **Instagram:** Auf Seite 235 stelle ich Instagram ja bereits als einfaches Bildbearbeitungswerkzeug vor, aber es verbirgt sich auch eine große Community dahinter. Diese können Sie tatsächlich nur per App »betreten« und nicht über einen Browser. Da die offizielle Instagram-App lediglich für das iPhone konzipiert wurde, empfehle ich die ebenfalls kostenlosen Anwendungen Instapad und Padgram. Damit können Sie durch Bilder aus der ganzen Welt surfen sowie Kommentare abgeben und lesen. Die Fotos laden Sie aber nach wie vor über die offizielle Instagram-App hoch.

❸ **Flickr:** Wenn Sie bereits einen Flickr-Account besitzen, lohnt es sich, einen Blick in die offizielle App zu werfen. Diese ist allerdings nicht so vielseitig wie die beiden anderen vorgestellten Anwendungen. Abhilfe schaffen da Flickr-Apps von Drittanbietern, wie FlickrPhotos. Sollten Sie noch keinen Flickr-Account besitzen, empfehle ich, eher Tumblr und Instagram zu benutzen. Diese sind nicht nur einfacher zu bedienen, Sie brauchen dafür auch kein Konto bei dem aussterbenden Internetdinosaurier Yahoo!.

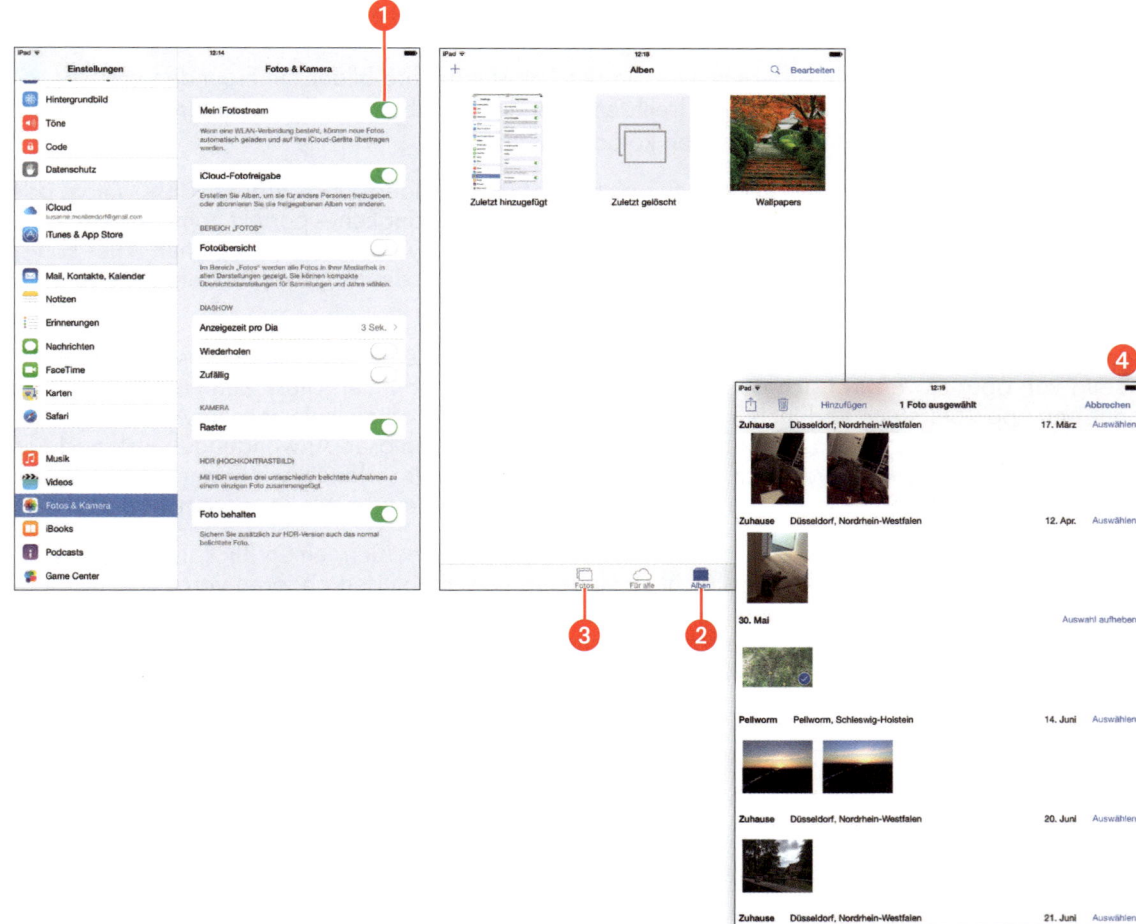

Fotostream: Alle meine Fotos!

Bei der Fotostream-Funktion (nicht zu verwechseln mit der iCloud-Fotofreigabe (siehe Seite 153) handelt es sich um eine tolle Möglichkeit, unkompliziert Bilder mit dem iPhone aufzunehmen und dann auf dem iPad zu bearbeiten und zu präsentieren. Denn damit werden automatisch alle Fotos, die Sie auf einem iOS-Gerät aufnehmen, auch auf Ihre anderen Apple-Geräte übertragen. Wichtig ist, dass Sie dafür auf allen Geräten unter **Einstellungen → Fotos & Kamera** die Option **Mein Fotostream** aktivieren ❶. Danach werden in der App Fotos unter **Alben** alle neuen Fotos (insgesamt bis zu 1.000) in dem Ordner **Alle Fotos** angezeigt ❷. Um Fotos, die vor der Aktivierung des Fotostreams entstanden sind, zu übertragen, nutzen Sie die **iCloud-Fotofreigabe**-Funktion. Bedenken Sie immer, dass das Übertragen von Fotos etwas Zeit braucht, abhängig von der Menge der Bilder und der Geschwindigkeit Ihres Internets.

Alle Bilder auswählen

Wenn Sie viel mit Fotos arbeiten, werden Sie schnell über einen der größten Schwachpunkte von iOS 8 stolpern: das gleichzeitige Auswählen mehrerer Fotos, zum Beispiel beim Hinzufügen zu einem Stream oder beim Teilen. Der einzige Ort, an dem Sie so etwas machen können, ist der Bereich **Fotos** ❸ in der offiziellen Foto-App. Hier können Sie die Fotos nach Jahr, Ort und Tag anzeigen lassen. In der **Tagesansicht** ❹ können Sie jeden Tag anklicken und wählen damit die Fotos aus, die an diesem Tag aufgenommen wurden. Das ist zwar immer noch keine Alle-auswählen-Funktion, aber besser, als jedes Bild einzeln anzutippen.

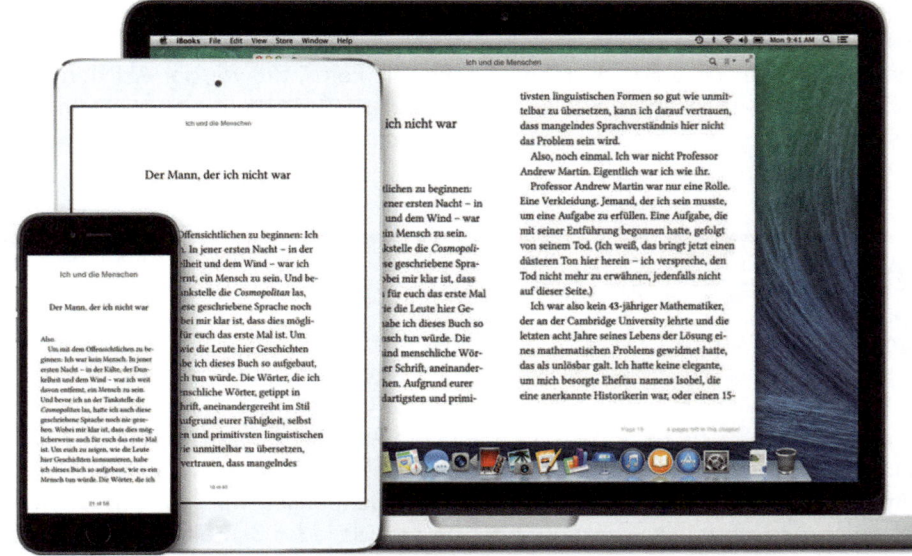

Bildquelle: apple.com

Kapitel 10 | Mit dem iPad lesen

Für Leseratten wie mich ist das iPad als E-Book-Reader absolut himmlisch. Tausende von Büchern sind nur einen einzigen Klick entfernt. Und damit ich mich lesetechnisch nicht vergreife, kann ich mir vor dem Kauf eine Leseprobe herunterladen. Oder ich leihe mir das Buch direkt aus einer digitalen Bibliothek aus.

In diesem Kapitel erläutere ich, wie die Apple-App iBooks und der dazugehörige Store funktionieren, und gebe Tipps zu Alternativen. Zum Schluss erkläre ich, was es mit dem Zeitungskiosk auf sich hat.

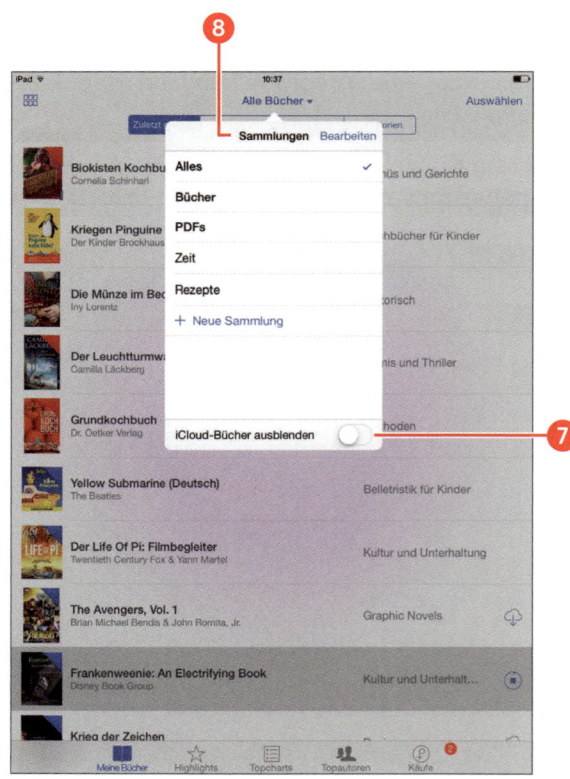

iBooks bedienen und zum Kaufen von E-Books nutzen

Bei Apple finden Sie die Reader-Anwendung zusammen mit den E-Books in der Anwendung iBooks, die Sie eventuell zunächst aus dem App Store herunterladen müssen. Wenn Sie die Anwendung öffnen, sehen Sie als Erstes Ihre Bibliothek. Sollten Sie noch nie bei iBooks eingekauft haben, ist diese leer. Ansonsten kann es je nach Einstellungen (siehe nächste Seite) sein, dass hier bereits einige Titel enthalten sind.

❶ Von jedem Buch im iBook Store können Sie eine **Leseprobe** herunterladen. Leseproben erscheinen ebenfalls in der Bibliothek und tragen das rote **Auszug**-Banner.

❷ Bücher, die Sie noch nicht zu lesen angefangen haben, erkennen Sie an dem blauen **Neu**-Banner.

❸ Bücher, die ganz rechts das **iCloud**-Symbol tragen, befinden sich nicht physisch auf dem iPad und werden erst heruntergeladen, wenn Sie sie antippen.

❹ Hier geht es in den **iBook Store**. Das Bezahlen und das Herunterladen funktionieren genauso wie bei iTunes und im App Store. Wenn Sie etwas kaufen, wird sofort automatisch die Bibliothek aufgerufen, und Sie können sehen, wie das Buch heruntergeladen wird.

❺ Tippen Sie einen Download an, um ihn zu stoppen, und ein weiteres Mal, um fortzufahren.

❻ Über **Bearbeiten** können Sie Bücher löschen oder in andere Bereiche der Bibliothek verschieben (siehe ❼). Wenn Sie Bücher hier löschen, bleiben diese mit dem iCloud-Symbol (siehe ❸) hier stehen – es sei denn, Sie blenden alle aus ❼. Möchten Sie nur einzelne Bücher ausblenden, laden Sie sie auf Ihr iPad, folgen den Anweisungen auf Seite 171 zum Ausblenden von Apps, starten die iBooks-App neu und löschen dann die Kopie von Ihrem iPad.

❽ Hier kommen Sie zur Übersicht Ihrer **Sammlungen**. Dabei handelt es sich um Kategorien, mit denen Sie Ihre Bücher sortieren können. Die oberen drei Sammlungen lassen sich weder umbenennen noch löschen. Darunter können Sie neue Kategorien erstellen und über **Bearbeiten** dann organisieren. Innerhalb der Sammlungen können Sie Bücher wie auch die Apps auf dem Home-Bildschirm durch Gedrückthalten verschieben.

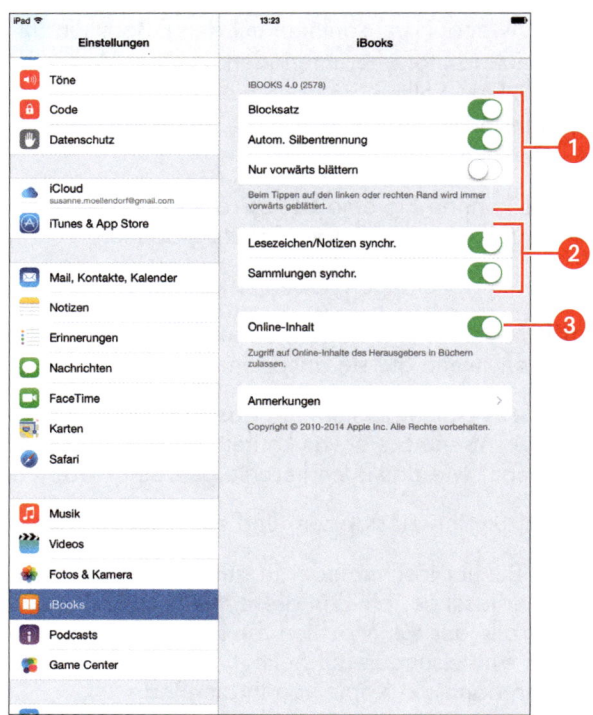

iBooks: die Einstellungen

Damit die iBooks-App auch macht, was sie soll, werfen Sie unbedingt einen Blick in **Einstellungen → iBooks**:

❶ Ganz oben können Sie einige Einstellungen vornehmen, die den Lesefluss vereinfachen. Die Option **Nur vorwärts blättern** ist allerdings ein wenig irreführend. Auch wenn hier keine Aktivierung vorliegt, kann man mit dem Tippen auf den Rand blättern: rechts = vor, links = zurück. Aktivieren Sie die Option, blättern Sie bei einem Tippen auf den linken Rand ebenfalls vor.

❷ Aktivieren Sie diese Optionen, wenn Sie Ihre Bücher abwechselnd auf mehreren iOS-Geräten lesen wollen.

❸ Hier können Sie abstellen, dass interaktive Bücher (siehe Seite 255) für Inhalte ins Internet gehen. Meistens handelt es sich dabei um Video- oder Sounddateien, die erst auf Wunsch heruntergeladen werden. Bei einigen Büchern sind alle Medien aber auch schon von Anfang an integriert.

Wenn Sie möchten, dass neue Bücher, die mit Ihrer Apple-ID auf einem anderen iOS-Gerät gekauft wurden, automatisch auch auf das iPad geladen werden, öffnen Sie **Einstellungen → iTunes & App Store** und aktivieren die Option mit dem Namen **Bücher**.

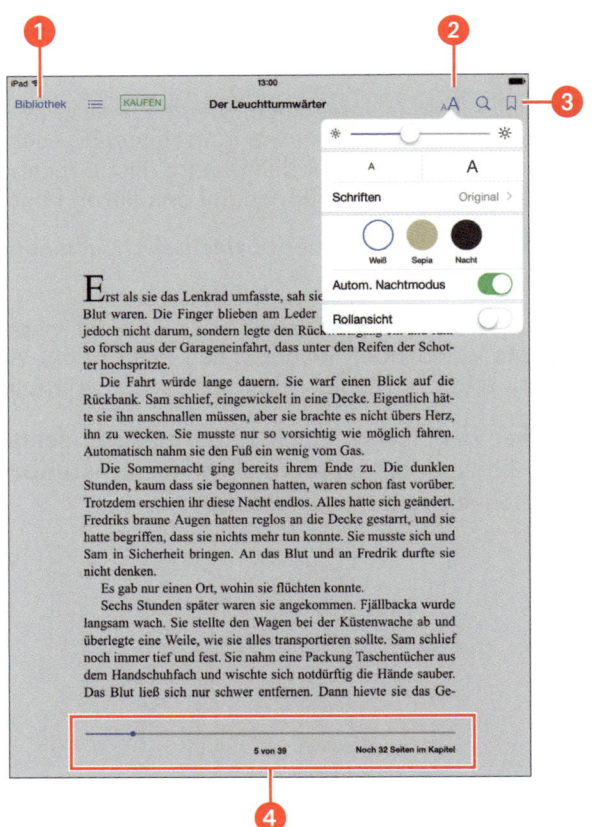

Bücher in iBooks lesen

Sie können das Lesevergnügen in der App selbst auch anpassen. Tippen Sie in die Mitte der Seite, die Sie gerade lesen, um folgende Optionen aufzurufen:

❶ Ganz oben kommen Sie über **Bibliothek** zurück zu den anderen Büchern, daneben geht es zum Inhaltsverzeichnis des Buchs, aber auch zu den Lesezeichen **❸** und den Notizen (**❽** auf der nächsten Seite).

❷ Wenn Sie auf die Buchstaben **aA** tippen, klappen sich Optionen aus, die das Lesen erleichtern sollen. Ändern Sie hier die Helligkeit des Displays (für das ganze iPad) oder vergrößern/verkleinern Sie die Schrift für alle Bücher. Unter **Schriften** finden Sie einige Fonts zur Auswahl. Darunter können Sie auswählen, ob der Hintergrund des Readers **weiß**, **sepiafarben** (ähnlich wie leicht angegilbte Buchseiten) oder schwarz sein soll. Letzteres nennt sich **Nacht**, da weiße Schrift auf schwarzem Hintergrund bei Dunkelheit besser zu lesen ist. Sie können natürlich auch einfach den Automatischen Nachtmodus nutzen. Bei **Rollansicht** stellen Sie ein, ob Sie die Texte beim Lesen wie ein Buch blättern oder von oben nach unten scrollen möchten.

❸ Setzen Sie hier **Lesezeichen**. Ein gesetztes Lesezeichen erkennen Sie daran, dass das Symbol rot und viel größer ist.

❹ Unten können Sie Ihren **Lesefortschritt** einsehen. Die Seitenzahl ändert sich natürlich abhängig von der Schriftgröße. Nehmen Sie den kleinen Punkt und ziehen Sie ihn, um schnell vor- oder zurückzuscrollen.

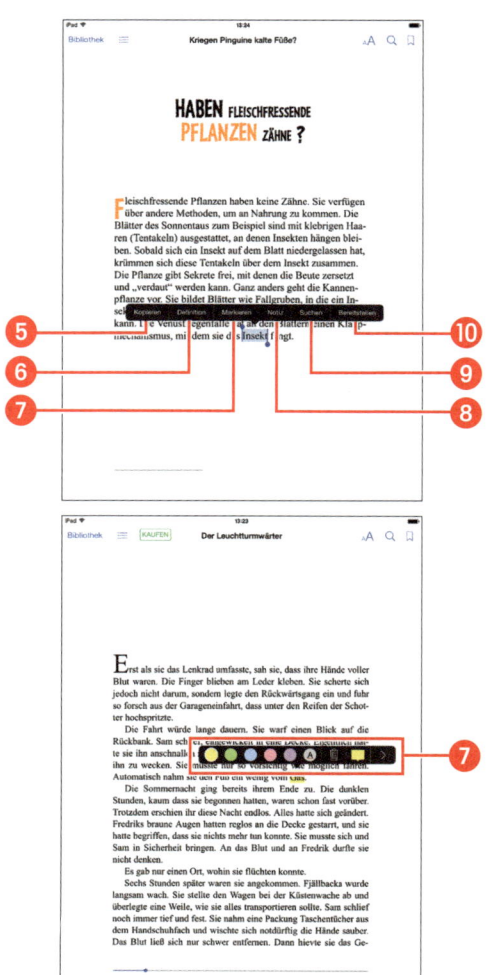

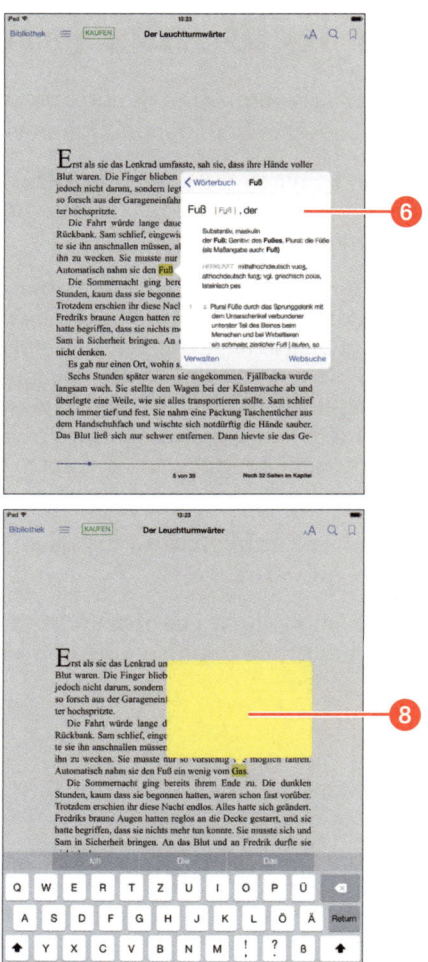

Bücher in iBooks lesen (Fortsetzung)

Wenn Sie ein Wort gedrückt halten, eröffnen sich Ihnen weitere nützliche Funktionen. Bedenken Sie, dass Sie wie auf Seite 49 beschrieben nicht nur einzelne Wörter, sondern auch ganze Absätze markieren können.

❺ **Kopieren** Sie das Markierte in die Zwischenablage.

❻ Suchen Sie nach **Definitionen** in Lexika. Diese müssen Sie eventuell beim ersten Mal noch herunterladen. Das funktioniert auch mit englischen Wörtern. Ihnen wird dann zwar keine Übersetzung, dafür aber eine englische Definition geliefert. Zusätzlich können Sie über die Felder ganz unten in Safari eine Web- oder Wikipedia-Suche starten.

❼ Über diese Option hinterlegen Sie das Markierte mit einer von fünf Farben oder unterstreichen es rot. Der durchgestrichene Kreis entfernt die Markierung wieder. Sie können auch eine Notiz zur **Markierung** verfassen (siehe **❽**).

❽ Wenn Sie das Wort **Notiz** antippen, wird ein Kommentar (den Sie verfassen) eingefügt und am rechten Rand kenntlich gemacht.

❾ Nutzen Sie diese Option, um einzelne Wörter oder ganze Absätze in dem Buch zu **suchen**. Alternativ können Sie dafür auch die Lupe rechts oben nutzen.

❿ Hierbei handelt es sich um eine tolle Funktion, um **Zitate** aus dem Buch auf Twitter oder Facebook zu teilen sowie per E-Mail oder Kurznachricht zu verschicken. Dabei wird nicht nur das Zitat kopiert, sondern auch die Quelle genannt. Das funktioniert allerdings nur mit DRM-freien (also nicht kopiergeschützten) Büchern.

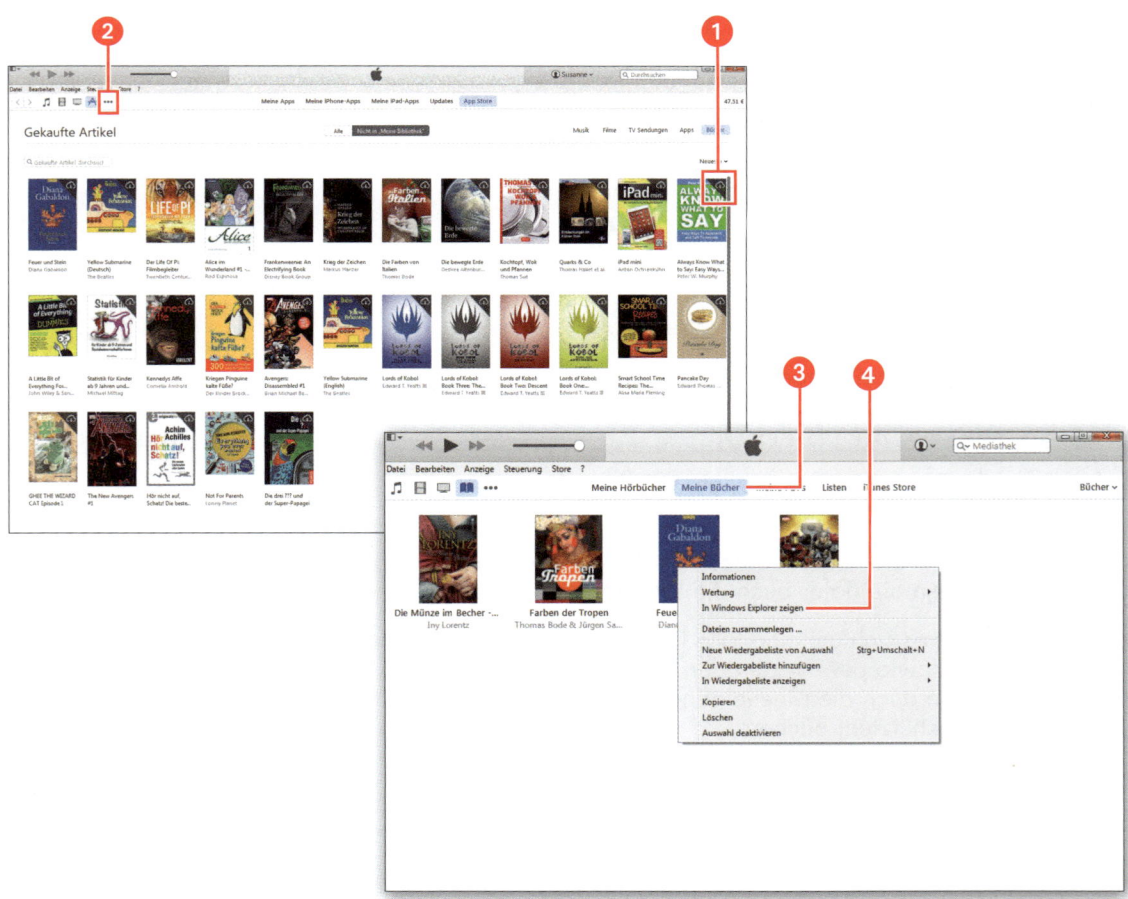

Gekaufte iBooks auf Nicht-iOS-Geräten lesen

Jetzt haben Sie das Buch gekauft und ärgern sich, dass Sie es nur auf iOS-Geräten lesen können? Mit einem kleinen Trick können Sie auf die EPUB-Datei zugreifen und diese dann auch zum Beispiel auf einem Android-Tablet mit einer entsprechenden Reader-App lesen. Gehen Sie dafür vor, wie auf Seite 171 beschrieben, um auf Ihre gekauften Artikel im iTunes Store zuzugreifen. Klicken Sie das Wolkensymbol ❶ des entsprechenden Buchs an, um es herunterzuladen. Öffnen Sie nun die Mediathek ❷ und ganz rechts den Bereich **Bücher** ❸. Klicken Sie mit der rechten Maustaste auf das entsprechende Buch und wählen Sie **In Windows Explorer zeigen** ❹, um sich den Speicherort der EPUB-Datei anzeigen zu lassen, die Sie nun auf beliebige Reader kopieren können. Bedenken Sie dabei immer: Die EPUBs sind nur für Sie gedacht und dürfen nicht kopiert und weitergegeben werden.

Bildquelle: apple.com

Interaktive Bücher: ein Blick in die Zukunft

Eins meiner absoluten Lieblingsfeatures auf dem iPad sind die interaktiven Bücher. Dabei handelt es sich um Titel, die mit der kostenlosen Mac-Software iBooks Author erstellt wurden. Autoren können mit diesem Programm Sounds und Videos einbinden sowie komplexe Inhalte mithilfe von interaktiven Darstellungsvarianten erklären. Dabei kommen grafisch aufwendige Produkte heraus, die den Begriff Buch ganz neu definieren. Auch wenn diese vorerst nur auf dem iPad zugänglich sind, kann ich mir gut vorstellen, dass es in einigen Jahren viele solcher Bücher gibt – nicht nur weil mit den neuen digitalen Möglichkeiten jeder Bücher schreiben, gestalten und veröffentlichen kann.

Wenn Sie jetzt neugierig geworden sind, schauen Sie sich im iBook Store doch mal die Rubrik **Made for iBooks** an. Sie müssen nichts kaufen, sondern können sich erst mal Leseproben interessanter Titel herunterladen. Zum Beispiel gibt es im iTunes Store ein wunderschönes Buch zum Beatles-Album **Yellow Submarine**. Der Download dauert aufgrund der Größe des Titels zwar sehr lang, aber dafür ist es ein hervorragendes Beispiel dafür, was ein interaktives Buch alles leisten kann.

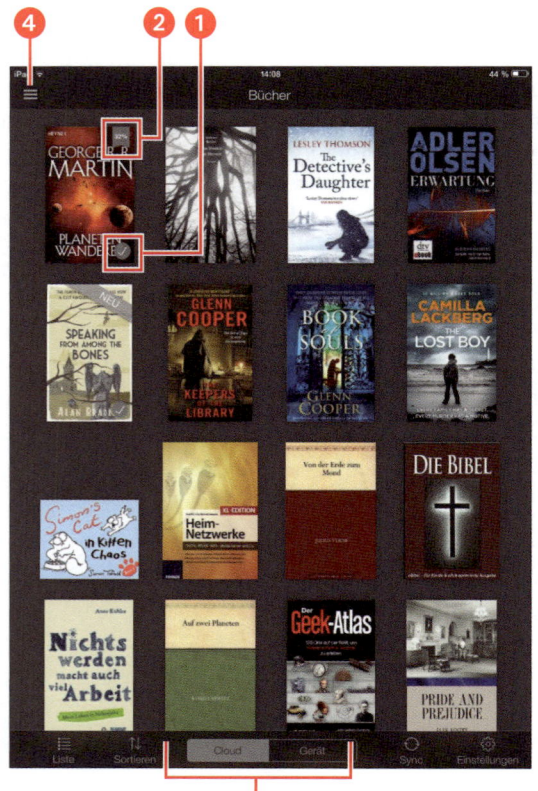

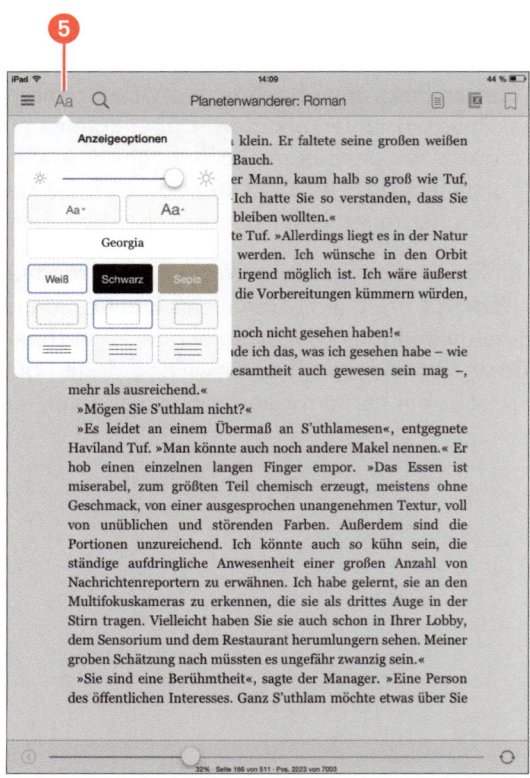

Eine gute Alternative: der Amazon Kindle Store

Da ich nicht nur iOS-, sondern auch Android-Geräte besitze, kaufe ich meine E-Books am liebsten bei Amazon. Um ein E-Book zu kaufen, brauchen Sie einen Amazon-Account. Mit dem loggen Sie sich im Browser ein und navigieren in die Kindle-E-Books-Rubrik. Wenn Sie ein Buch gefunden haben, stellen Sie erst ein, auf welches Gerät es geladen werden soll, und kaufen es über das **Jetzt mit 1-Click kaufen**-Feld. Sie bezahlen automatisch mit den in dem Account hinterlegten Zahlungsdaten. Wenn Sie an einem Rechner in Ihr Amazon-Konto gehen, können Sie dort sehr detaillierte Einstellungen vornehmen und auch **E-Books innerhalb von sieben Tagen nach dem Kauf zurückgeben**. Öffnen Sie die Kindle-App, um das gekaufte E-Book zu lesen.

❶ Wenn auf dem Cover des Buchs kein Haken erscheint, haben Sie es beim Kauf an ein anderes Gerät geschickt und müssen es erst aus der Cloud laden. Tippen Sie es dafür kurz an.

❷ Ein graues **Lesezeichen** zeigt an, wie weit Sie das Buch schon gelesen haben.

❸ Unten können Sie zwischen all Ihren Büchern (Cloud) und denen, die sich tatsächlich auf dem iPad befinden (Gerät), wechseln.

❹ Oben links können Sie auf bei Amazon gekaufte digitale **Zeitungen** zugreifen sowie auf die **Dokumente**, die in Ihrer Amazon-Cloud (5 GByte kostenlos) liegen. Standardmäßig wird alles, was zu dem Account gehört, angezeigt. Hier können Sie nach Art des Texts sortieren.

❺ Innerhalb des Texts stehen Ihnen dann ähnliche Funktionen wie bei iBooks zur Verfügung. Hinter dem **Aa** verbergen sich zum Beispiel Optionen wie **Schriftgrößen**, **Fonts**, **Displayhelligkeit** sowie Schwarz, Weiß und Sepia als **Hintergrundfarben**.

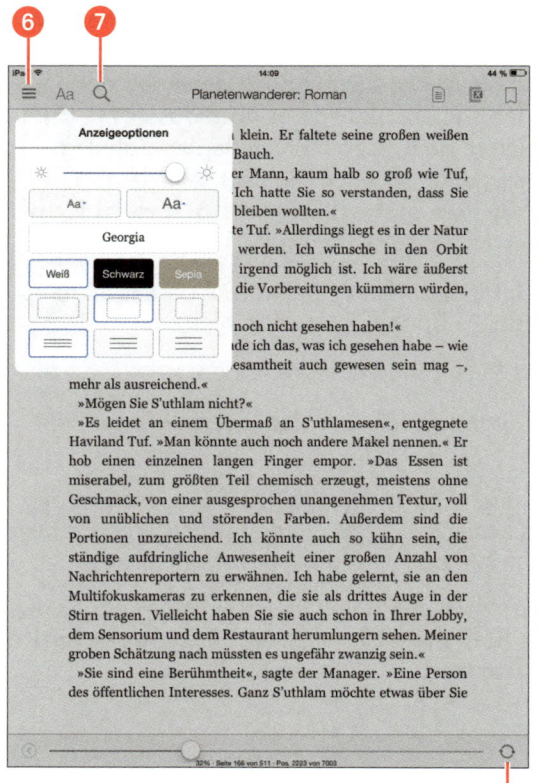

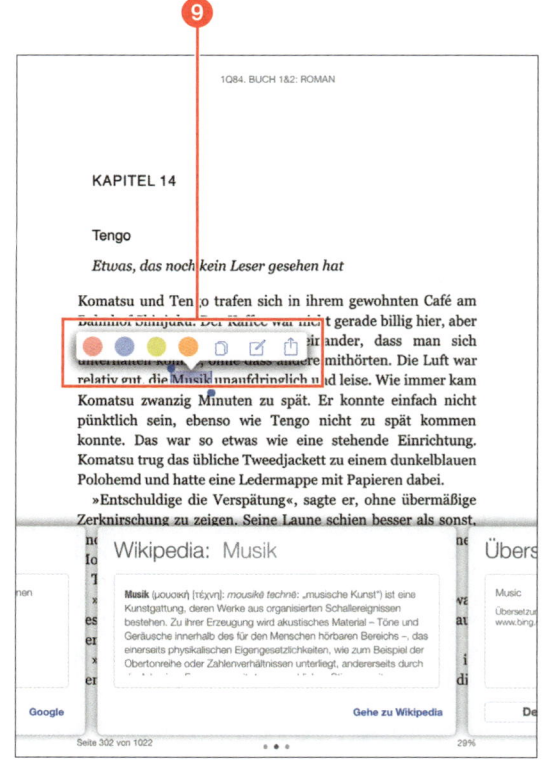

Der Amazon Kindle Store (Fortsetzung)

6 Navigieren Sie über die drei Striche in dem Buch und greifen Sie auf die übersichtlich sortierten **Notizen** und **Markierungen** zu.

7 **Suchen** Sie nach Wörtern oder ganzen Absätzen.

8 **Synchronisieren** Sie hier das Buch, wenn Sie auf anderen Geräten bereits weitergelesen haben.

9 Wenn Sie länger auf ein Wort drücken, können Sie auf zuvor heruntergeladene **Lexika** oder Wikipedia zugreifen, Wörter markieren und übersetzen, Notizen erstellen oder Zitate auf Facebook und Twitter posten.

Bücher mit Kindle Unlimited leihen

Wer einen Amazon Account hat, kann für 9,99 Euro im Monat die Bücher-Flatrate von Amazon nutzen. Damit können Sie bis zu zehn Bücher gleichzeitig leihen und haben die Auswahl aus mehr als einer halben Million E-Books. Die Flatrate funktioniert auch über die Kindle-App. Sie loggen sich dafür einfach im Browser bei Amazon ein und leihen verfügbare Bücher aus. Diese erscheinen dann im Cloud-Bereich der App und können dort mit einem Klick heruntergeladen werden. Das Abo ist zu Anfang 30 Tage kostenlos und anschließend monatlich kündbar.

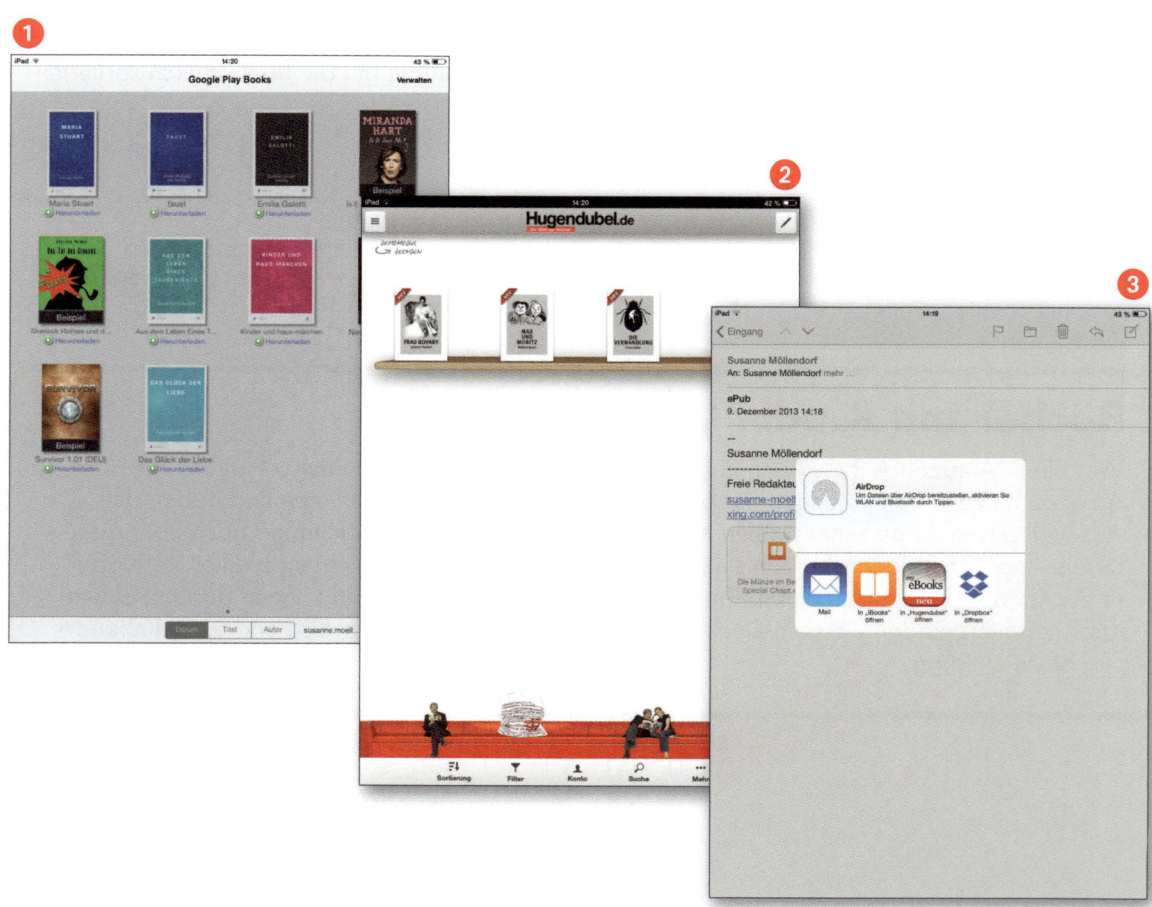

Noch mehr E-Book-Alternativen

Aufgrund der Buchpreisbindung, die auch für E-Books gilt, lohnt es sich eigentlich nicht, allzu viele E-Book-Stores zu vergleichen – wären da nicht die internationalen Bücher (deren Preise nicht gebunden sind) und die je nach Shop variierenden kostenlosen Exemplare und Sonderangebote. Es ist daher sinnvoll, ab und zu mal in andere Shops reinzuschauen. Wenn Sie ein Google-Konto besitzen, können Sie sich damit in der Google-App **Play Books** ❶ anmelden. Bei Apps wie denen von **Hugendubel** ❷ und **Thalia** sowie dem **PagePlace Reader** der Deutschen Telekom AG brauchen Sie allerdings jeweils einen separaten Account. Da aber alle diese Apps reine Reader sind, können Sie sich, bevor Sie die App herunterladen und ein Konto erstellen, erst mal das Angebot auf der jeweiligen Webseite genauer anschauen. Von der Handhabung her funktionieren die meisten Reader-Anwendungen ähnlich wie die in diesem Buch beschriebenen Apps.

Sie können aber auch über Buchhandlungs- und Verlagswebseiten E-Books kaufen und herunterladen (am besten im EPUB-Format). Normalerweise sollten Sie dann in Safari die Möglichkeit haben, das Buch mit iBooks und anderen installierten Readern zu öffnen. Genauso funktioniert es auch, wenn Sie eine EPUB-Datei per E-Mail erhalten ❸.

Kostenlose E-Books finden

Es gibt ebenfalls viele Webseiten, die eine große Auswahl an kostenlosen E-Books anbieten. Auch wenn es sich hier größtenteils um Klassiker handelt, bei denen das Copyright abgelaufen ist, lohnt sich das Stöbern. Hinter dem QR-Code finden Sie eine Liste mit Webseiten, die gratis E-Books in unterschiedlichen Sprachen anbieten.

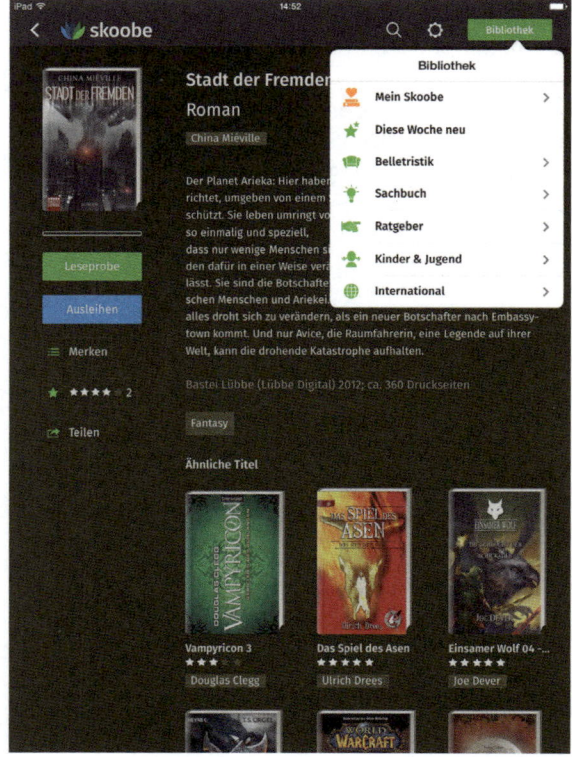

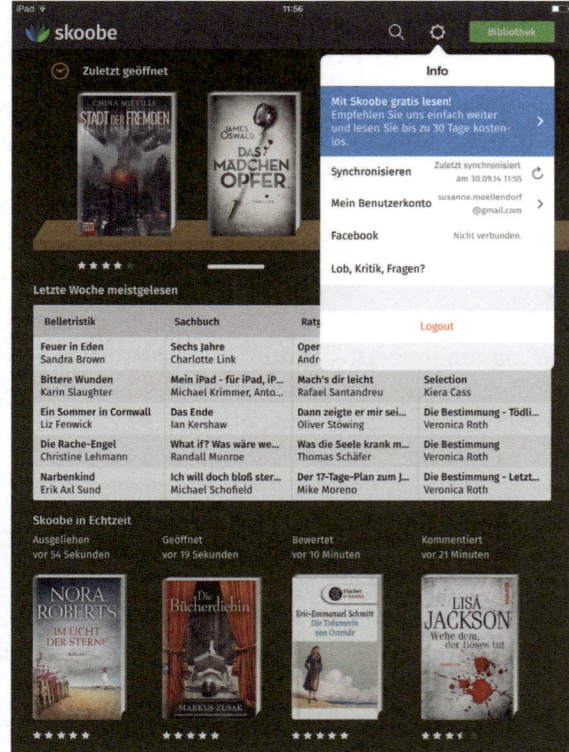

Skoobe: Bücher leihen

Ich lese schnell und viel, was sehr rasch ins Geld gehen kann. Und da man E-Books ja momentan noch nicht weiterverkaufen kann, bleibe ich dann leider auf den Kosten sitzen. Daher nutze ich für neuen Lesestoff meistens die **Onlinebibliothek** Skoobe. Je nach Abomodell kann man sich hier eine bestimmte Menge an Büchern pro Monat ausleihen und wie ein ganz normales E-Book lesen. Natürlich stehen wie in den Onlinebuchläden auch Leseproben zur Verfügung. Die iPad-App ist sehr übersichtlich und lässt sich problemlos und flüssig bedienen. Die Auswahl an Belletristik, Ratgebern und Sachbüchern kann sich durchaus sehen lassen. Jede Woche kommen neue Titel hinzu, oft auch von ganz aktuellen Hardcovern, die im Handel recht teuer sind. Angefangene Bücher kann man problemlos auf anderen iOS- oder Android-Geräten weiterlesen. Der Reader, der sich in der App befindet, funktioniert genauso wie die meisten anderen gängigen Leseanwendungen.

Es gibt natürlich noch weitere Onlinebibliotheken, die Apps für das iPad anbieten, aber keine davon kann zurzeit, was Bedienung und Umfang angeht, mit Skoobe mithalten.

Onleihe: E-Books von örtlichen Büchereien

Wenn Sie Mitglied in einer örtlichen Bibliothek sind, fragen Sie dort doch einmal nach, ob diese auch E-Books über die Onleihe verleiht. Dann können Sie sich dort mit Ihren Anmeldedaten, die Sie von der Bücherei bekommen, anmelden und E-Books über die kostenlose App leihen und lesen.

Der Zeitungskiosk

Viele Magazine entwickeln extra für iOS digitale Versionen ihrer Ausgaben. Können diese abonniert werden, befinden sich die dazugehörigen Abo-Shops dann im Zeitungskiosk.

❶ Wenn Sie die Anwendung das erste Mal öffnen, ist sie noch leer. Gehen Sie in den **Store**, um sich die Anwendung Ihrer bevorzugten Magazine herunterzuladen.

❷ Innerhalb der Apps können Sie dann die einzelnen Ausgaben **kaufen** oder das Magazin gleich **abonnieren**. Wenn Sie Letzteres machen, erlauben Sie der App, Ihnen Push-Nachrichten zu schicken, damit Sie wissen, wann die neueste Ausgabe da ist.

❸ Innerhalb der jeweiligen Ausgabe wechseln Sie von Artikel zu Artikel, indem Sie nach rechts oder links wischen, für das Lesen der Artikel wischen Sie von oben nach unten, sollten diese aus mehreren Seiten bestehen. Oft beinhalten sie auch **interaktive Elemente** wie ausklappbare Kästen und kurze Videos.

❹ Ziehen Sie an dem Pfeil unten rechts für eine **Inhaltsübersicht** und **weitere Optionen**, beispielsweise für eine Übersicht aller Bilder oder eine Suchfunktion sowie für die Möglichkeit, einen Hinweis auf das Magazin zu teilen. Über das Fragezeichen gibt es Navigationshilfen für die App, und über das Haussymbol gelangen Sie zur Übersicht der zu dem Magazin gehörenden Ausgaben zurück.

Spargel und Radieschen
aus dem Wok

Zutaten für 4 Portionen

500 g grüner Spargel

1 großes Bund Radieschen

1 weiße Zwiebel

2 Knoblauchzehen

1 – 2 rote Chilischoten

2 EL neutrales Öl

125 g Sahne

1 EL Zitronensaft

Salz

1 Bund Schnittlauch

BESONDERES WERKZEUG

Wok

ZEITBEDARF

25 Minuten

So geht's

1. Den Spargel waschen und putzen, leicht schräg in knapp 1 cm dicke Scheiben schneiden. Die Radieschen waschen und putzen, zarte Blättchen beiseitelegen. Die Radieschen vierteln. Die Zwiebel schälen, vierteln und in etwa ½ cm breite Streifen schneiden. Den Knoblauch schälen und in dünne Scheiben teilen. Die Chili-schoten waschen und den Stiel abschneiden. Die Schoten mit den Kernen in Ringe schneiden.

2. Den Wok erhitzen, das Öl darin heiß werden lassen. Den Spargel einrühren und bei mittlerer Hitze etwa 2 Minuten braten. Die Radieschen, die Zwiebel und die Chiliringe untermischen und alles unter Rühren weitere 2 – 3 Minuten braten, bis das Gemüse bissfest ist.

3. Den Knoblauch und die Radieschenblätter zugeben und ganz kurz mitgaren. Die Sahne angießen und das Gemüse mit Zitronensaft und Salz abschmecken.

4. Den Schnittlauch waschen und trocken schütteln, in etwa 1 cm lange Stücke schneiden und aufstreuen.

Mit Reis oder Bulgur servieren.

SO SCHMECKT AUCH Statt der Sahne 100 ml Gemüsefond mit 2 EL Sojasauce, 1 EL trockenem Sherry, 1 EL Reisessig oder Limettensaft und 1 TL Honig verrühren und als Sauce angießen.

Das iPad als Reader: Tipps und Tricks

Wie auf Seite 255 beschrieben, gibt es für das iPad interaktive Bücher. Von diesem neuen Format profitieren, wie ich finde, ganz besonders **Kochbücher**. Hier finden sich teilweise Videos und sehr oft Erklärungen und Bilder der einzelnen Zutaten. Das Schöne dabei: Ich kann mir immer erst mal eine Leseprobe herunterladen, um auszuprobieren, ob die Rezepte wirklich gut erklärt sind. Einerseits riskiere ich damit nicht, Geld für ein schlechtes Produkt auszugeben, und andererseits ergibt sich so eine Fülle von kostenlosen Rezeptideen.

Wenn Sie gern Zeitschriften außerhalb des Apple-Zeitungskiosks lesen wollen, bedenken Sie, dass die meisten Anbieter wie zum Beispiel **pubbles** Ihnen PDFs verkaufen, die Sie dann mit den Fingern zoomen und scrollen müssen. Das ist deutlich mühseliger und umständlicher als die Magazine, die extra für iOS aufgearbeitet wurden. Eine Alternative stellt die Kiosk-App Zinio dar. Darin finden Sie Magazine aus der ganzen Welt, die durch eine einfache Bedienung und einen Nur-Text-Modus sehr gut zu lesen sind.

Das Feld rund um E-Books und das Veröffentlichen digitaler Inhalte entwickelt sich in Deutschland gerade erst, deswegen kann ich an dieser Stelle gar nicht auf alle Aspekte eingehen. Wer mehr dazu lesen will, dem empfehle ich **Das Buch zu E-Books**, das ebenfalls im O'Reilly Verlag erschienen ist. Die Autoren gehen ausführlich auf die Problematik mit dem Kopierschutz ein, stellen die unterschiedlichen E-Book-Formate und deren Kompatibilität vor und geben natürlich wertvolle Tipps zu Bezugsquellen. Weitere Informationen finden Sie hinter dem QR-Code.

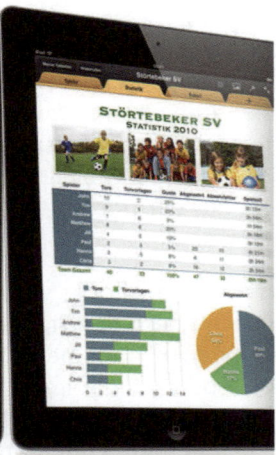

Kapitel 11 | Dokumente erstellen und bearbeiten

Was Microsoft Office für den PC ist, ist iWork für den Mac und iOS-Geräte. Zu iWork gehören die Programme Pages (**Word**), Numbers (**Excel**) und Keynote (**PowerPoint**). Für iOS kostet jede App 8,99 Euro, wenn Sie jedoch ein iOS-Gerät von 2013 besitzen, ist sie kostenlos. Haben Sie einen Mac, müssen Sie unter Umständen zusätzlich 17,99 Euro pro Software anlegen, wenn Sie alle iWork-Funktionen auch auf dem Rechner nutzen möchten. Egal ob Mac oder PC im Browser, es gibt für iCloud-Nutzer inzwischen Betafunktionen, mit denen sie auch am Rechner Dateien erstellen und bearbeiten können (siehe auch Seite 311).

Generell ist es kein Problem, Dateien, die in Microsoft Office angelegt wurden, auf Ihrem iPad zum Beispiel mit Pages zu öffnen. Allerdings ist die Wahrscheinlichkeit gerade bei Dokumenten, die Bilder beinhalten, sehr hoch, dass die Apple-App nicht in der Lage ist, das Dokument richtig darzustellen. Auf der anderen Seite handelt es sich um hervorragend programmierte Anwendungen, die sehr schnell zugänglich sind. Zwar bieten sie nicht so viele Features wie Word, Excel & Co., dafür lassen sie sich aber deutlich einfacher bedienen. Wenn Sie viel schreiben müssen, empfehle ich, eine externe Tastatur zu benutzen. Wie das funktioniert, erfahren Sie auf Seite 59.

Sollten Sie ein Microsoft-Office-Paket besitzen oder einfach weiterhin in gewohnter Office-Weise arbeiten wollen, können Sie inzwischen auch **Word, Excel** und **Powerpoint** auf dem iPad benutzen. Worauf Sie dabei achten müssen, beschreibe ich auf Seite 281 in diesem Kapitel.

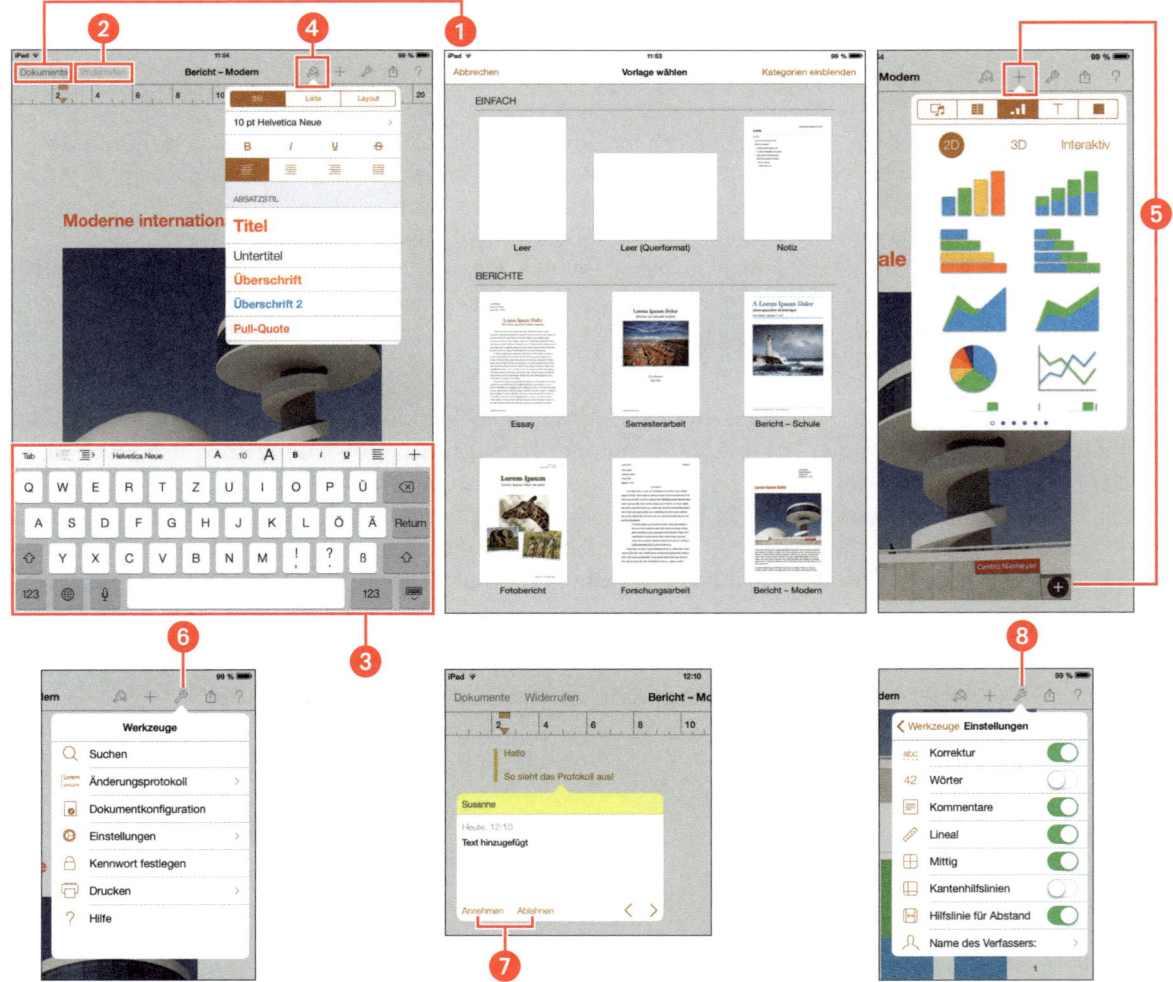

Einfach schreiben mit Pages

Mit **Pages** erstellen Sie **Dokumente**, die sowohl Schrift, Bilder und Diagramme als auch Tabellen beinhalten können. Die Bedienung ist denkbar einfach:

❶ Als Erstes wird Ihnen angeboten, ein **neues Dokument zu erstellen**. Sie können dafür ein leeres Dokument öffnen oder eine der Vorlagen (Lebensläufe, Visitenkarten, Flugblätter, Grußkarten und vieles mehr) verwenden und Texte sowie Bilder durch eigene Inhalte ersetzen. In einem geöffneten Dokument geht es oben links zu Ihren gespeicherten Dokumenten. Hier können Sie dann weitere neue Dokumente erstellen.

❷ Mit der **Widerrufen**-Taste machen Sie Eingaben und Änderungen rückgängig.

❸ Wenn Sie in oder neben den Text tippen, öffnet sich die Tastatur, die in dieser App die wichtigsten **Schnellzugriffe** beinhaltet: Schriftart, -größe und -formatierung sowie Texteinzug und Ausrichtung.

❹ Hinter dem Pinsel finden Sie Vorlagen für verschiedene **Formate und Schriften**. Sie können hier die Art der Aufzählung ändern sowie Spalten und Zeilenabstände einfügen. Bei Bildern ändern Sie hier den Rahmen, fügen Schatten, Spiegelungen und andere Effekte hinzu und verändern die Anordnung und die Ausrichtung.

❺ Das Pluszeichen erlaubt Ihnen das **Einfügen** von Bildern aus Ihren Alben, vorgefertigten Tabellen, 2-D- und 3-D-Diagrammen sowie Formen (Pfeilen, Sprechblasen etc.). Sie können bereits bestehende Bilder aber auch über das Pluszeichen am unteren rechten Rand austauschen.

❻ Hier können Sie das aktuelle Dokument **durchsuchen** und das **Änderungsprotokoll** aktivieren, damit Sie sehen, wo etwas geändert wurde. Das ist praktisch, wenn man mit mehreren Leuten an einem Dokument arbeitet (mehr dazu siehe Seite 277). Änderungen können durch Antippen angenommen oder abgelehnt werden **❼**. Über die **Dokumentkonfiguration** stellen Sie die Seitenränder sowie Kopf- und Fußzeile ein. Hinter den **Einstellungen** verbergen sich weitere Anpassungsmöglichkeiten **❽**. Sollten Sie einen **AirPrint-Drucker** (siehe Seite 335) besitzen, können Sie das geöffnete Dokument darüber ausdrucken. Des Weiteren besteht die Möglichkeit, das Dokument mithilfe eines **Passworts** zu schützen.

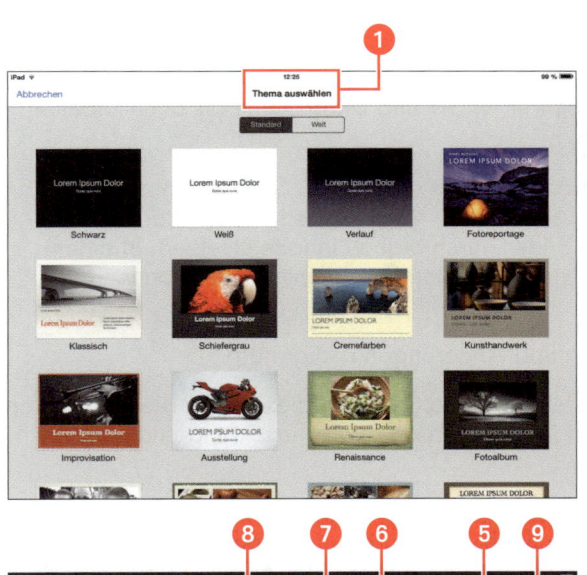

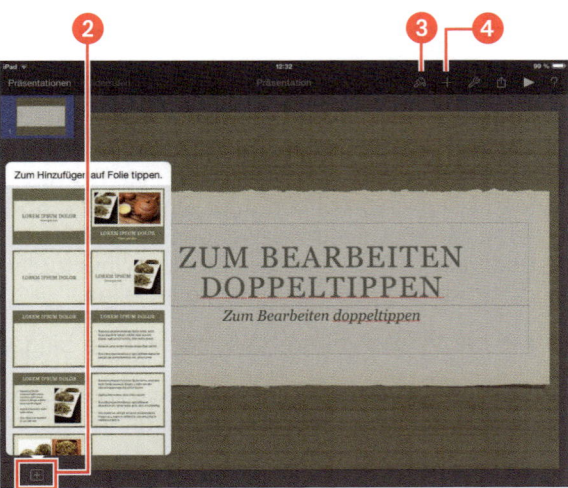

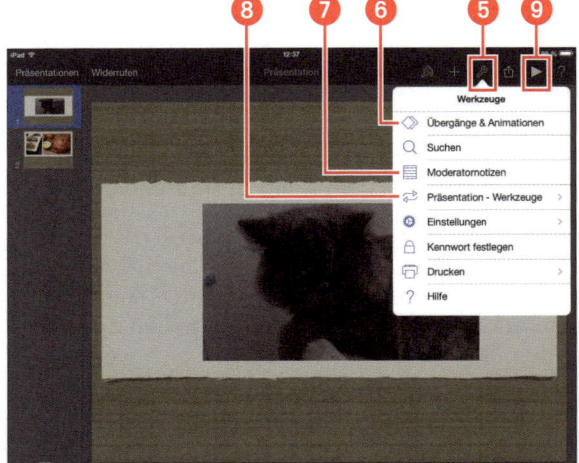

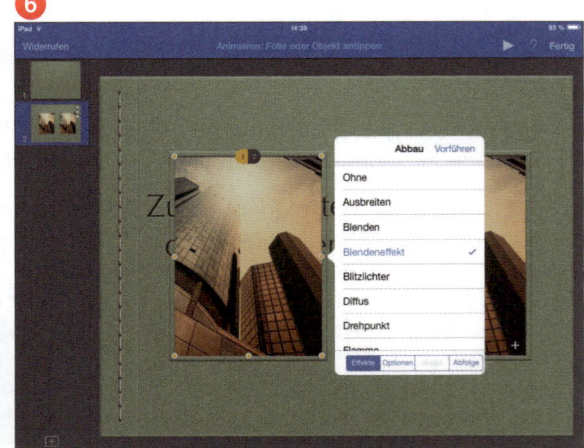

Atemberaubende Präsentationen mit Keynote

Die Präsentationssoftware Keynote funktioniert ähnlich wie Pages. Allerdings gibt es keine leeren Dokumente, in denen Sie bei null anfangen können, sondern ausschließlich Vorlagen.

Zuerst wählen Sie ein Thema entweder im normalen iPad-Format (**Standard**) oder im Format **Weit** aus ❶. Unten links fügen Sie hinter dem Deckblatt beliebig viele Seiten hinzu ❷. Sie können nun den Text ändern und die Bilder gegen eigene austauschen. Änderungen in Form, Anordnung, Erscheinung etc. können Sie auch hier über den Pinsel vornehmen ❸. Tippen Sie ihn an, nachdem Sie das entsprechende Element ausgewählt haben. Wollen Sie ein weiteres Element, beispielsweise Bilder, Videos, Tabellen, Diagramme, Texte oder Symbole, einfügen, tippen Sie auf das Pluszeichen ❹. Hinter dem Werkzeug ❺ verbergen sich unter anderem die **Übergänge & Animationen** ❻, mit denen Sie Ihren Präsentationen richtig Pep verleihen können. Legen Sie hier fest, wie ein bestimmtes Element erscheinen und/oder wieder verschwinden soll. Im selben Menü finden Sie die Dokumentsuche, die allgemeinen Einstellungen, die Möglichkeit, ein **Kennwort** für das Dokument festzulegen, sowie die **Drucken**-Option, sofern Sie einen AirPrint-Drucker besitzen (siehe Seite 335). Am interessantesten sind hier aber die Moderatorenwerkzeuge, mit denen Sie die Präsentation über Keynote auf einen Fernseher projizieren können. Am einfachsten ist das, wenn Sie ein Apple TV (siehe Seite 211) besitzen. Andernfalls benötigen Sie den richtigen Adapter (siehe Seite 327) für das Anschließen am Fernseher oder am Projektor. Dann können Sie die **Moderatornotizen** ❼ nutzen, um zum Beispiel den vorzutragenden Text am iPad abzulesen. Dieser ist dann natürlich nur dort sichtbar. In den **Präsentationswerkzeugen** ❽ können Sie innerhalb der Präsentation Links und Soundtracks einbauen sowie festlegen, ob und wie die Präsentation von allein laufen soll. Über die Option **Fernbedienung** lässt sich ein iPhone, auf dem die App **Keynote Remote** läuft, mit dem iPad verbinden, und Sie können die Präsentation darüber steuern.

Mit dem Pfeil ganz oben rechts ❾ starten Sie die fertige Präsentation und stoppen sie wieder, indem Sie eine Zoom- oder Kneifbewegung machen.

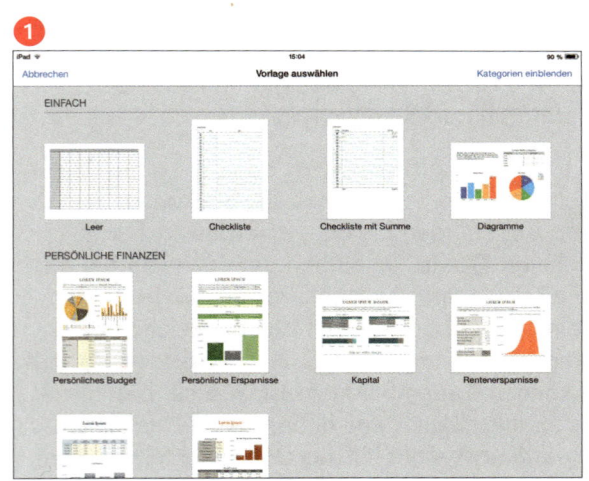

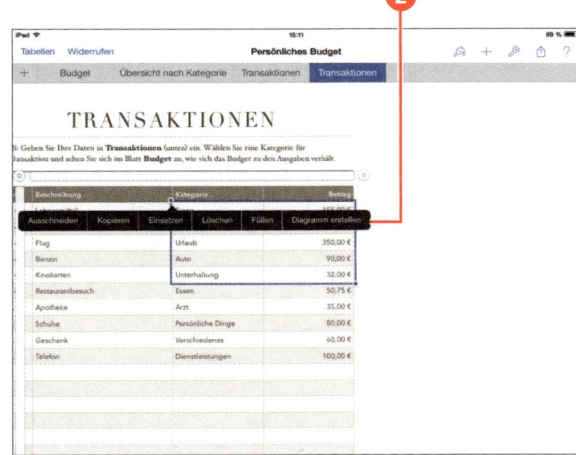

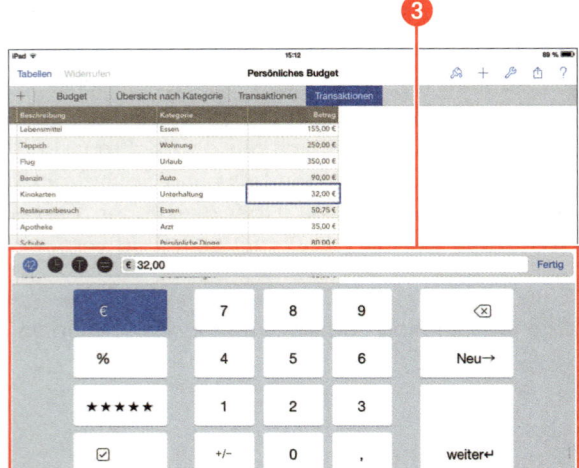

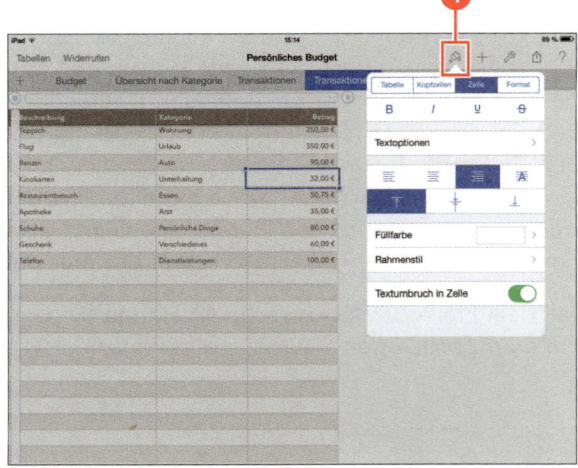

Schicke Tabellen mit Numbers

Apples Antwort auf **Excel** ist mit Sicherheit das komplexeste Programm aus der iWork-Reihe, besonders wenn man sich nicht gut mit Zahlen auskennt. Jeder, der in dem Bereich nicht mehr ganz grün hinter den Ohren ist, wird allerdings schnell merken, dass es sich um ein hervorragendes Programm handelt. Alle anderen greifen am besten auf die sehr schicken Vorlagen zurück. Dort finden Sie Muster für Rechnungen, Statistiken, Logbücher, Finanzpläne, Kreditvergleiche und vieles mehr. Die Inhalte ersetzen Sie einfach mit eigenen Daten ❶.

Numbers bietet unter anderem die Option, Tabellen in beeindruckende Diagramme (2-D und 3-D) zu verwandeln, die Sie nach Belieben anpassen können, was Textstile, Farben und Größen angeht. Markieren Sie dafür einfach die Zeilen und Spalten, die grafisch dargestellt werden sollen, und wählen Sie **Diagramm erstellen** aus ❷. Des Weiteren stehen Ihnen hier verschiedene Tastaturarten zur Verfügung, je nachdem, welche Aufgabe die Zeile oder Spalte zu erfüllen hat ❸. Um einen Text zu ändern, tippen Sie zweimal schnell hintereinander darauf, um die Tastatur auszuklappen. Abgesehen davon können Sie natürlich auch hier Bilder, Videos, Texte und Formen einfügen und anordnen. Die Optik und die Form der einzelnen Elemente, Zeilen und Spalten können Sie über das Pinselsymbol individuell anpassen ❹.

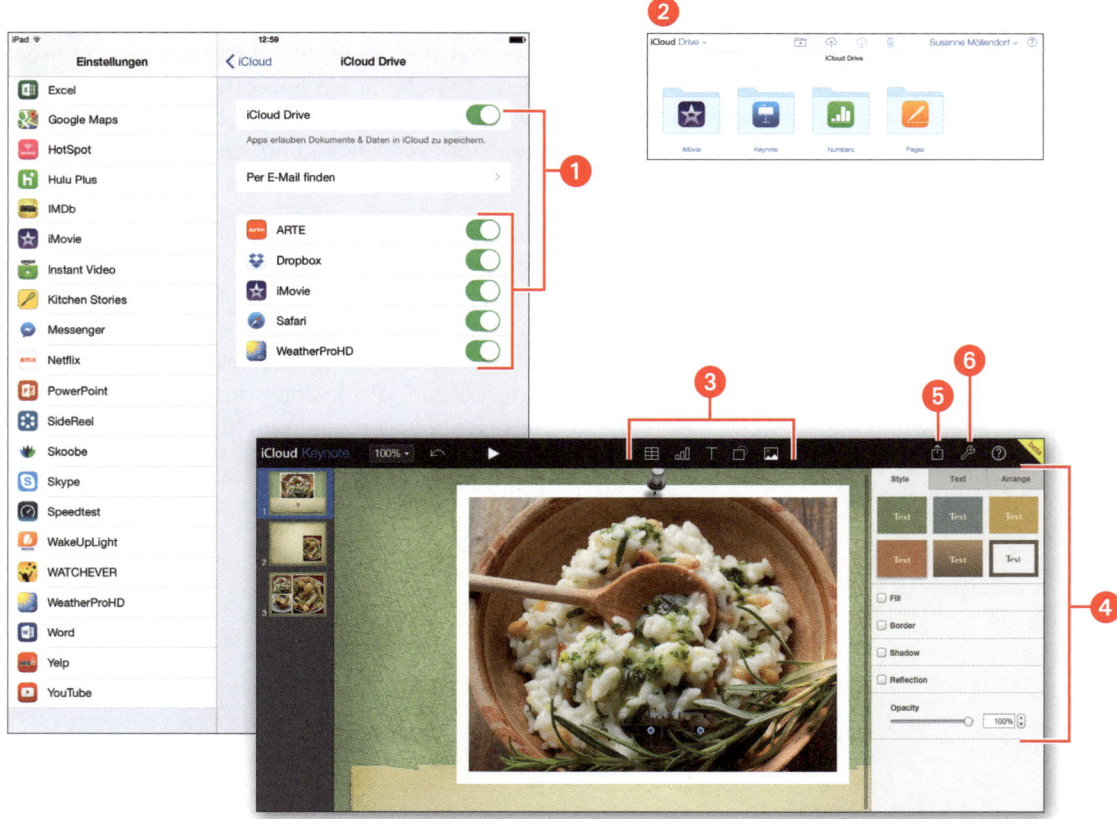

Dokumente mit iCloud sichern und bearbeiten

Zur Ihrer Apple-ID gehören auch immer alle iCloud-Optionen (mehr dazu ab Seite 309). Darum können Sie Ihre iWork-Dokumente dort ebenfalls abspeichern. Das hat den Vorteil, dass diese nicht nur auf Ihrem iPad gesichert werden, sondern auch von anderen Personen bearbeitet und angeschaut werden können. Aktivieren Sie dafür unter **Einstellungen** → **iCloud** → **iCloud Drive** die oberste Option, um automatisch iWork-Dokumente abzuspeichern und bei Bedarf auch die einzelnen Apps darunter ❶.

Wenn Sie sich im Browser bei **icloud.com** einloggen, finden Sie alle Ihre Dokumente im Bereich **iCloud Drive** vor ❷. Haben Sie nun einen Text, eine Präsentation oder eine Tabelle geöffnet, können Sie sie mit ähnlichen Werkzeugen wie auf dem iPad bearbeiten. Einziges Manko: Diese Funktion ist noch im Betastadium und daher nur auf Englisch verfügbar. Oben können Sie Texte, Formen und Bilder einfügen ❸ – perfekt für Fotos, die sich nur auf dem Rechner und nicht auf dem iPad befinden. Die rechte Spalte hilft Ihnen dabei ❹. Über das **Teilen**-Symbol ❺ erstellen Sie einen Link zu dem Dokument, den Sie an Freunde und Mitarbeiter verschicken können. Diese können die Datei dann in einem Browser anschauen und ebenfalls bearbeiten – sogar ohne einen eigenen iCloud-Account zu besitzen. Bedenken Sie dabei, dass der Link auch weitergegeben und dann von jedem benutzt werden kann. Ein wenig sicherer ist es, wenn Sie über die **Einstellungen** ❻ eine E-Mail verschicken. Die Datei wird dann entweder für iWork, Microsoft Office oder als PDF abgespeichert. Allerdings können Sie die Änderungen, die von anderen in den Dokumenten vorgenommen werden, nicht automatisch einsehen.

Sollten Sie ein iPhone besitzen, können Sie die iWork-Apps dort natürlich auch installieren (es ist kein erneuter Kauf nötig) und finden, sofern die oben beschriebenen iCloud-Einstellungen aktiviert sind, Ihre Dokumente ebenfalls dort vor. Allerdings ist das Display so klein, dass Bearbeitungen eher umständlich sind. Besser funktioniert es, wenn Sie sich die entsprechenden Programme für den Mac zulegen. Hier müssen Sie sie dann allerdings erneut bezahlen.

Tipp: Sie können im Browser am Rechner Dokumente im Pages- oder Office-Format einfach per Drag-and-drop in das iCloud-Fenster ziehen, sofern die entsprechende Übersicht (also Pages, Keynote oder Numbers) dort geöffnet ist. Anschließend können Sie die Dateien dort bearbeiten.

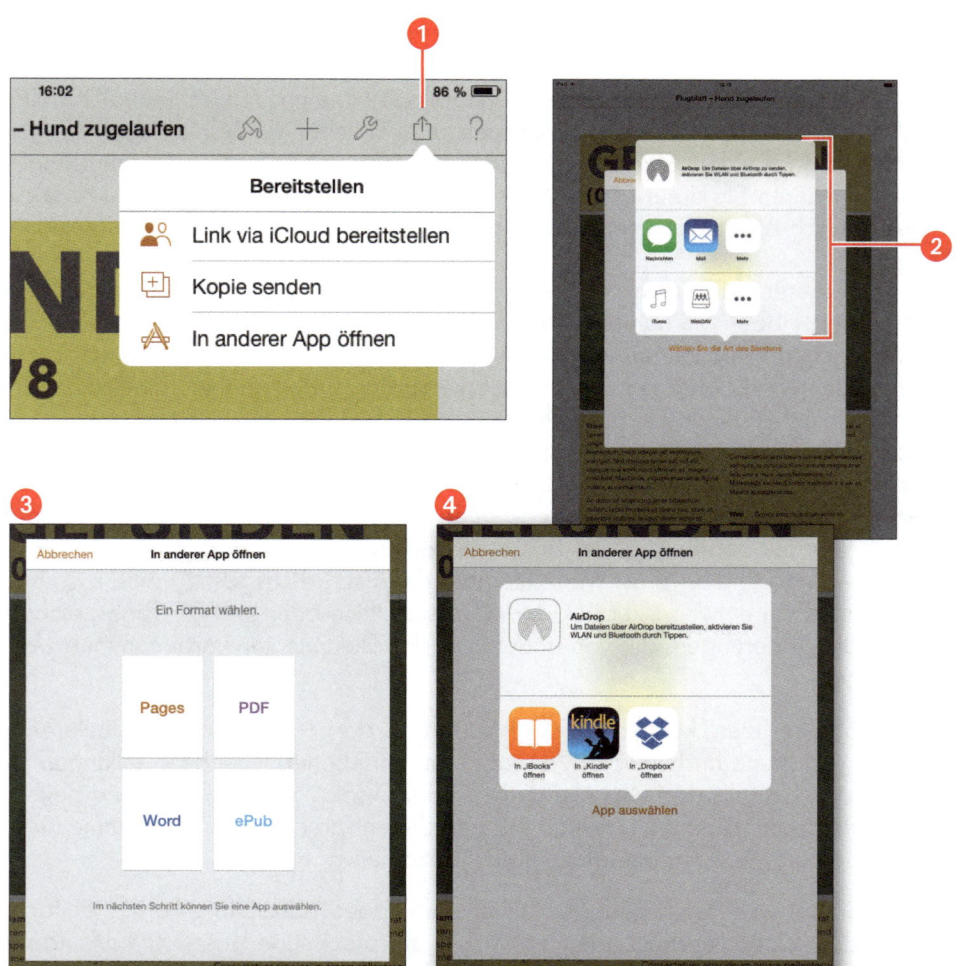

Dokumente abspeichern und teilen

Über das Teilen-Symbol oben rechts ❶ können Sie das Dokument als Link teilen, damit andere darauf zugreifen und es bearbeiten können. Wenn Sie **Kopie senden** antippen, müssen Sie erst auswählen, in welchem Format das Dokument gesendet werden soll, und dann öffnet sich das bekannte Teilen-Menü (siehe Seite 143) in einer abgespeckten Version. Sie können hier die Datei als Nachricht oder als E-Mail verschicken, aber auch an einen WebDAV-Server und an iTunes ❷. Bei Letzterem handelt es sich um das gleiche sehr umständliche Verfahren, das ich auf Seite 237 am Beispiel von iMovie erkläre. Am einfachsten ist es, wenn Sie sich die Datei an Ihre eigene E-Mail-Adresse schicken. Egal für welche Vorgehensweise Sie sich entscheiden: Sie werden immer erst gefragt, in welchem Format Sie die Datei abspeichern möchten. Zur Auswahl stehen das Format der App, in der Sie gerade arbeiten, das jeweilige Microsoft-Office-Äquivalent (Word für Pages, Excel für Numbers, PowerPoint für Keynote), das PDF-Format sowie für Pages das EPUB- und für Numbers das CSV-Format ❸. Das PDF-Format besitzt gegenüber den anderen Formaten den Vorteil, dass es nicht verändert werden kann. Durch den Abspeichervorgang müssen Sie auch durch, wenn Sie die Datei in einer anderen App öffnen möchten. Im Anschluss werden Ihnen auf dem iPad alle zur Verfügung stehenden Anwendungen angezeigt, und per Antippen wird das Dokument in der ausgewählten App geöffnet ❹.

Wenn Sie das Dokument gar nicht teilen wollen, ist ein aktives Abspeichern übrigens nicht notwendig. Jegliche Änderungen werden automatisch gespeichert und, sofern iCloud aktiviert wurde, dort sogar als Backup gesichert.

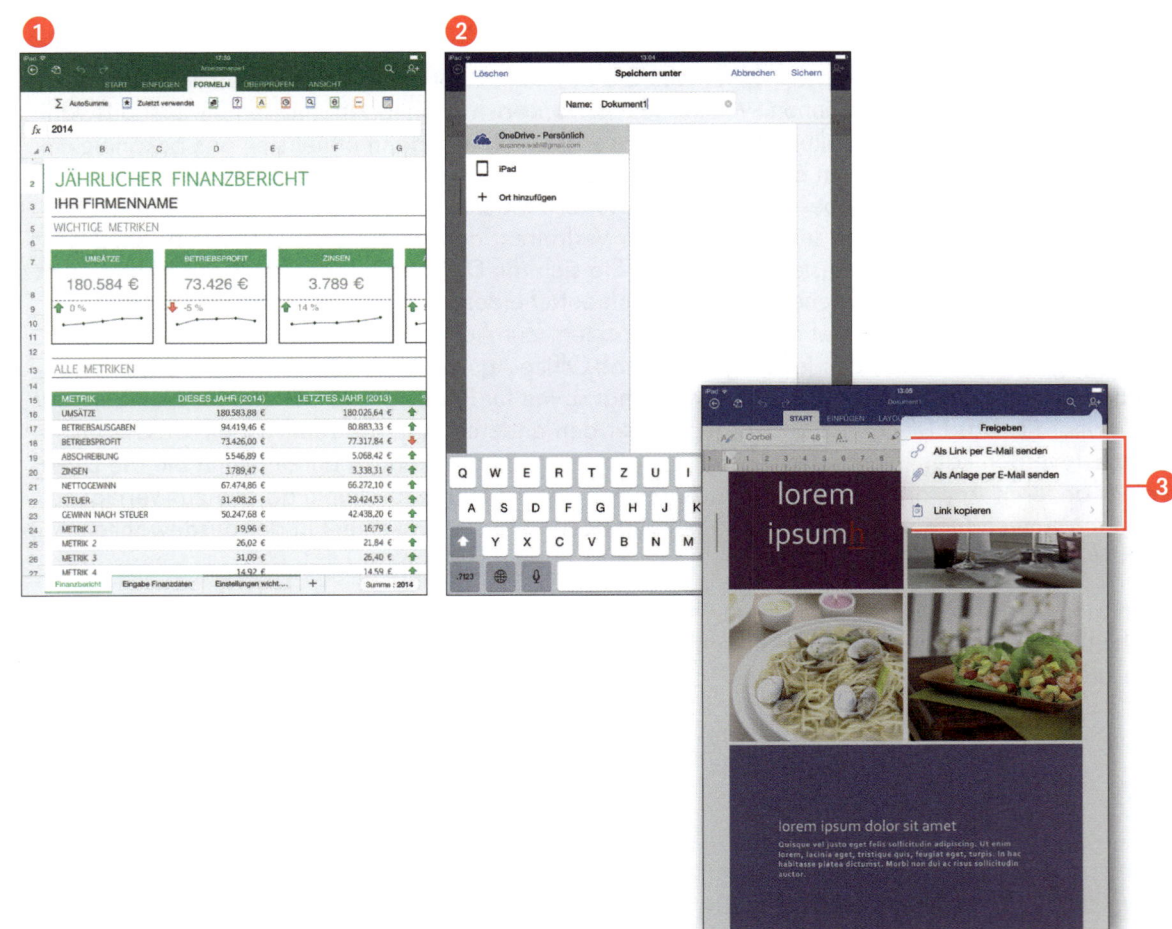

Word, Excel und Powerpoint auf dem iPad

Neben den iWork-Office-Programmen von Apple werden Sie im App-Store auch die entsprechenden **Microsoft**-Versionen finden. Auf den ersten Blick sieht es so aus, als wäre dies der bessere Deal, da die Apps an sich kostenlos sind. Allerdings brauchen Sie einen Microsoft-Account sowie ein Office-365-Home-Abo, für das Sie monatlich mindestens 10 Euro zahlen müssen. Einige Grundfunktionen sind jedoch kostenlos nutzbar. Richtig kaufen können Sie das neue Office nämlich nicht mehr. In dem Abo-Preis sind immerhin bis zu fünf Geräte enthalten, und wenn Sie sich gut mit Office auskennen, werden Sie mit den iPad-Apps sofort durchstarten können. Die sehen nämlich ganz genauso aus, wie das aktuelle Office für den PC, und auch die Handhabung ist gleich ❶. Des Weiteren können Sie die Dateien entweder auf dem iPad speichern oder besser noch direkt auf dem zu Ihrem Microsoft-Account gehörigen **OneDrive** ❷. Auf diese Weise können Sie von überall aus darauf zugreifen – sofern Internet zur Verfügung steht – und diese dann, falls Office auf dem jeweiligen Gerät vorhanden ist, auch bearbeiten. Zudem gibt es die Möglichkeit, die Dateien per **Link** oder als **Anlage per E-Mail** zu versenden ❸.

Da es die iWork-Apps für iPad-Modelle von 2013 und neuer kostenlos gibt und man Office 365 Home einen Monat lang kostenlos ausprobieren kann, lohnt sich der direkte Vergleich. Es handelt sich bei beiden Anwendungspaketen auf jeden Fall um gute Programme für Privatanwender.

Kapitel 12 | Unterwegs mit dem iPad

Früher habe ich immer meinen Laptop überall mit hingeschleppt, inzwischen stecke ich nur noch das iPad ein. Wenn ich beruflich unterwegs bin, nehme ich mir eine externe Tastatur mit (siehe Seite 59) und nutze iWork (ab Seite 269). Privat brauche ich nur einige Accessoires wie Adapter und Aufladegeräte (ab Seite 327). Bei einem Gewicht von etwas mehr als 300 Gramm ist das iPad mini so leicht, dass ich es problemlos in meine Handtasche stecken kann. Für längere Reisen bevorzuge ich allerdings eher das iPad mit Retina-Display, auf dem man besser Filme gucken kann (mehr dazu ab Seite 187). Die in diesem Kapitel beschriebenen Einsatzmöglichkeiten eignen sich natürlich im Endeffekt für beide Modelle. Abgesehen von diesen Beispielen haben Sie mit dem iPad im Idealfall auch immer Ihre **Musiksammlung** (ab Seite 193), eine ganze **Bibliothek** (ab Seite 243) und Tausende von **Spielen** zur Hand (siehe Seite 215), mit denen Sie sich lange Bahnfahrten, aber auch den Strandurlaub kurzweilig gestalten können. Zusätzlich können Sie mit dem Tablet **Urlaubsbilder** aufnehmen, sehr vielfältig bearbeiten und sofort mit anderen teilen (ab Seite 153). Wenn Sie eine Internetverbindung haben, besitzen Sie mit Ihrem iPad auch immer ein **Telefon** (ab Seite 139) und natürlich die Möglichkeit, **E-Mails** zu schreiben sowie Neuigkeiten auf **Facebook & Co.** zu checken.

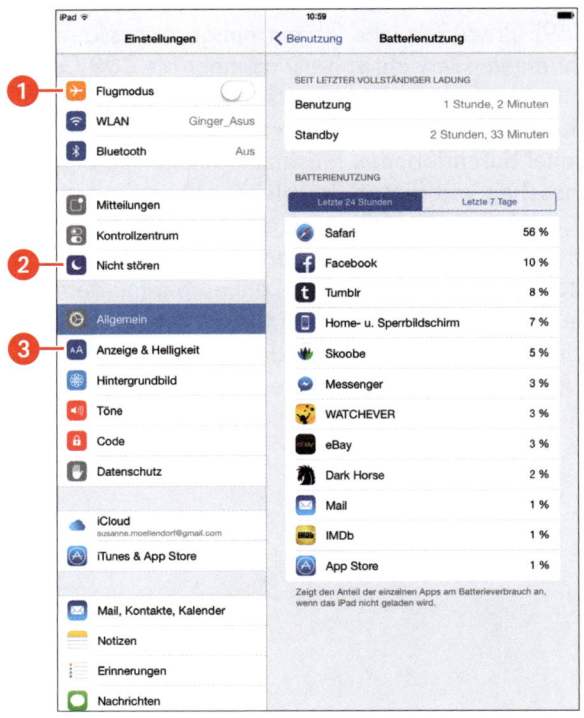

Strom sparen: die wichtigsten Einstellungstipps

Gerade unterwegs ist es wichtig, den Akku nicht zu sehr zu belasten, damit Sie Ihr iPad lange nutzen können, auch wenn keine Steckdose in der Nähe ist. Das gelingt am besten durch das Abschalten von Optionen, die vielleicht gerade gar nicht gebraucht werden: WLAN, Bluetooth und Töne. Alternativ können Sie direkt den **Flugmodus** ❶ einschalten. Damit wird jegliches Senden und Empfangen von Daten abgestellt. Wenn Sie auf WLAN nicht verzichten möchten, schalten Sie die **Push**-Einstellungen für E-Mail-Konten (Seite 113) ab. Die **Ortungsdienste** (Seite 103) kosten ebenfalls Strom. Die Option **Nicht stören** ❷ (Seite 83) verhindert bei eingeschaltetem WLAN, dass Anwendungen Mitteilungen senden, und schont dadurch den Akku.

Die Reduzierung der **Helligkeit** ❸ spart auch Strom. Alternativ stellen Sie die Helligkeit gleich auf automatisch, dann bestimmt das iPad je nach Lichtverhältnissen selbst, wie stark das Display beleuchtet werden muss. In den **Bedienungshilfen** (siehe Seite 93) finden Sie zusätzlich die Möglichkeit, die Farben umzukehren. Damit braucht das Display für einen weißen Hintergrund nicht mehr so viel Strom. Schalten Sie am besten die personalisierte Werbung (**Ad-Tracking**) ab, wie auf Seite 103 beschrieben. Damit sparen Sie nicht nur Strom, sondern verhindern auch, dass persönliche Daten von Ihnen gesammelt werden. Des Weiteren verbraucht die Prozent-Akku-Anzeige unter **Einstellungen** → **Allgemein** → **Benutzung** viel Strom. Wenn Sie zudem darüber auf Batterienutzung tippen, wird Ihnen angezeigt, welche Apps wie viel der Batterie in den letzten 24 Stunden beziehungsweise sieben Tagen prozentual verbraucht hat. Auf diese Weise können Sie heimliche Stromfresser entlarven.

Ein weiterer Tipp, der auch angewendet werden sollte, wenn sich der Akku plötzlich regelmäßig unverhältnismäßig schnell entlädt: **Apps schließen**. Wie das geht, beschreibe ich auf Seite 39.

Wenn Sie Ihr Tablet eine Weile nicht brauchen, können Sie es über die Stand-by-Taste natürlich auch einfach abschalten. Dann verbraucht es definitiv keinen Strom mehr.

Das iPad als Minibüro

Zugegebenermaßen ist das Tablet nicht gerade der bequemste Weg, um damit acht Stunden am Tag zu arbeiten, aber mit ein wenig Finesse und den richtigen Apps bietet das iPad sehr viele Funktionen, die man im beruflichen Alltag gebrauchen kann. Neben iWork von Apple und einer entsprechenden Microsoft-Version (siehe ab Seite 269) gibt es jede Menge **Office-Software**, mit der man Dokumente, Tabellen und Präsentationen (beispielsweise Haiku Deck ❶) erstellen und bearbeiten kann. Der App Store bietet die ausgefeiltesten Taschenrechner, wie den Taschenrechner X für das iPad ❷, der das Umrechnen von Einheiten, Währungen und mehr anbietet, Diktier-Apps, PDF-Reader, To-do-Apps und vieles mehr. Wenn Sie ein kleines Unternehmen leiten, gibt es inzwischen auch gute Komplettlösungen, mit denen Sie Ihre Mitarbeiter und Aufträge koordinieren können, ohne dass sich alle Angestellten am selben Ort befinden müssen. Mit der richtigen App können Sie sogar vieles auf fast jedem aktuellen Drucker ausdrucken. Am ehesten werden Sie in den Rubriken Dienstprogramme, Produktivität und Finanzen fündig.

Das richtige Zubehör ist für Büroarbeiten mit dem iPad natürlich auch unverzichtbar. Dazu lesen Sie auf Seite 59, wie Sie eine Tastatur mit dem Tablet verbinden, und im letzten Kapitel finden Sie weitere Tipps zum Thema Peripherie. Auf Seite 65 erkläre ich, wie Sie das iPad fast überall ins Internet schicken, auch wenn es nicht über die UMTS-Technik verfügt.

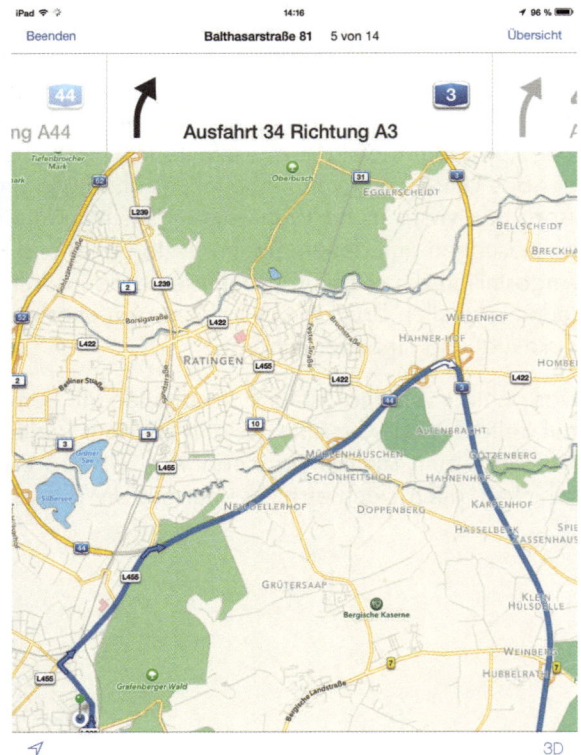

Mit Siri bleiben die Hände am Lenkrad

Bei Siri handelt es sich um die Sprachassistentin von Apple, mit der Sie Ihr iPad mündlich bedienen können – zum Beispiel im Auto als Navigationshilfe, **sofern Internet verfügbar ist**. Allerdings kann Siri nur auf Befehl die Route heraussuchen und navigiert Sie nicht wie herkömmliche Navis per Sprache (Alternativen finden Sie auf Seite 297). Wenn Ihnen das nichts ausmacht, holen Sie sich eine Halterung für Ihr iPad – idealerweise für das Cockpit und nicht für die Frontscheibe. Um mit Siri zu kommunizieren, halten Sie während der Fahrt die Home-Taste lange gedrückt. Siri poppt dann am unteren Rand auf, und Sie können sofort losreden. Sagen Sie zum Beispiel: **Ich will nach Berlin**. Oder geben Sie alternativ eine Adresse an. Sie können auch sagen: **Ich will meine Schwester besuchen**. Wie Sie Siri beibringen, wer aus Ihren Kontakten Ihre Schwester ist, erkläre ich auf der übernächsten Seite.

Sie können während der Fahrt aber auch sagen: **Zufallsmusik** oder **Künstlername XY hören**. Dann startet Siri damit, entweder alle auf dem iPad befindlichen Songs oder nur die Songs des entsprechenden Künstlers abzuspielen. Wenn Sie lieber Musik zum Beispiel über den Amazon Cloud Player (siehe Seite 195) hören, können Sie auch **Start Amazon Cloud Player** sagen. Allerdings müssen Sie diese App dann doch selbst bedienen. Mit einem erneuten Tippen auf die Home-Taste verschwindet Siri wieder.

Achtung: Wenn die Hintergrundgeräusche im Auto zu laut sind, kann es passieren, dass Siri nicht einwandfrei funktioniert.

1

iPad 🔋 | 14:20 | 95 % 🔋

Hier ist der Termin:

Kalender
Dienstag, 10. Dezember 2013

• **Kino** — 20:00

2

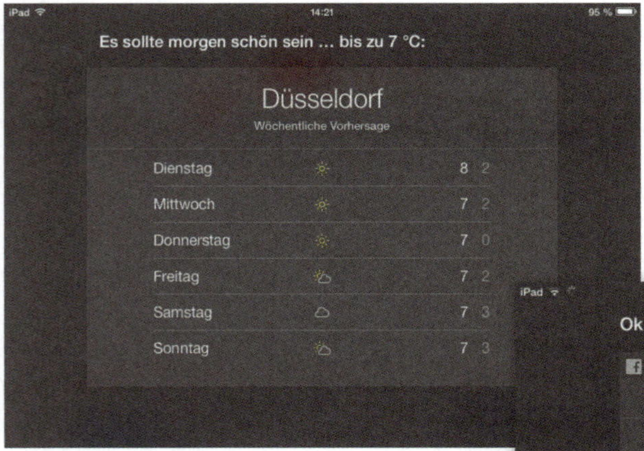

iPad 🔋 | 14:21 | 95 % 🔋

Es sollte morgen schön sein ... bis zu 7 °C:

Düsseldorf
Wöchentliche Vorhersage

Dienstag	☀	8	2
Mittwoch	☀	7	2
Donnerstag	☀	7	0
Freitag	⛅	7	2
Samstag	☁	7	3
Sonntag	⛅	7	3

3

iPad 🔋 | 14:21 | 95 % 🔋

Ok ... was möchtest du sagen?

Facebook

Abbrechen   Posten

Die richtigen Worte für Siri finden

Das Auto ist natürlich nicht der einzige Einsatzort für Siri:

- Wenn Sie die Informationen zu Ihren Kontakten gut pflegen, können Sie mit Siri andere Personen zu Terminen einladen, zum Beispiel: **Welche Termine habe ich am 6. November?** ❶, und wenn die Termine angezeigt werden: **Füge meine Schwester zu diesen Terminen hinzu.**). Schicken Sie ihnen dann schnell eine iMessage oder rufen Sie an (**Rufe meine Schwester mit FaceTime an.**). Statt Verwandtschaftsgraden können Sie auch einfach Vornamen benutzen, und Siri bietet Ihnen dann die entsprechenden Kontaktdaten für die Aktion zur Auswahl an.

- Siri kann aber auch Informationen für Sie suchen, zum Beispiel wie das Wetter an einem bestimmten Ort wird (**Wie wird morgen das Wetter in New York?**) oder wie kalt/warm es direkt vor Ihrer Haustür ist (**Wie sind die Temperaturen draußen?**) ❷. Dazu müssen Sie Ihrem iPad erlauben, Ihren Standort zu kennen (siehe Seite 103), oder Siri weiß durch Ihre Visitenkarte, wo Sie wohnen. Siri sucht für Sie auch Restaurants, Ärzte und mehr in Ihrer Umgebung oder an einem bestimmten Standort heraus – auf Wunsch sogar nach Bewertungen sortiert (**Suche bestes Sushi-Restaurant in Nürnberg!**). Sie können Siri **Wie spät ist es in Brisbane?** fragen oder danach, wann ein bestimmter Feiertag fällig ist. Lassen Sie sich von Siri auch das aktuelle Datum sagen.

- Sie können mit Siri Ihr iPad steuern. Befehle wie **iTunes öffnen** (sehr praktisch, wenn man eine App gerade partout nicht findet) helfen dabei, dass iPad schnell und einfach zu bedienen. Wenn ein Mittagsschläfchen fällig ist, sagen Sie zu Siri einfach: **Wecke mich in zwei Stunden.** oder **Wecke mich heute um 15 Uhr.**

- Siri legt für Sie auch gern Erinnerungen (**Erinnere mich morgen an ...**) sowie Notizen an (**Notiz: Tauschticket ist eine tolle Webseite**).

- Generell können Sie versuchen, einzelne Fragen auch aufeinander aufzubauen. Wenn Sie nach einem Sushi-Restaurant in der Nähe suchen und Ihnen nach einem Blick auf die gefundenen Restaurants doch eher nach Döner ist, sagen Sie einfach: **Doch lieber Döner**.

- Sagen Sie **Neuer Facebook-Status** ❸, fordert Siri Sie auf, diesen zu sprechen und das Posten zu bestätigen. Das funktioniert auch mit Twitter, E-Mails und Kurznachrichten.

Gruppen **Alle Kontakte** +   Bearbeiten

🔍 Suchen

M

Mobilbox-Abfrage

Mobilbox-Ausland

Susanne Möllendorf

Privat

Mobil   💬

FaceTime   📹 📞

Privat
susanne.moellendorf@gmail.com   ✉️ 💬

Arbeit
mobile.autorin@icloud.com   ✉️ 💬

Susanne **Möllendorf**

Homepage
http://susanne-moellendorf.de

Privat

N

News

Geburtstag

Notruf

Taxi **Nürnberg**

Vater

P

Mutter

PanneAusland

Ehepartner

PannenService

Schwester

Papa

Freundin

Großmutter

Siri beibringen, wer zur Familie gehört

Mit einigen Tricks können Sie Siri beibringen, wer wer ist in Ihrem Leben. Ich gehe bei dieser Beschreibung davon aus, dass nicht jeder seine Kontakte über iCloud verwaltet.

1. Aktivieren Sie über **Einstellungen** → **iCloud** die Kontakte.

2. Gehen Sie an einem Rechner auf **icloud.com** und erstellen Sie dort in den Kontakten eine Visitenkarte für sich, idealerweise mit Ihrer Adresse und der Ihrer Arbeitsstelle.

3. Wählen Sie diesen Kontakt unter **Einstellungen** → **Allgemein** → **Siri** als **Meine Info** aus.

4. Erzählen Sie Siri jetzt: **NAME ist meine Schwester** und so weiter. Ihnen werden dann die entsprechenden Kontaktinformationen zur Bestätigung angeboten. Das funktioniert auch mit anderen Personen (Chef, Assistent etc.).

Siri lernt dazu und geht dafür ins Internet

Die Sprachsoftware greift nicht nur auf Ihre Kontakte, sondern auch auf Termine, Musiktitel und andere persönliche Informationen auf Ihrem iPad zu, um Ihnen weiterzuhelfen. Des Weiteren versteht sie Sie besser, je öfter Sie Siri benutzen. Dieses Gelernte können Sie durch Deaktivierung von Siri (siehe Seite 295) immer wieder löschen. **Achtung:** Damit Siri Ihre Stimme und das Gesagte analysieren kann, muss die Software auf die Apple-Server zugreifen und braucht dafür Internet. Unterwegs können daher Mobilfunkkosten anfallen. Bei einer langsamen Verbindung reagiert Siri auch manchmal verzögert.

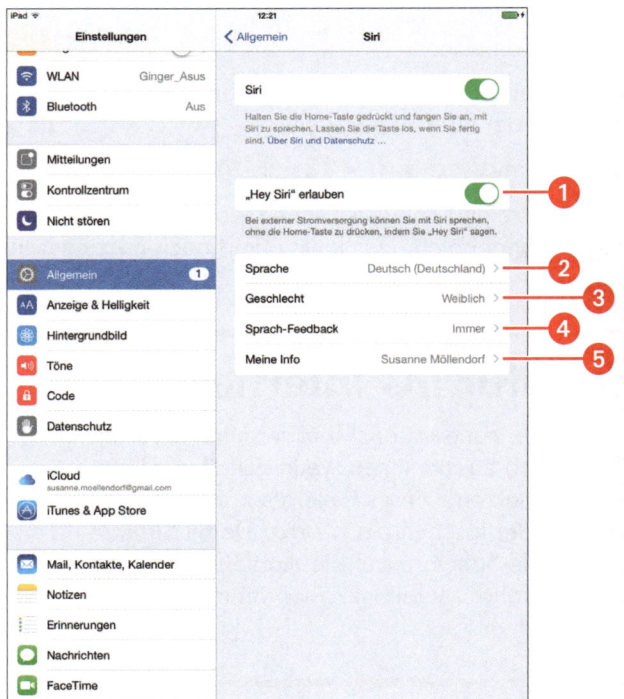
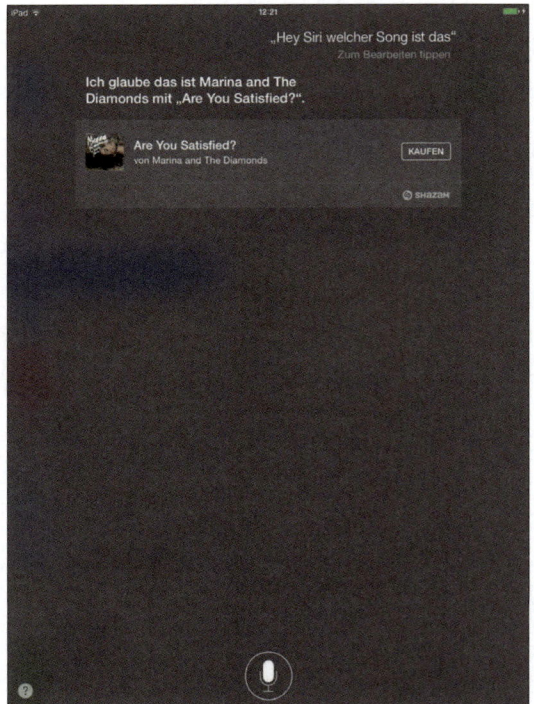

Siri – die Einstellungen

Sie können Siri natürlich auch deaktivieren. Gehen Sie dafür auf **Einstellungen** → **Allgemein** → **Siri** und betätigen Sie ganz oben den Regler. Alternativ werfen Sie doch einfach mal einen Blick auf die Einstellungen:

❶ Aktivieren Sie **Hey Siri**, damit Sie die Sprachassistentin auch ohne Knopfdruck ansprechen können. Dafür muss das iPad aber an Strom angeschlossen sein, da diese Funktion den Akku stark belastet.

❷ Hier können Sie die Eingabe- und Ausgabesprache einstellen, denn Siri spricht viele Sprachen.

❸ Stellen Sie ein, ob Siri eine weibliche oder eine männliche Stimme haben soll.

❹ Wenn Sie nicht möchten, dass Siri Ihnen per Sprache und Text antwortet, können Sie das hier abstellen. Benutzen Sie eine Freisprechanlage, antwortet Ihnen Siri natürlich trotzdem über die Lautsprecher.

❺ Suchen Sie hier die Kontaktkarte aus, die Ihre Informationen beinhaltet. Dann weiß Siri, wie Sie heißen, wo Sie zu Hause sind, wer Ihre Verwandten sind und mehr, je nachdem, was in Ihrem Kontakt steht.

Musikerkennung

In Zusammenarbeit mit der Musikerkennungssoftware Shazam kann Siri jetzt auch Stücke identifizieren. Fragen Sie dafür einfach »Welcher Song ist das?«. Siri bittet dann darum, zuhören zu dürfen und liefert ein Ergebnis sobald die Musik vorbei ist.

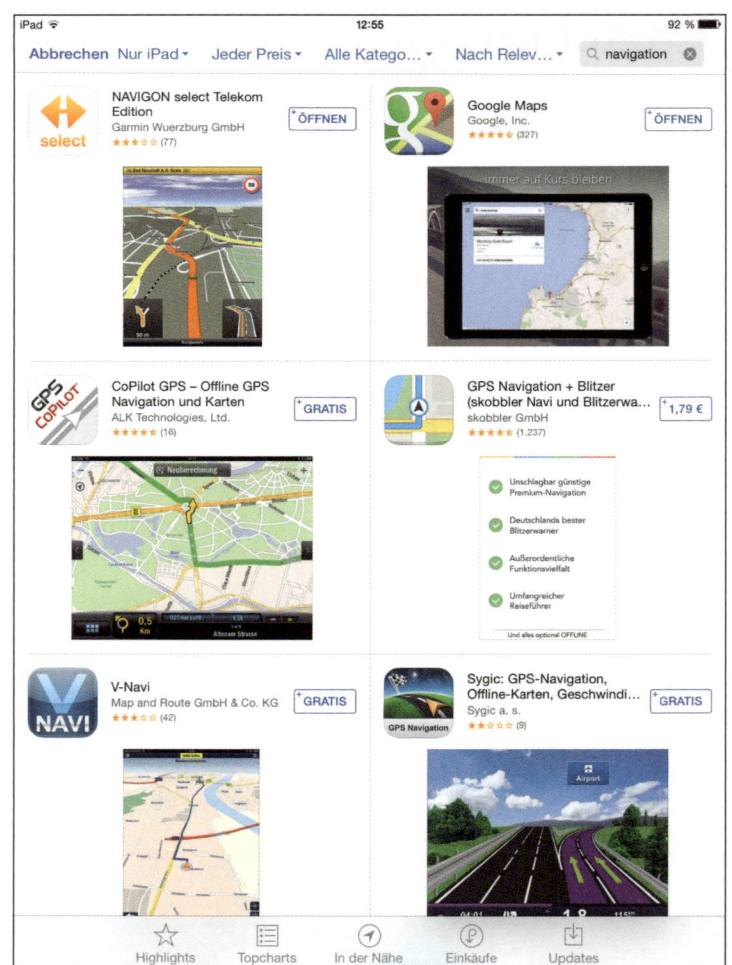

Die besten Karten-Apps: das iPad als Navi

Die Kartenfunktion von iOS 8 hat ja nicht gerade den besten Ruf, da sie in der Vergangenheit Benutzer wohl gern mal in die Irre geführt hat. Mal abgesehen davon, dass das ein altes Problem des Kartenanbieters TomTom ist, ist es eher unwahrscheinlich, dass jemand deswegen versucht, mitten auf einer Brücke abzubiegen. Das größere Problem bei dieser Anwendung ist, dass sie auf dem iPad keine mündlichen Hinweise gibt und somit als Navigationssoftware ausfällt.

Wenn Sie stattdessen im App Store in die Top-Charts gehen und dort die Kategorie **Navigation** auswählen, sehen Sie direkt, welche Apps sich als Alternative eignen. Für alle, die nicht lange suchen möchten, empfehle ich die App **GPS Navigation by Scout**. Diese kostet 1,79 Euro und enthält sowohl Sprachansagen als auch Blitzermeldungen. Für wirklich wenig Geld bekommen Sie Länderkarten dazu und können damit die App im Offlinemodus und dann auch unterwegs sehr günstig benutzen.

Achtung: Das iPad als Navi zu benutzen, ist nur sinnvoll mit Versionen, die auch UMTS besitzen, da nur diese über GPS verfügen. Alle anderen iPads brauchen konstanten Onlinezugang – zum Beispiel von einem Smartphone, das als Hotspot fungiert. Das kann auf langen Strecken ganz schön ins Geld gehen und ist daher leider nicht praktikabel.

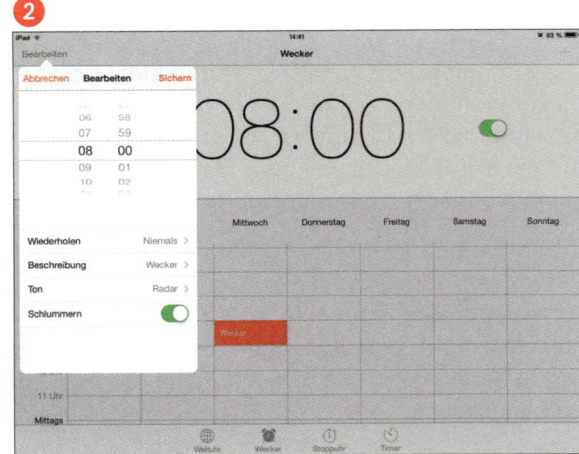

Die integrierte Uhr als Wecker und mehr nutzen

Hinter der harmlos klingenden Apple-App **Uhr** verbergen sich vier grundverschiedene Anwendungen, die sich im praktischen Einsatz als sehr nützlich herausstellen:

1 Die **Weltuhr** zeigt Ihnen standardmäßig die mitteleuropäische Zeit an. Das ist natürlich super, aber noch besser ist es, dass Sie hier die Zeit (und die Temperatur) für jeden beliebigen Ort in der Welt anzeigen lassen können. Auf diese Weise können Sie sicher sein, dass Sie Ihre Freunde auf anderen Kontinenten nie aus dem Bett klingeln. Wenn Sie das iPad im Querformat halten, wird die Uhr bildschirmfüllend angezeigt. Besitzen Sie ein Smart Cover oder einen anderen Ständer, können Sie das Tablet als Nachttischuhr nutzen. Nachts ist das Ziffernblatt dunkel, sodass Sie im Schlaf nicht gestört werden und es außerdem Strom spart.

2 Mit dem **Wecker** haben Sie die Möglichkeit, mehrere Weckzeiten einzustellen, die sich entweder wiederholen oder nur bei Bedarf von Ihnen aktiviert werden. Sie können jeder Weckzeit einen separaten Ton (oder einen Ihrer Songs) und einen Titel zuweisen sowie festlegen, ob beim Wecken auf **Snooze** gestellt werden soll. Dann meldet sich der Wecker nach zehn Minuten erneut, wenn Sie nach dem Klingeln noch ein wenig dösen möchten.

3 Die **Stoppuhr** ist perfekt, um Zeit zu stoppen – einmalig oder für jeweils mehrere Runden.

4 Den **Timer** stellen Sie ganz flott ein, indem Sie an dem digitalen Rad drehen. Für das Timer-Ende können Sie entweder einen Apple-Klingelton einstellen oder ganz unten **Wiedergabe stoppen** auswählen, wenn Sie wollen, dass ein Video oder die Musik angehalten wird, wenn die Zeit abgelaufen ist. Bei Letzterem geht das iPad dann auch automatisch in den Sperrbildschirm. Am allerschnellsten stellen Sie einen Timer, indem Sie im Sperrbildschirm die Home-Taste gedrückt halten und dann Siri zum Beispiel sagen: **Timer 10 Minuten**.

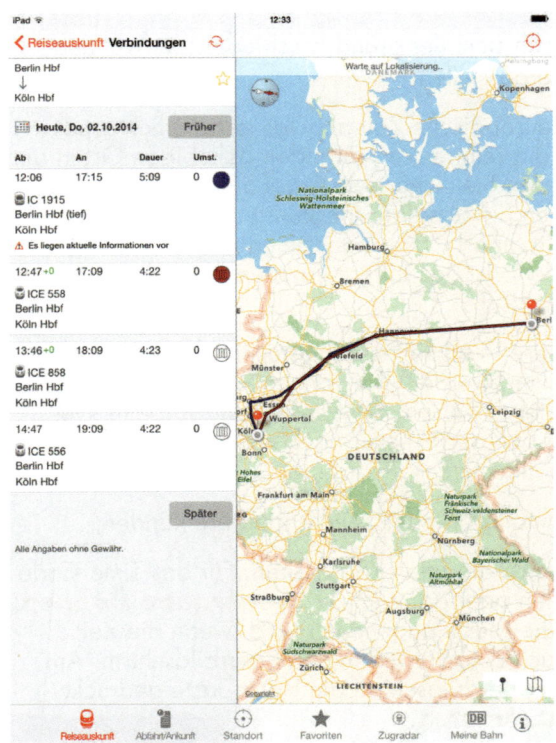

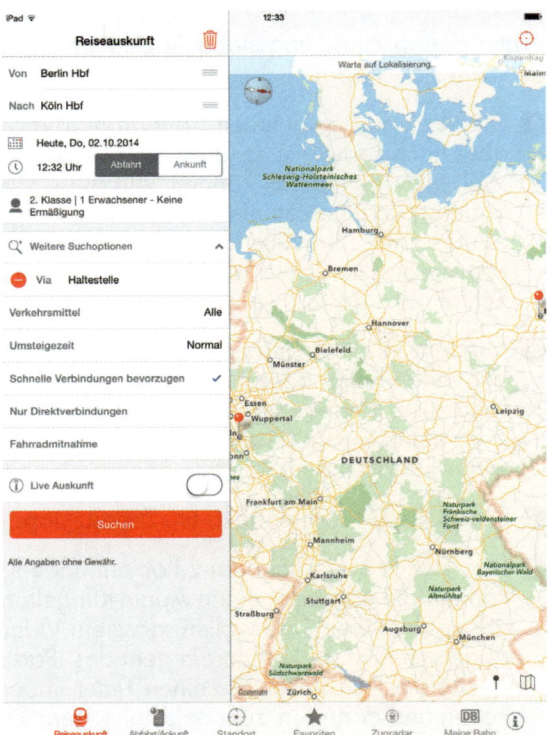

Mit der App DB Navigator den Anschluss kriegen

Wer viel unterwegs ist, wird schnell merken, dass sich die Webseite der Bahn nicht sonderlich gut auf dem iPad bedienen lässt. Die App DB Navigator dagegen ist übersichtlich und einfach zu benutzen. Hier können Sie **Verbindungen** direkt von Ihrem Standort aus heraussuchen (also inklusive Bus, S-Bahn etc.) und diese dann auch direkt **buchen**. Für das Buchen können Sie entweder die App DB Tickets herunterladen, die allerdings laut den Bewertungen nicht immer funktioniert, oder Sie lassen sich per Safari zur Bahn-Webseite weiterleiten Ihr Ticket per E-Mail zuschicken und drucken es dann aus. Außerdem bietet die App Abfahrten und Ankünfte für alle **Haltestellen** (nicht nur DB!) und **Bahnhöfe** deutschlandweit. **Linienfahrpläne** und **Kartendarstellungen** sind ebenfalls verfügbar. Wenn Sie also das nächste Mal auf die Bahn warten, zücken Sie Ihr iPad und suchen nach den nächsten Abfahrten von der Haltestelle in die gewünschte Richtung.

Für viele Städte gibt es übrigens auch separate Apps, die den öffentlichen Nahverkehr noch ein wenig besser darstellen können als der DB Navigator. Diese sind oft ebenfalls kostenlos. Ausprobieren lohnt sich also auf jeden Fall. Bedenken Sie dabei aber immer, dass diese Apps einen Internetzugang brauchen, damit sie funktionieren.

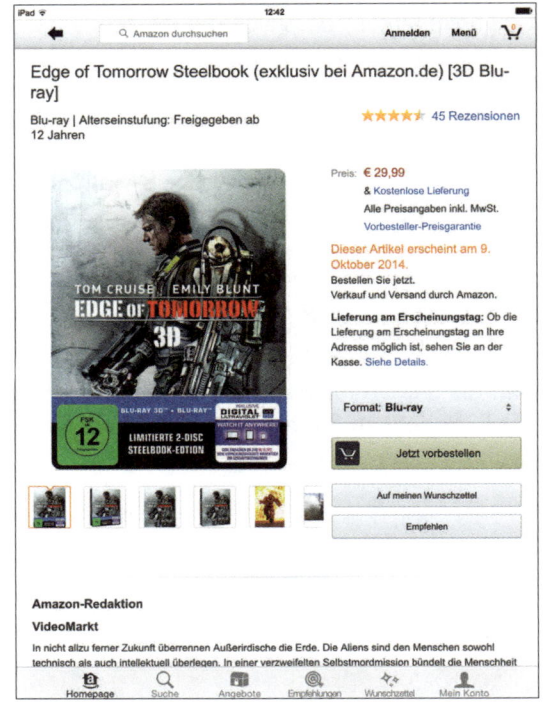

Einkaufen bei Amazon

Die ganze Woche unterwegs und vergessen, ein Geburtstagsgeschenk zu kaufen? Dafür ist die App **Amazon** der ideale Notfallplan. Loggen Sie sich mit Ihrem Amazon-Account ein, und dann kann es direkt losgehen. Ihre Daten sind ja alle schon da. Wenn Sie noch keinen Account haben, empfehle ich, einen anzulegen (am besten am Rechner). Denn damit können Sie sowohl den Amazon Cloud Player (Seite 195) als auch die Amazon-Kindle-E-Books (Seite 257) nutzen. Und inzwischen kann man bei Amazon ja fast alles kaufen, was das Herz begehrt.

Die Amazon-App bietet das bewährte **1-Click-System**, allerdings empfehle ich, diese Funktion in den Einstellungen zu deaktivieren. Man verklickt sich ja doch mal schnell. So können Sie bei jedem Einkauf separat festlegen, wie Sie bezahlen wollen und wohin das Gekaufte geschickt werden soll. Sie können außerdem auf Ihren Wunschzettel und in den Einstellungen auf Ihre Empfehlungen zugreifen. Im Bereich **Suche** können Sie mit Schlagwörtern suchen oder über einen Barcode, den Sie dort auch einscannen können – perfekt für Preisvergleiche direkt im Laden.

Es gibt eine weitere App des Onlinekaufhauses, die sich Windowshop nennt. Die oben beschriebene Amazon-App finde ich allerdings empfehlenswerter, da sie besser strukturiert und wesentlich übersichtlicher ist.

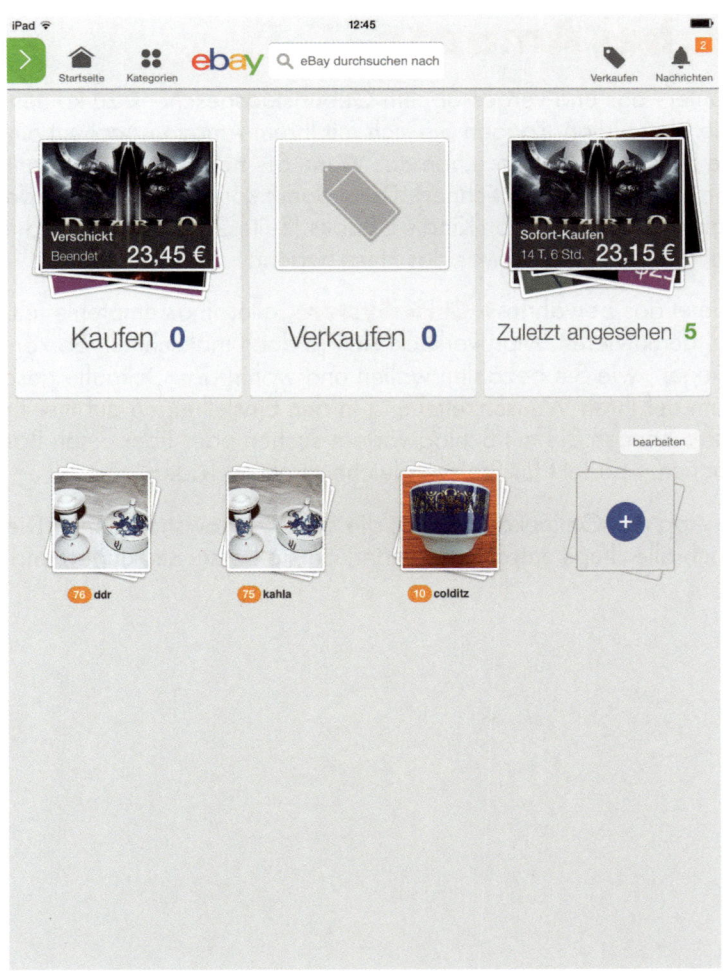

Einkaufen und verkaufen mit eBay

Wenn Sie gern mal bei eBay kaufen oder verkaufen, sollten Sie sich die App nicht entgehen lassen. Die bietet nämlich konzentriert die wichtigsten Funktionen. Ich finde das Versteigern hier sogar noch einfacher als am Rechner – sofern man etwas mit Barcode anbieten will. Den scannen Sie dann einfach ein, und die Grundinformationen samt Bild zu dem Artikel werden direkt aus der Datenbank eingefügt. Sie können dann in wenigen Schritten alle weiteren Informationen einfügen, und das Produkt ist in Sekundenschnelle eingestellt. Sie können natürlich auch selbst Fotos aufnehmen und alle Felder manuell ausfüllen.

Anfordern funktioniert ebenfalls ruck, zuck, und Sie können nicht nur mit Schlagwörtern suchen, sondern dafür ebenfalls Barcodes einscannen. Wenn Sie zum Beispiel unterwegs eine teure DVD-Box sehen, scannen Sie den Code ein, um herauszufinden, ob es diese bei eBay günstiger gibt.

Natürlich können Sie hier auch Ihre Bewertungen einsehen und für andere abgeben, letzte Käufe und Verkäufe aufrufen und vieles mehr.

Kapitel 13 | Sicherheit und Synchronisierung – Apple-ID und iCloud

Zu jeder Apple-ID gehört auch automatisch ein iCloud-Account. Der Einfachheit halber sind die Log-in-Daten dieselben. Über iCloud synchronisieren Sie E-Mails, Kontakte und Kalender, die zu der Apple-ID gehören. Des Weiteren können Sie hierüber Ihr iPad wiederfinden, wenn es mal abhandenkommt (Seite 291), sowie Ihre iWork-Dateien, iMovie-Videos und mehr abspeichern, sofern Sie eines der Apple-Office-Programme oder auch alle nutzen.

Die Apple-ID bearbeiten

Die schnellste und bequemste Möglichkeit, die Daten Ihrer Apple-ID einzusehen und zu bearbeiten, finden Sie, wenn Sie sich an einem Rechner auf **appleid.apple.com** einloggen. Hier können Sie Ihre Adresse, die Zahlungsdaten und das Passwort ändern sowie Ihre Sicherheitsfragen neu beantworten. Sie haben sogar die Möglichkeit, Ihre Apple-ID mit einer anderen E-Mail-Adresse zu verknüpfen, aber das führt, besonders wenn Sie mehrere iOS-Geräte besitzen, zu unschönen Nebenerscheinungen, beispielsweise zu Problemen bei der Installation von Backups. So eine Änderung sollte also gut überlegt sein. Dagegen ist es kein Problem, mehrere E-Mail-Adressen mit einer Apple-ID zu verbinden, sofern die Hauptadresse dieselbe bleibt. Mit denen können Sie sich zwar nicht einloggen, aber Sie sind darüber dann per iMessage (Seite 137) und FaceTime (Seite 139) erreichbar.

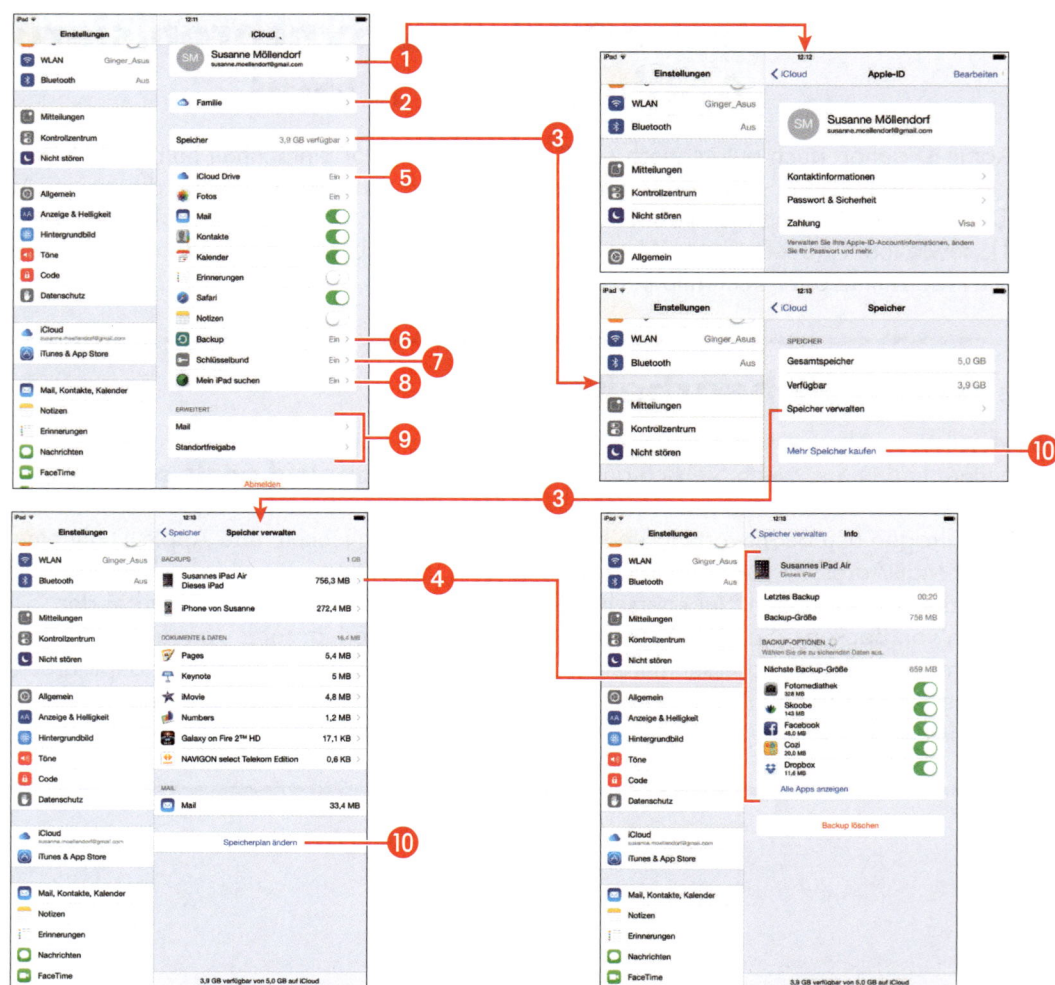

So haben Sie iCloud auf dem iPad im Griff

Um auf die iCloud-Optionen zugreifen zu können, öffnen Sie als Erstes **Einstellungen** → **iCloud**.

❶ Ganz oben können Sie Ihre **Account**-Infos einsehen, Zahlungsdaten ändern und unten, sofern noch nicht vorhanden, eine iCloud-E-Mail-Adresse erstellen.

❷ Darunter geht es zur Familienfreigabe (siehe auch Seite 175).

❸ Hinter dem Punkt **Speicher** können Sie einsehen, wie viel Platz in iCloud belegt ist und für welche Inhalte er benutzt wird (Speicher verwalten). Wenn Sie Einstellungen für das Backup Ihres iPads vornehmen möchten, wählen Sie das Backup aus, unter dem **Dieses iPad** steht.

❹ Hier kann ich genau angeben, welche Inhalte und Apps gesichert werden sollen. Momentan ist alles aktiviert. Sollte ich mein iPad zurücksetzen müssen, kann ich anschließend dieses **Backup** beim Einrichten auswählen, und alle meine Daten und Apps sind wieder da.

❺ Darunter können Sie iCloud Drive de-/aktivieren und separat auswählen, welche Inhalte und Apps von iOS-Gerät zu iOS-Gerät **synchronisiert** werden sollen. Einige dieser Daten können Sie dann auch am Rechner abrufen (Seite 311). Mehr zu iCloud Drive erfahren Sie auf Seite Seite 321.

❻ Weiter unten rufen Sie die **Backup-Optionen** auf. Anders als bei ❶ geht es an dieser Stelle darum, bei einer **erneuten Einrichtung oder Wiederherstellung des iPads** alle Daten sofort wieder aufspielen zu können. Hier sehen Sie erst mal nur die Speicherbelegung und können den täglichen Backup-Service aktivieren.

❼ Auf das Thema iCloud-Schlüsselbund gehe ich auf Seite 319 ein.

❽ Über **Mein iPad suchen** können Sie unter den richtigen Voraussetzungen ein gestohlenes oder verlorenes iPad wiederfinden. Mehr dazu auf Seite 317.

❾ Hinter **Mail** können Sie die Einstellungen Ihrer iCloud-E-Mail-Adresse bearbeiten, und bei **Standortfreigabe** geben Sie anderen mit iOS-Geräten die Möglichkeit, Ihr iPad zu orten.

❿ Bei ❸ und ❹ wird Ihnen angeboten, den Speicherplan beziehungsweise das Speicherplatz-Abo zu ändern. Es handelt sich hier um die (etwas merkwürdig benannte) Möglichkeit, **mehr Speicherplatz** für iCloud zu abonnieren. Wie bei einem Magazin fallen dafür monatliche Kosten an.

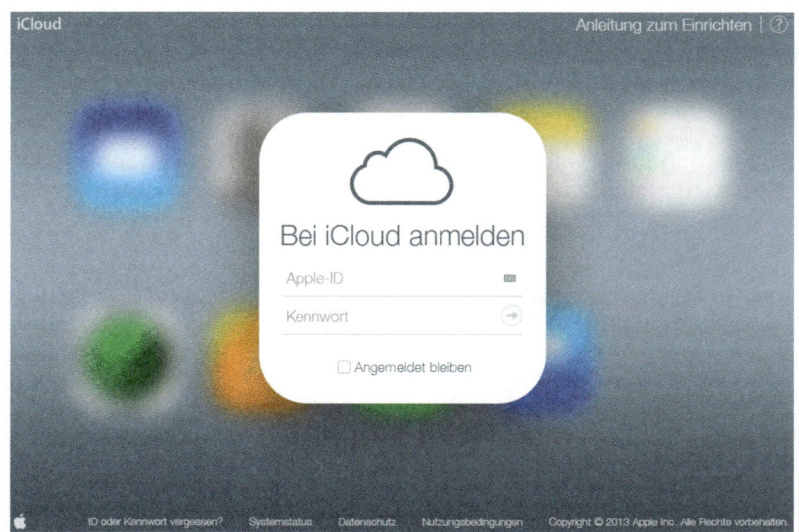

Noch mehr iCloud-Optionen gibt es am Rechner

iCloud ist nicht nur auf Ihren iOS-Geräten nutzbar. Sie können sich auch an einem Rechner über **icloud.com** mit Ihrer Apple-ID einloggen und dort auf die synchronisierten Daten zugreifen. Ich persönlich finde das super, denn auf dem iPad mag ich ungern lange E-Mails verfassen oder Kontakte bearbeiten. Auch kann ich hier mehr Einstellungen als am iPad vornehmen, zum Beispiel weitere Kalender einrichten oder meine Apple-E-Mail-Adresse weiterleiten beziehungsweise eine Abwesenheitsnotiz einrichten.

Neben der Verwaltung Ihrer Daten finden Sie hier die Option, Ihr iPad zu suchen (für eine ausführliche Anleitung siehe Seite 317), und können auf Ihre iWork-Dokumente sowie weitere Dateien, die über iCloud Drive (siehe Seite 321) gesichert werden, zugreifen.

iCloud Control Panel als Alternative

Wenn Sie Windows-Nutzer sind, können Sie sich die Software iCloud Control Panel von der Apple-Webseite herunterladen (siehe QR-Code). Mit dieser haben Sie die Möglichkeit, die Bilder Ihres Fotostreams auf den Rechner zu laden. Allerdings rate ich dazu, dafür den automatischen Kamera-Upload der Dropbox (siehe Seite 155) zu nutzen. Der ist nicht wie der Fotostream auf 1.000 Bilder beschränkt und beinhaltet außerdem Videos. Auch die Bedienung der Webseite **icloud.com** ist deutlich einfacher als die des iCloud Control Panel. Mac-User haben deutlich besseren, bereits im Betriebssystem integrierten Zugriff auf ihre iCloud-Inhalte. Die entsprechende Option muss nur in den Einstellungen aktiviert werden.

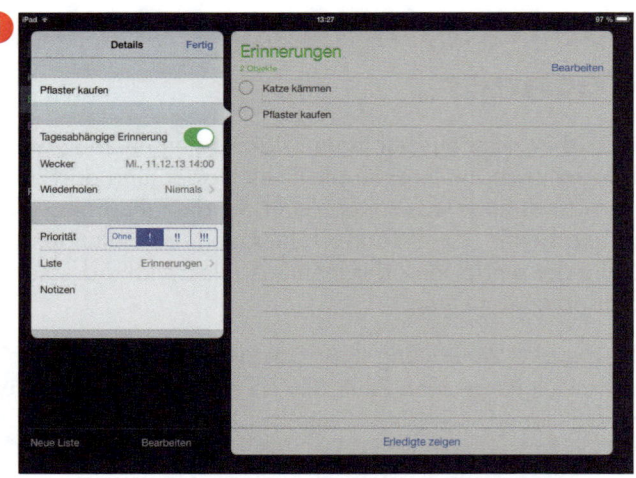

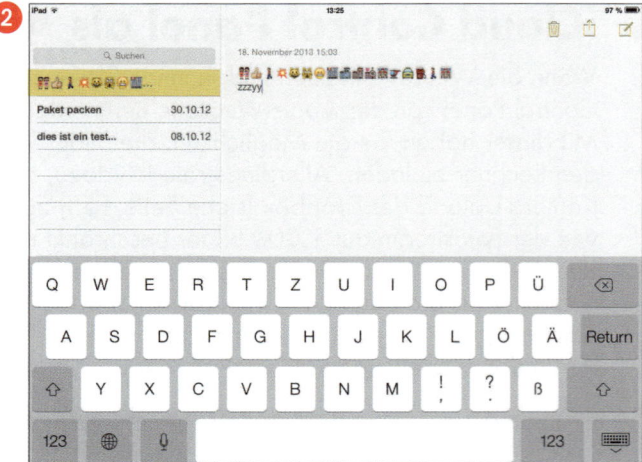

Mit iCloud Erinnerungen und Notizen verwalten

Nicht jede Aufgabe, die zu erledigen ist, macht sich im Kalender gut, und manchmal will man sich ja auch einfach nur eine Information merken. Dafür sind die Anwendungen **Erinnerungen** ❶ und **Notizen** ❷ perfekt. Beide sind vorinstalliert und befinden sich direkt auf dem zentralen Home-Bildschirm (siehe Kasten).

Beide Anwendungen sind denkbar einfach zu bedienen. Bei den **Notizen** tippen Sie einfach auf das Pluszeichen oben rechts und fangen an zu schreiben. Der Text wird automatisch gespeichert und kann später verschickt, gedruckt oder kopiert werden. Wenn Sie gerade unterwegs sind, nutzen Sie die in der Tastatur integrierte Spracheingabe (siehe ❹ auf Seite 45).

Die **Erinnerungen** sind besonders praktisch für Aufgaben, die Sie nicht zu einem bestimmten Zeitpunkt (dafür gibt es den Kalender), sondern innerhalb einer bestimmten Zeit oder regelmäßig erledigen müssen. Pro Erinnerung können Sie detaillierte Angaben machen, damit Ihr iPad Sie zum richtigen Zeitpunkt erinnert. Sowohl Erinnerungen als auch Notizen können Sie an all Ihren iOS-Geräten und am Rechner eintragen und bearbeiten.

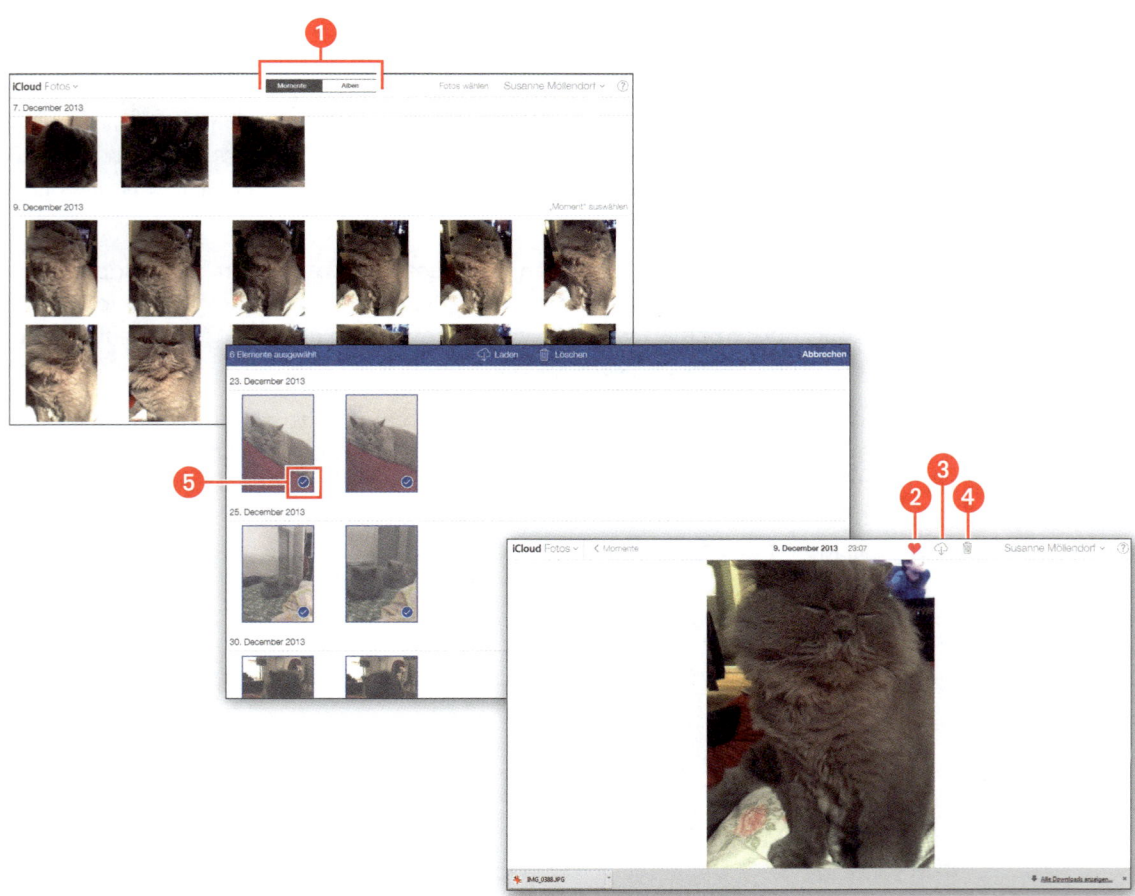

Mit der iCloud-Fotomediathek die Fotos bequem verwalten

Neben der auf Seite 155 beschriebenen Dropbox und der App PhotoSync (Seite 229) gibt es noch die iCloud-Fotomediathek. Damit können Sie Ihre Fotos ebenfalls auf dem Rechner ansehen und dort herunterladen. Aktivieren Sie auf dem iPad als Erstes unter **Einstellungen → Fotos & Kamera** die oberste Option. Loggen Sie sich dann mit Ihrer Apple-ID auf *icloud.com* ein und wählen Sie Fotos (derzeit noch im Betastadium) aus. Je nach Anzahl der Bilder kann die Synchronisierung beim ersten Mal eine Weile dauern.

Hier werden Ihnen, ähnlich wie auf dem iPad, Ihre Fotos und Videos nach Zeit (Momenten) und nach Alben sortiert angezeigt ❶. Wählen Sie ein Bild aus, haben Sie derzeit über *icloud.com* die Option, dieses als Favorit zu markieren ❷, herunterzuladen ❸ (es wird im Standard-Download-Ordner gespeichert) oder zu löschen ❹. Um mehrere Bilder zum Löschen oder Herunterladen auszuwählen, müssen Sie im jeweiligen Ordner oben rechts **Fotos wählen** antippen. Dann können Sie diese einzeln oder tageweise in den Momenten anwählen und so mit einem blauen Haken versehen ❺.

Das Hochladen vom Rechner ist an dieser Stelle leider noch immer nicht möglich. Sie können Bilder nach iCloud Drive kopieren, diese dann aber nicht auf dem iPad öffnen. Hier bleiben Ihnen nur die beschriebenen Alternativen, bis Apple seine iCloud-Fotomediathek verbessert hat.

Speicherplatz durch Datenoptimierung sparen

Wenn Sie die iCloud-Fotomediathek wie oben beschrieben aktiviert haben, können Sie die Bilder auf dem iPad in optimiertem, kleinerem Format abspeichern. In iCloud befinden sich dann die Originale in der richtigen Auflösung. Das macht gerade bei größeren Sammlungen einen Unterschied hinsichtlich des Speicherplatzes auf dem Tablet. Die Bilder eignen sich dann von der Qualität trotzdem noch, um Sie Familie und Freunden auf dem iPad zu zeigen.

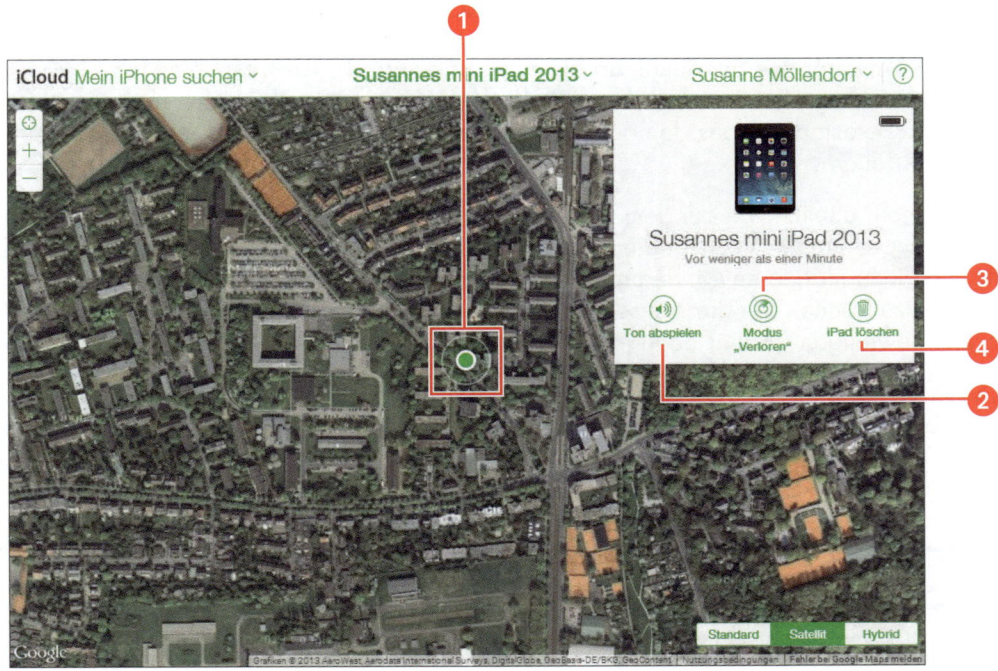

Das iPad über iCloud suchen

Auch wenn Ihnen das Synchronisieren Ihrer Daten mit iCloud vielleicht nicht ganz geheuer ist, den Service **Mein iPad suchen** sollten Sie unbedingt nutzen. Damit können Sie Ihr iPad wiederfinden, sollte es gestohlen werden oder verloren gehen. Sogar Verlust durch Sofaritze wird damit abgedeckt. Voraussetzungen sind:

- Sie haben die **Code-Sperre** aktiviert (siehe Seite 117). Ansonsten kann der »Finder« den Dienst deaktivieren.
- Sie haben in den **iCloud-Einstellungen** die Option **Mein iPad suchen** aktiviert (siehe Seite 309).
- Sie haben in den **Ortungsdiensten Mein iPad suchen** aktiviert (siehe Seite 103).
- Das verlorene iPad muss **Internetzugang** haben – egal ob per WLAN oder Mobilfunknetz. Ein gestohlenes iPad, das nicht mit UMTS-Technik ausgestattet ist, ist daher schwierig wiederzufinden.

Wenn alle Einstellungen richtig gesetzt sind, melden Sie sich auf **icloud.com** (oder in die App **iPhone-Suche**) an und wählen dort **Mein iPhone** aus. Gehen Sie oben links auf **Geräte** und tippen Sie den Namen Ihres iPads an.

❶ Ihnen wird jetzt auf der Karte der **Standort** Ihres iPads angezeigt.

❷ Sie können nun das iPad einen **Ton abspielen** lassen – auch wenn es auf lautlos geschaltet ist.

❸ Sollte das iPad nicht in die Sofaritze gerutscht, sondern tatsächlich weg sein, aktivieren Sie nun den **Verloren-Modus**. Wenn keine Code-Sperre aktiviert ist, werden Sie aufgefordert, einen Code einzugeben, um das iPad zunächst zu sperren. Sobald Sie Ihr iPad zurückhaben, können Sie es mit diesem Code wieder freischalten. Außerdem können Sie eine Nachricht und eine Telefonnummer oder E-Mail-Adresse eingeben, die dann auf dem Display des verlorenen gegangenen iPads angezeigt wird, damit ehrliche Finder sich bei Ihnen melden können.

❹ Zur Sicherheit können Sie auch alle Daten auf Ihrem **iPad löschen**. Es wird dann auf die Werkeinstellungen zurückgesetzt.

Sicherheitshalber schickt Ihnen Apple jeweils eine E-Mail, sollten Sie die Aktionen ❷ bis ❹ durchführen.

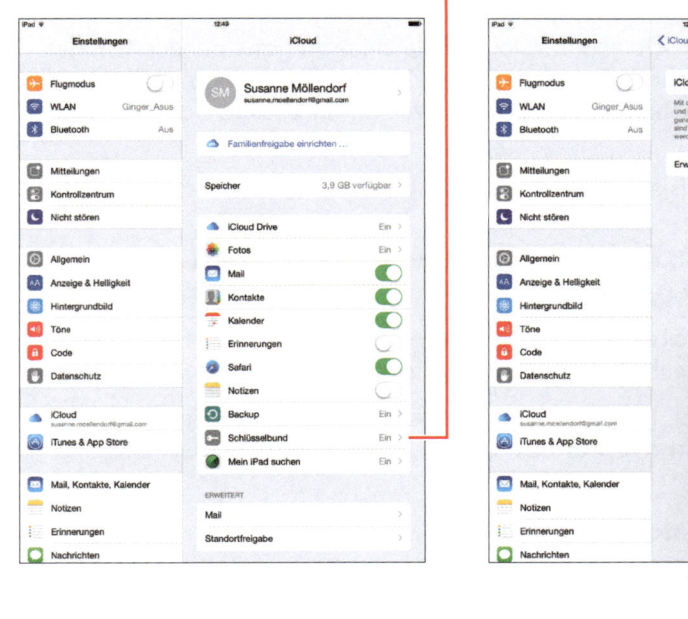

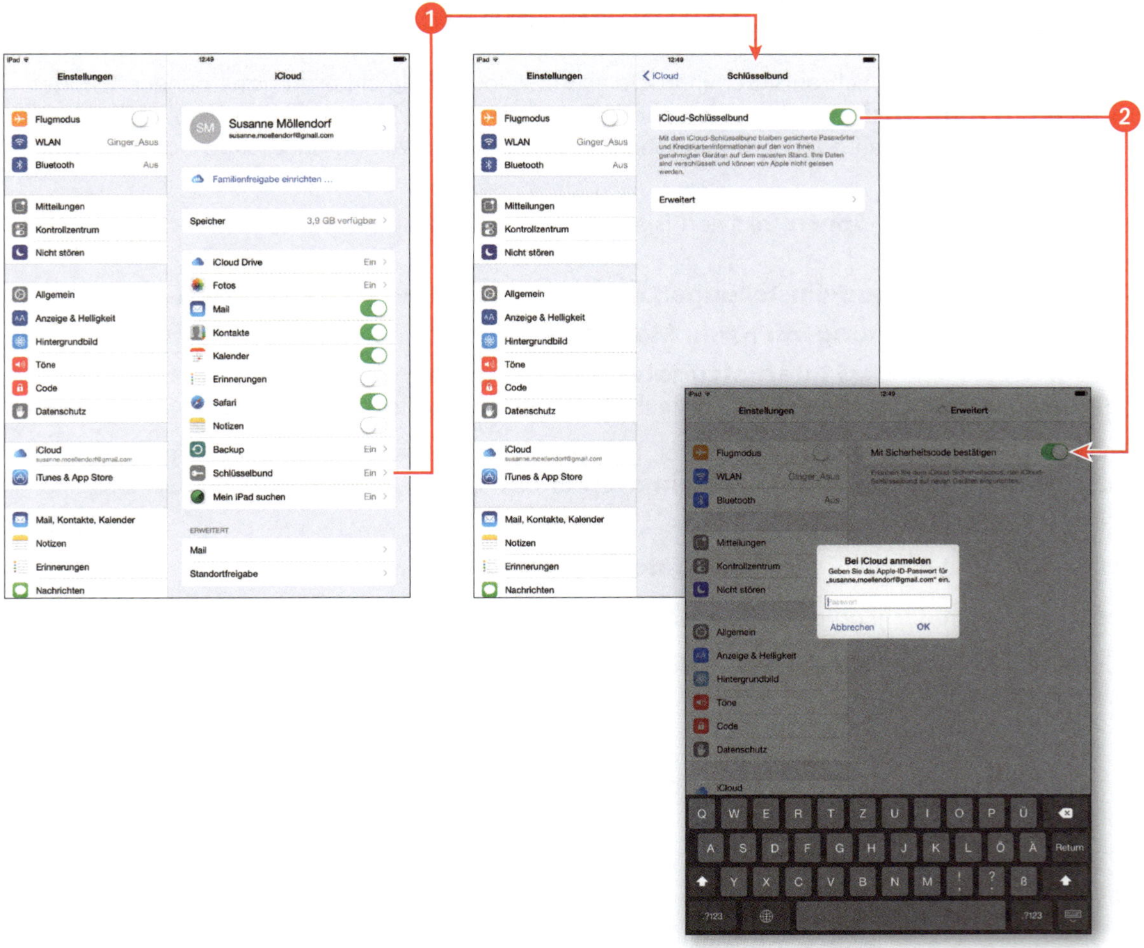

Daten mit dem iCloud-Schlüsselbund schützen

Was Apple umständlich Schlüsselbund nennt und nur spärlich erklärt, ist in erster Linie für den Mac entwickelt worden, kann aber auch auf dem iPad nützlich sein. Wenn Sie den **Schlüsselbund** unter **Einstellungen** → **iCloud** aktivieren ❶, werden WLAN-Netzwerke sowie Ihre Log-in- und Kreditkartendaten im Safari-Browser abgespeichert. Das ist nicht wirklich innovativ, kann aber hilfreich sein, wenn Sie zum Beispiel mehrere iOS-Geräte (ab iOS 8.0.3) beziehungsweise zusätzlich noch einen Mac (ab OS X Mavericks 10.9) benutzen, da die abgespeicherten Inhalte über die Apple-ID synchronisiert werden.

Des Weiteren können Sie die Schlüsselbund-Funktion nutzen, um mit einem iOS-Gerät zu bestätigen, dass ein anderes iOS-Gerät ebenfalls zu Ihnen gehört. Öffnen Sie hierfür **iCloud** → **Schlüsselbund** → **Erweitert** und aktivierten Sie die oben angezeigte Funktion ❷.

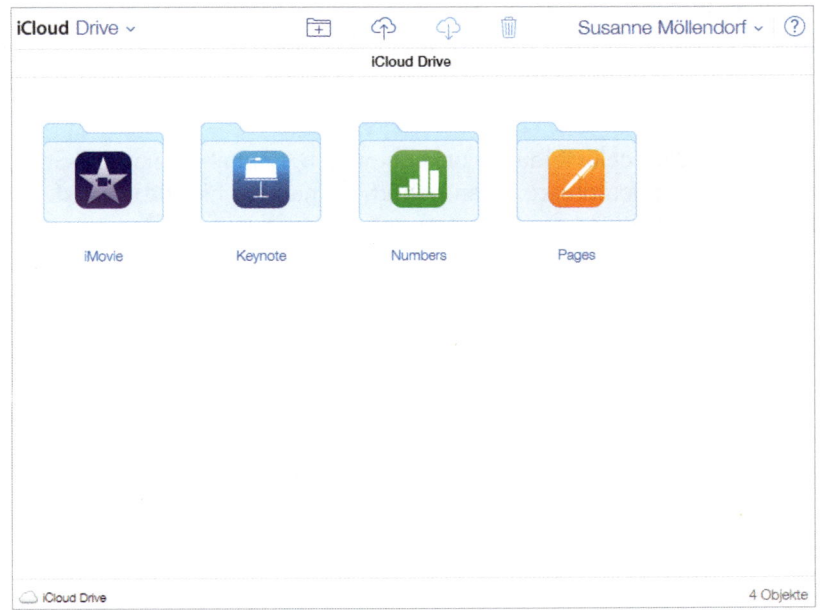

iCloud Drive: Ein Wolke mit begrenztem Nutzen

Bei dem neuen iCloud Drive handelt es sich um eine Datenspeicherlösung, die noch weit hinter Vorbildern wie Dropbox oder Google Drive zurückbleibt. Sie richten den Dienst entweder schon bei der Einrichtung des iPads ein (siehe Seite 23) oder zu einem späteren Zeitpunkt wie auf Seite 309 beschrieben. In erster Linie können Sie hier Dateien speichern, die mit Apple-Programmen (iWork, iMovie) erstellt wurden. Wenn Sie also mit dem iPad ein Video aufnehmen und dieses dann in iMovie bearbeiten und abspeichern, können Sie es anschließend über **icloud.com** auf Ihren Rechner herunterladen. Umgekehrt können Sie auf dem iPad auf Dateien zugreifen, indem Sie sie aus dem Windows Explorer in den entsprechenden iCloud Drive-Ordner im Browser ziehen. Es ist auch möglich, mit einigen Drittanbieter-Apps, die iCloud für das Synchronisieren von Kalenderdaten oder eingescannten Dokumenten benötigen, iCloud Drive zu nutzen. Achten Sie aber immer, wie auf Seite 309 beschrieben, darauf, wie viel Speicherplatz bereits belegt ist und kaufen Sie notfalls neuen hinzu.

Leider befindet sich iCloud Drive noch im Anfangsstadium und arbeitet nicht immer zuverlässig.

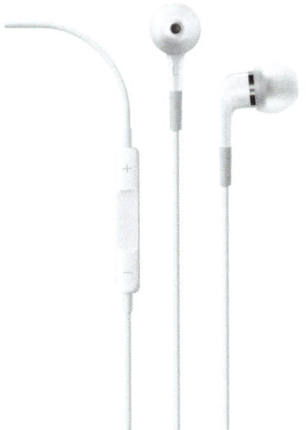

Kapitel 14 | Mit dem richtigen Zubehör alles aus dem iPad herausholen

Die Tablets von Apple sind ja nicht nur aufgrund ihrer hohen Qualität und der einfachen Bedienung so beliebt, sondern auch weil heutzutage kaum ein Zubehörhersteller darum herumkommt, auf die einzelnen Geräte perfekt zugeschnittene Produkte zu entwickeln. So wird nicht nur eine hohe Kompatibilität garantiert, sondern Sie holen mit vielen dieser Accessoires sogar noch mehr Funktionalität aus Ihrem ohnehin schon sehr vielseitigen iPad heraus. So gibt es neben den hier vorgestellten Produkten für jede Lebenslage etwas. Im Apple Store finden Sie zum Beispiel App-gesteuerte Fieberthermometer, Waagen, Brillen, Babymonitore, Musikgeräte und Kameras sowie meinen persönlichen Favoriten: einen Flipper-Controller für eine Pinball-App.

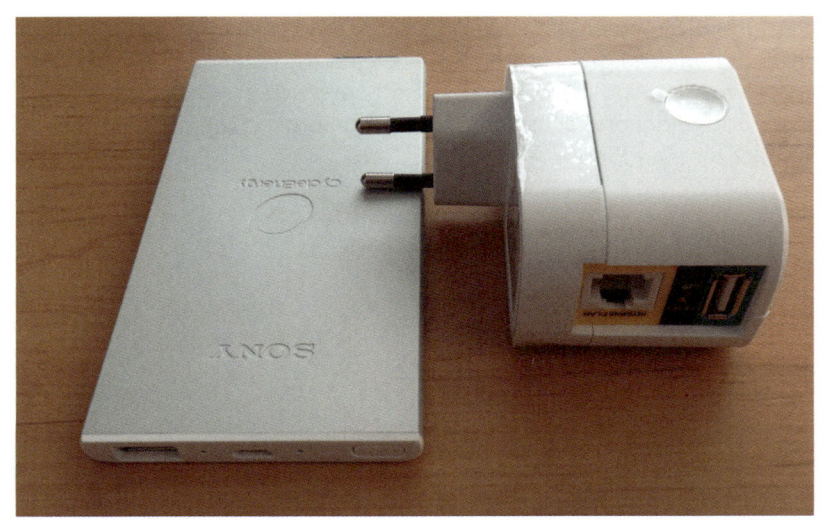

Das beste Zubehör für unterwegs

Egal ob Sie gerade in der Bahn sitzen und spielen oder am Strand sitzen und lesen: Wenn der Akku leer ist, funktioniert auch das beste Tablet der Welt nicht mehr. Mit dem richtigen Zubehör können Sie solche Vorfälle verhindern. So gibt es zum Beispiel jede Menge **externe Akkus**, die Sie voll aufgeladen für Notfälle in der Tasche aufbewahren können. Idealerweise nutzen Sie einen, der mit mehreren Geräten kompatibel ist und Stecker für ausländische Steckdosen mitbringt. Alternativ gibt es **USB-Aufladegeräte** wie das **Charger Pro 4 Rev. 2** von Arctic, das vier USB-Steckplätze zum Aufladen bietet und auswechselbare Steckdosenadapter fürs Ausland mitbringt. Allerdings ist das Gerät eher etwas für das Aufladen abends im Hotel und keine Lösung für tagsüber, wenn keine Steckdosen in der Nähe sind. Neben den erwähnten externen Akkus gibt es die Möglichkeit, ein **Stromkabel für das Auto** zu verwenden, damit man das Tablet während der Fahrt aufladen kann.

Ebenfalls praktisch für Urlaub und Beruf: **externe Festplatten**. Es gibt sowohl kabelgebundene Varianten als auch kabellose, die dann meistens ein eigenes WLAN erzeugen, in das sich Geräte einloggen können, um Daten wiederzugeben. Ein tolles Beispiel ist der **Wi-Drive** von Kingston. Zu dem Gerät gibt es auch eine App, die Ihnen den Zugriff auf Ihre Daten erleichtert – ideal geeignet, um Musik, Fotos und Videos auszulagern, damit diese immer dabei sind, aber trotzdem keinen Platz auf dem iPad wegnehmen.

Damit Ihnen auch unterwegs WLAN zur Verfügung steht, kann ich den kabellosen Router **All-in-one Mobile Companion** (DIR-505) von D-Link empfehlen. Wenn Sie im Hotel nur Internet aus der Dose haben, stecken Sie diesen in eine Steckdose, verbinden ihn per LAN-Kabel, und er erzeugt Ihnen ein WLAN, auf das Sie von mehreren Geräten aus zugreifen können. Oder Sie nutzen ihn, um ein vorhandenes WLAN zu verstärken. Des Weiteren können Sie einen USB-Stick an das Gerät anschließen und auf die Daten (im Fall des iPads allerdings nur auf Bilder) ebenfalls kabellos per WLAN zugreifen. Zu guter Letzt können Sie Ihr iPad am Mobile Companion auch noch aufladen.

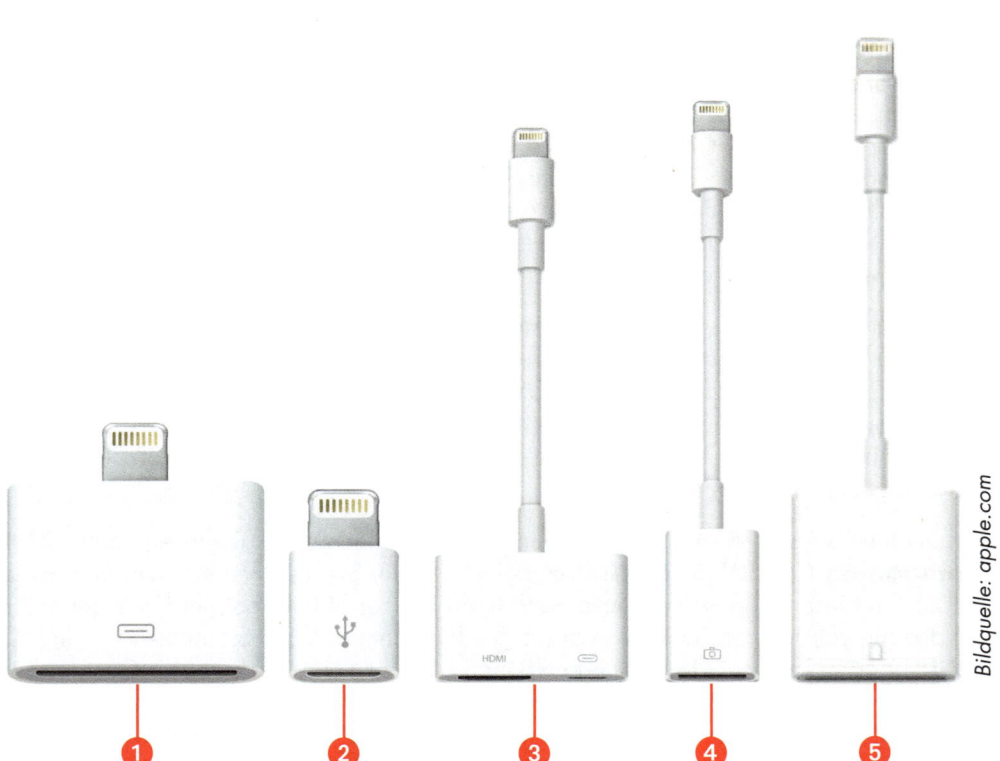

1   2   3   4   5

Die Lightning-Adapter von Apple

Aufgrund der speziellen Schnittstelle an der Unterseite des iPads – auch Lightning-Anschluss genannt – ist es gar nicht so einfach, andere Geräte per Kabel mit dem Smartphone zu verbinden. Dafür bieten sowohl Apple als auch viele Drittanbieter entsprechende Adapter an. Im Apple Store gibt es zum Beispiel zwei Adapter, mit denen Sie Zubehör für den alten 30-poligen Anschluss (siehe Seite 19) verbinden können. Die nennen sich **Lightning auf 30-polig Adapter** ❶, und es gibt sowohl einen, der nur einen Zwischenstecker darstellt, als auch einen mit einem Kabel zwischen Stecker und Port. Mit dem **Lightning auf Micro USB Adapter** ❷ können Sie Peripheriegeräte mit einem Micro-B-USB-Stecker anschließen. Das können Kameras, Aufladegeräte, aber auch Eingabegeräte sein. USB-Sticks können allerdings nicht ausgelesen werden. Wenn Sie ein Gerät mit einem anderen USB-Stecker besitzen, versuchen Sie, ein entsprechendes USB-On-The-Go-Kabel dazwischenzustecken. Der **Lightning Digital AV Adapter** ❸ ist dafür gedacht, das iPad mit einem HD-Fernseher per HDMI zu verbinden und das iPad auf dem großen Bildschirm wiederzugeben. Damit Ihr Tablet während der Übertragung nicht plötzlich ohne Strom dasteht, befindet sich neben dem HDMI-Slot ein Lightning-Anschluss-Slot, in den Sie das normale Aufladekabel stecken können. Wer keinen HD-Fernseher besitzt, greift besser zum **Lightning auf VGA Adapter** ❹ (sofern der Fernseher VGA unterstützt). Mit diesem können auch Monitore und Projektoren verbunden werden. Wenn Sie Fotos auf das iPad übertragen wollen, lesen Sie auf Seite 229 erst mal etwas über die kabellosen Lösungen. Ist nicht das Richtige für Sie dabei, lohnt sich eventuell die Anschaffung des **Lightning auf SD Kartenlesegeräts** ❺ für SD-Karten. Alternativ können Sie sich auch den **Lightning auf USB Kamera-Adapter** kaufen. Aber **Achtung**: Er erkennt einige Kameras nicht, da diese zu viel Strom verbrauchen. Was auf jeden Fall funktioniert, ist das Anschließen eines iPhones, um Bilder zu übertragen. Mit einem Cardreader könnten Sie ebenfalls Glück haben.

Wenn Sie einen anderen Adapter als die hier beschriebenen brauchen, schauen Sie doch einfach mal bei Amazon. Dort finden Sie viele kluge Angebote von Drittanbietern (zum Beispiel die hochwertigen Kabel von Griffin), die oft deutlich günstiger sind als das Originalzubehör von Apple.

So schützen Sie Ihr iPad

Ein teures Gerät wie das iPad sollten Sie unbedingt vor Brüchen und Kratzern schützen. Dafür empfiehlt es sich, eine Tasche oder eine Hülle zu kaufen. Das Problem: Diese gibt es wie Sand am Meer und in allen Preisklassen. Außerdem ist es wichtig, dass das Zubehör explizit für Ihr iPad-Modell hergestellt wurde. Ich habe gute Erfahrungen auf **caseable.de** gemacht. Dort bekommt man hochwertige Taschen und Hüllen, die man mit eigenen Bildern selbst gestalten kann. Wollen Sie Ihr Tablet einem Kind geben oder zum Beispiel bei widrigen Witterungsbedingungen draußen benutzen, empfehle ich die Rundum-sorglos-Hülle mit dem Namen Survivor (Überlebender) von Griffin. Einen besseren Schutz für das empfindliche Gerät werden Sie kaum finden.

Für beide iPad-Größen gibt es für stolze 39 Euro von Apple die sogenannten **Smart Cover** in unterschiedlichen Farben. Diese werden ruck, zuck per Magnet befestigt, schützen das Display und können zu einem Ständer zusammengeklappt werden. Unter **Einstellungen** → **Allgemein** können Sie aktivieren, dass beim Öffnen des Covers der Sperrbildschirm automatisch entriegelt und beim Schließen das Tablet in den Ruhezustand versetzt wird.

Bruchschäden oder kaputte Hardware?

Sollte es doch mal zu einem Unfall kommen und zum Beispiel das Display kaputtgehen, schauen Sie bei *www.fixxoo.de* vorbei. Dort werden Fallschäden, aber auch kaputte Kameras und Anschlüsse sowie Softwareprobleme beseitigt. Das alles mit Originalersatzteilen zu fairen Preisen und schnell.

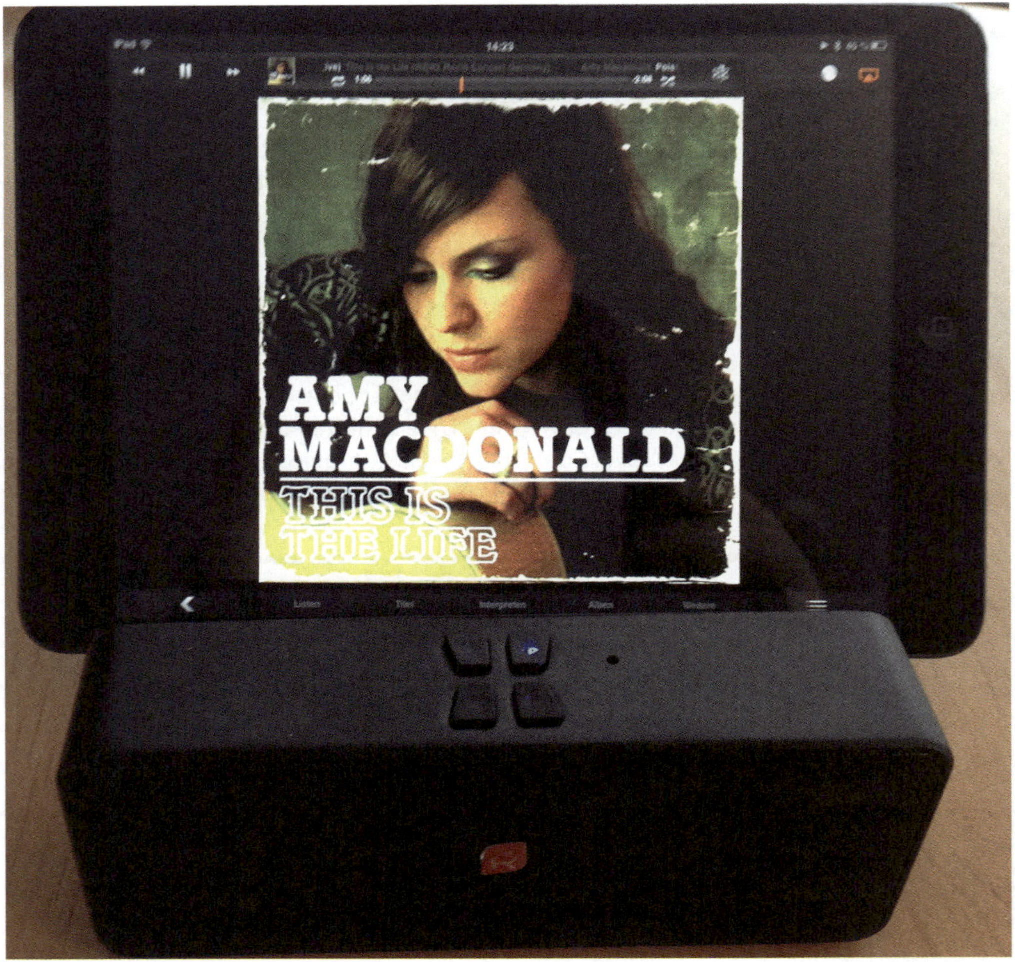
AMY
MACDONALD
THIS IS
THE LIFE

Musik über externe Lautsprecher oder Kopfhörer abspielen

Möchten Sie gern lesen oder spielen und dabei Musik in guter Qualität hören? Beides ist mit dem iPad gleichzeitig möglich, aber die internen Lautsprecher sind nicht sehr leistungsstark. Nutzen Sie daher besser den Audioanschluss links oben (siehe auch Seite 15), um Kopfhörer beziehungsweise transportable Lautsprecher anzuschließen, dann wird der Sound automatisch darüber wiedergegeben. Oder bevorzugen Sie eine kabellose Lösung? Dabei macht sich das Apple TV am besten. Damit wird die Musik in Sekundenschnelle über die Anlage ausgegeben, die an das Apple TV angeschlossen ist (siehe Seite 211). Es gibt aber auch eine große Auswahl an kabellosen Lautsprechern. Am einfachsten ist hier wiederum die Handhabung per Bluetooth. Der Markt bietet jede Menge Produkte in allen Preisklassen, die infrage kommen. Auf dem Bild zum Beispiel sehen Sie das **Pocket Beat Bluetooth** von Raikko. Es ist leicht, klein, schön laut und mit 40 Euro noch relativ günstig. Allerdings ist der Sound ein wenig blechern. Bei der Produktlinie **Raumfeld** von Teufel sieht das schon ganz anders aus. Diese Lautsprecher kosten zwar deutlich mehr, aber man hört auch den Unterschied. Leider muss hier eine Verbindung per WLAN hergestellt werden, was schon ein wenig komplizierter ist als Bluetooth. Dafür gibt es aber auch eine App, die bei der Handhabung der Lautsprecher hilft. Wenn Sie sich weder eine neue Anlage noch Lautsprecher zulegen möchten, werden Sie ebenfalls bei Raikko fündig. Den Adapter **BT 01 Bluetooth Audio** schließen Sie per Cinch- oder Line-In-Kabel (liegt beides dabei) an Ihre Lautsprecher oder Ihre Stereoanlage an und machen diese damit Bluetooth-fähig. Das funktioniert auch mit Kopfhörern – die Fernbedienung ist im Adapter inklusive.

Des Weiteren gibt es sogenannte Audiodocks. In diese stecken Sie das iPad ein, und es spielt die ausgesuchte Musik ab. Dabei wird das Tablet meistens noch aufgeladen. Einige Docks haben auch integrierte Weckfunktionen und Uhren. Allerdings ist bei diesen Audiolösungen oft keine gleichzeitige Nutzung des iPads möglich. Wichtig ist, dass Sie beim Kauf darauf achten, dass es sich um ein Audiodock mit Lightning-Anschluss-Kompatibilität handelt und dass genug Platz für ein iPad vorhanden ist und nicht nur fürs iPhone.

Ein Gamepad anschließen

Wie bereits auf Seite 215 beschrieben, eignet sich das iPad hervorragend zum Spielen, und der App Store quillt geradezu über vor tollen Titeln. Allerdings ist gerade die Steuerung über das Touch-Display bei langen Spielen, wie RPGs oder Actionspielen, die schnelle Reaktionen erfordern, manchmal sehr schwierig oder zumindest gewöhnungsbedürftig. Dann kann es sich lohnen, zum passenden Zubehör zu greifen. Wer gern mit Gamepad spielt, sollte sich den Free Mobile Wireless Controller ❶ von steelseries anschauen. Diesen verbinden Sie per Bluetooth (Seite 59) mit dem iPad und können dann eine Reihe von Spielen damit bedienen – eine kleine Auswahl kompatibler Titel finden Sie hinter dem QR-Code. Für Spiele, bei denen dieses Gamepad nicht zur Verfügung steht, schaffen die Free Touchscreen Gaming Controls Abhilfe. Zum Lieferumfang gehört ein Joystick ❷, den Sie auf dem Display auf einem kompatiblen D-Pad befestigen. Dabei handelt es sich um das Feld, das Sie nutzen, um Ihren Charakter zu steuern. Sie finden außerdem drei Tasten, die bombenfest auf dem Display sitzen und als Druckfelder gedacht sind ❸. Dadurch dass diese Elemente besser fühlbar sind als ihre Gegenstücke auf dem Display, steuern Sie das Spiel automatisch sicherer.

Von Logitech gibt es ein ähnliches und auch günstigeres Produkt, allerdings ohne die Tasten. Dieser Joystick lässt sich ebenfalls gut steuern, quietscht aber leise während des Spielens.

Bildquelle: apple.com

Drucken via AirPrint

Wenn Ihnen in einer App eine Drucken-Funktion auffällt, handelt es sich immer um kabelloses Drucken per AirPrint. Dabei handelt es sich um eine Apple-Technik, die einen Drucker voraussetzt, der ebenfalls AirPrint unterstützt. Wenn der Drucker dann mit dem gleichen WLAN verbunden ist wie Ihr iPad, wird er für den Druckvorgang automatisch erkannt. Die Krux dabei: Alle AirPrint-fähigen Drucker liegen im höheren Preissegment. Wenn Sie sehr viel drucken müssen, ergibt es bestimmt Sinn, etwas mehr zu investieren, aber für den normalen Hausgebrauch reichen deutlich günstigere Geräte.

Zum Glück gibt es Apps, die Ihnen beim Drucken helfen, wenn auch deutlich umständlicher als AirPrint. Ein gutes Beispiel ist die App **Printer Pro**, von der es auch eine kostenlose Testversion gibt. Sie verbindet sich entweder mit Ihrem Netzwerkdrucker oder, wenn Sie einen USB-Drucker besitzen, über eine Software, die Sie auf Ihrem Rechner installieren müssen. Das wird alles sehr gut erklärt und ist auch ruck, zuck eingerichtet. Leider können Sie zum Beispiel keine E-Mails drucken, dafür aber E-Mail-Anhänge. Alle Druckvorgänge müssen Sie aus der App starten.

AirPrint: weitere Informationen

Hinter dem QR-Code finden Sie eine Anleitung für den Druckvorgang mit dem AirPrint-Drucker, die auch einen Link zu einer Übersicht aller Drucker beinhaltet, die die Technik unterstützen.

336

Das moderne Zuhause per iPad steuern

Das Smart Home ist ja momentan in aller Munde, und für viel Geld bekommen Sie Komplettlösungen, mit denen Sie Ihre Wohnung oder Ihr Haus vollständig verkabeln können. Von der fernbedienbaren Heizung über den Kühlschrank, der sich meldet, wenn die Milch sauer ist, bis hin zu ferngesteuerten Kameras ist alles verfügbar. Ihr iPad hat ebenfalls das Potenzial, Ihre Räumlichkeiten noch weiter unter Ihre Kontrolle zu bringen. Die hier vorgestellten Produkte sind nur der Anfang. In einigen Jahren wird es viele dieser Smart-Home-Lösungen geben – wahrscheinlich auch deutlich günstiger als die aktuellen Angebote.

- **Hue:** So gibt es von Philips zum Beispiel Glühbirnen, deren Farbe Sie anpassen und für die Sie Ab- und Anschaltzeiten einrichten können (*www.meethue.com/de-US*).
- **Wake-Up Light:** Dieser Wecker von Philips weckt mit simuliertem Sonnenlicht, das sich langsam steigert. Über Ihr iPad können Sie nicht nur die Intensität des Lichts, sondern auch Soundkulissen oder Musik dazu einstellen. Die App bietet Einschlaffunktionen, bei denen das Licht langsam schwächer und der Ton leiser wird. Zusätzlich wird das angeschlossene iPad gleichzeitig aufgeladen (*www.philips.de*).
- **Cloud-Kamera mit Schwenk-, Neige- und Zoomfunktion:** Diese Kamera von D-Link filmt bei Licht, aber auch bei Dunkelheit. Der aktuelle Feed sowie Aufnahmen können per iPad abgerufen und die Linse kann um bis zu 340 Grad gedreht werden. Zudem ist ein Mikro integriert sowie ein Bewegungssensor (*www.d-link.de*).
- **tado:** Mit tado haben Sie Ihre Heizung unter Kontrolle, auch wenn Sie nicht zu Hause sind (*www.tado.com/de*).
- **HomeMatic:** Mit den Geräten von HomeMatic können Sie ebenfalls unterwegs die Heizung anwerfen, Fenster zumachen und sogar Ihre Eingangstür verschließen (*www.homematic.com*).

Index

A

Absturz 115
Adapter 19, 327
AirDrop 151
AirPrint 335
Allgemeine Einstellungen 89, 91
Amazon Cloud Player 195
Amazon Instant Videos 199
Anschlüsse 15
AppleCare+ 13
Apple-ID 21
Apple TV 211
Apps
    Absturz 39
    alternative Browser 77
    Amazon 303
    Amazon Kindle 257
    App Store 161, 163, 165
    Bewertungen 163, 165
    Capture 145
    DB Navigator 301
    deinstallieren 27
    eBay 305
    E-Mail 121
    Flickr 239
    Fotografie 225
    herunterladen 167
    im Beruf 287
    IMDB 213
    Instagram 235, 239
    Kamera 221
    Kamera-Apps 225
    kaufen und installieren 167
    kostenlos 169
    Mitteilungen 83
    PhotoSync 229
    PicShop 235
    Pinterest 213
    schließen 39
    Snapseed 235
    Spiele 215
    Tumblr 239
    Uhr 299
    updaten 169
    verwalten 171
    Vintique 235
    Zeitungskiosk 265
    zurückgeben 173
App Store 161, 163, 165
    Apps zurückgeben 173
    Bewertungen 163
    Gutscheine 167
AssistiveTouch 101
Audio
    extern 331
Auto-Korrektur 51

B

Backup
    iCloud 309
Bedienung
    AssistiveTouch 101
    Geführter Zugriff 99
    Hilfen 93, 95

Home-Bildschirm 25
  mit den Fingern 33
  Multitasking 35
  schütteln 33
  zoomen 33
Bedienungsoberfläche 25
Benachrichtigungstöne
  einstellen 87
Bildbearbeitung 233
  Apps 235
Bluetooth
  externes Zubehör 59
  Tastatur 59
Browser
  alternative 77

C

Code-Sperre 91, 117

D

Datenschutz 103
  Safari 73
Daten synchronisieren
  iCloud 309
DB Navigator 301
Diagnose und Datenschutz 23
Diashow 217
Digitaler Bilderrahmen 217
Dropbox 155, 157
Drucken 335
  AirPrint 335

E

eBay 305
E-Books 245
  Alternativen 261
  Amazon Kindle-App 257
  auf anderen Geräten lesen 253
  iBooks 245
  interaktiv 255
  leihen 263
  Leseproben 267
  Magazine 265
E-Cards 147
Eingabe per Mikrofon 45
Einrichtung 21, 23
Einstellungen
  allgemein 89, 91
  Handoff 89
  Strom sparen 285
E-Mail
  Anhänge 125
  drucken 123
  Einstellungen 107, 109, 111
  Konto einrichten 105
  Push 113
  Signatur 109
  verfassen 121
Erstes Einrichten 21, 23
Excel 281
externes Zubehör 19

F

Facebook 143
FaceTime 139
Familienfreigabe 97, 175
Favoriten anlegen (Safari) 71

Fingerabdrucksensor 41
Flickr 239
Fotobearbeitung 233
Fotografie
    Apps 225
Fotomediathek 315
Fotos
    auf das iPad kopieren 227
    Kamera per iPad bedienen 219
Fotostream 241
Freigegebene Streams 153

G

Gamepad 333
GarageBand 209
Geführter Zugriff 99
Genius 185

H

Handoff 119
Hardware 11
Hardwaretasten 15
Home-Bildschirm 25
    Bewegung abstellen 93
    Hintergrund ändern 37
    organisieren 27
Hotspot 17, 65

I

iBooks 245
    Einstellungen 247, 249, 251
iCloud 307
    Daten synchronisieren 309
    Erinnerungen 313

Fotomediathek 315
    Mein iPad suchen 317
    Notizen 313
    Schlüsselbund 319, 321
    Speicherplatz 309
iCloud Control Panel 311
iCloud Drive 321
IMDB 213
iMessage 137
iMovie 237
Inhalte
    teilen 149
    verschenken 167
    zurücksetzen 89
Instagram 239
Internet
    unterwegs 65
    WLAN 63
iOS-Update 115
iPad-Modelle 11
iTunes
    Backup 179
    Einkäufe verwalten 181
    Einkäufe zurückgeben 181
    Filme und Musik kopieren 191
    Filme und Serien 189
    Genius 185
    Grundeinstellungen 179
    Hörbücher 193
    iPad mit iTunes am Rechner verbinden 177
    Musik 193
    synchronisieren 191
    Videos schauen 189
iTunes-Karte 159
iTunes Match 187

iTunes Store 183
    bezahlen 181
iTunes U 209
iWork
    Dokumente in iCloud 277
    Dokumente speichern und teilen 279
    Keynote 273
    Numbers 275
    Pages 271

K

Kalender 131
    einrichten 105
    Einstellungen 133
    Termine erstellen 131, 135
    verwalten 131
Kamera 221, 231
    Einstellungen 223
    empfohlene Apps 225, 235
    HDR 221, 223
Keynote 273
Kindersicherung 97, 99
Kontakte 127
    einrichten 105
    Einstellungen 127
    importieren 129
    verwalten 127
Kontrollzentrum 43
Kopieren 229
    Musik und Filme 191
    per Dropbox 155

L

Laden-Funktion 113
Lautlos stellen 87

Lieferumfang 13
Listeneinträge löschen 57

M

Mein iPad suchen 317
Microsoft Office 281
Mitteilungen
    Töne abstellen 81, 83
    verwalten 81, 83
Mitteilungszentrale
    verwalten 85
Multitasking-Gesten 35
Musik hören
    Amazon Cloud Player 195
    iTunes 193
    per Bluetooth 331
    Spotify 197

N

Navi 297
Netflix 203
Numbers 275

O

Office 365 281
Ordner
    erstellen 27
    verschieben 27
Ortungsdienste 21, 103

P

Pages 271
Photo Booth 231
PhotoSync 229

Pinterest 213
Podcasts 209
Postkarten verschicken 147
PowerPoint 281
Privat surfen 71
Push-Funktion 113

Q

QR-Codes 9

R

Radio 209
Reader-Funktion 61
Rechtschreibprüfung 51
Reparatur 329
Routenplaner 297

S

Safari
   Cookies 75
   Datenschutz 73
   Einstellungen 73, 75
   Favoriten anlegen 71
   Kein Tracking 75
   Privat surfen 71
   Suchmaschine 73
   surfen mit 67, 69
Schlüsselbund 319
Schnellzugriff
   über Kontrollzentrum 43
Schreiben 271
Schutz 89
   Diebstahl 317
Screenshot erstellen 231

Sicherheitsfragen 23
SIM-Karte 17
   Kontakte 127
Siri 289, 291, 295
   Einstellungen 295
   Kontakte verwalten 293
Skoobe 263
Skype 141
Softwareaktualisierung 115
Sonderzeichen 45, 47
Sperrbildschirm 29
   Hintergrund ändern 37
Spielen 215, 333
Spotify 197
Spotlight-Suche 57
Strom
   aufladen 19, 325
   sparen 285
Stylus 31
Suchen 57
SwiftKey 55
Swype 55
Systemsprache 91

T

Tastatur 45, 47
   Einstellungen 53
   externe 51
   Großbuchstaben 47
   Smileys 47
   Sonderzeichen 45, 47
   SwiftKey 55
   Swype 55
   Text bearbeiten 49
Tasten 15

Teilen 149
 Dropbox 157
 Facebook 143
 Fotos 153
 Fotos und Videos 239
Text
 Auto-Korrektur 51
 bearbeiten 49
 Rechtschreibprüfung 51
 vergrößern 93
Töne
 lautlos stellen 87
Touch ID 41
Tumblr 239
Twitter 145

U
Uhr 299
Uhrzeit einstellen 91
UMTS 17

V
Videobearbeitung 237
Video-on-Demand 199, 201
 Amazon Instant Videos 199
 Watchever 201
Videos
 ausleihen 199
Videos schauen
 Apple TV 211
 empfohlene Apps 205
 iTunes 189
 öffentlich-rechtliches Fernsehen 205
 YouTube 207

Videostreaming 203
Videotelefonie
 FaceTime 139
 Skype 141
VPN 91

W
Watchever 201
Werbung 103
Werkzustand 91
WLAN einrichten 21, 63
Word 281

Y
YouTube 207
 Capture 145

Z
Zeitungskiosk 265
Zoomen 33
Zubehör 19, 323, 337
 Bluetooth 59
 unterwegs 325